面向未来的教学设计
——原理、模式与案例

韦家朝 钱小龙 ⊙ 著

Future-Oriented Instructional Design:
Principles, Models and Cases

科学出版社
北京

内 容 简 介

本书从宏观层面介绍了教学设计的理论基础、元素构成、主要模式，以及四种当前较为流行的教学设计，即基于问题的教学设计、基于研究的教学设计、基于证据的教学设计和基于理解的教学设计。在理论介绍的基础上，本书分别探讨以问题、研究、证据和理解为基础的教学设计模式，以期为教学实践者提供更多理论基础与实践模式，丰富教学设计的研究。

本书可供中小学教师，以及师范类（尤其是教育学专业）本科生、研究生参阅。

图书在版编目（CIP）数据

面向未来的教学设计：原理、模式与案例 / 韦家朝，钱小龙著. —北京：科学出版社，2022.12
ISBN 978-7-03-074297-1

Ⅰ.①面⋯ Ⅱ.①韦⋯ ②钱⋯ Ⅲ.①教学设计 Ⅳ.①G42

中国版本图书馆 CIP 数据核字（2022）第 241003 号

责任编辑：崔文燕 / 责任校对：杨 赛
责任印制：李 彤 / 封面设计：润一文化

科 学 出 版 社 出版
北京东黄城根北街 16 号
邮政编码：100717
http://www.sciencep.com

北京建宏印刷有限公司 印刷
科学出版社发行 各地新华书店经销

*

2022 年 12 月第 一 版　　开本：720×1000　1/16
2022 年 12 月第一次印刷　印张：16 1/4
字数：270 000
定价：99.00 元
（如有印装质量问题，我社负责调换）

前 言
FOREWORD

  本书论述教学设计的概念、内涵、理论基础，详细讲解教学设计的要素、主要模式，并在此基础上分别探讨以问题、研究、证据和理解为基础的教学设计模式，以期为教学实践者提供坚实的理论基础和更多的实践模式，丰富教学设计的研究。

  第一章是纲领性的一章，从宏观层面介绍教学设计的相关研究。首先，界定教学、设计、教学设计的概念，解释三者的内涵以及联系，阐明教学设计的研究意义；其次，对教学设计进行相关性分析，通过分析教学设计的过程了解构成教学设计过程的共同要素，通过解释教学设计的目的阐明其与教学论的区别与联系，指出教学设计是更为宏观的技术设计，以优化教学过程、提高教学效果；接着考察教学设计的发展历史，分别从国内与国外两个方面研究教学设计的历史，发现目前国外教学设计强调教学设计的实用性，国内从微观到宏观阐明教学设计以人为本的价值观；最后，描述并解释教学设计的复杂性、实践性、系统性、具体性、理论性与创造性、计划性与灵活性六大特征，对教学设计特征的分析不仅联通了资源与学习者，还兼顾应用与需求，为新技术的开发提供内在需求。

  第二章主要介绍教学设计的理论基础，包括行为主义、认知主义、建构主义与新建构主义、联通主义、分布式认知理论几种典型的理论，为教学设计的实践提供了相应的理论支持。首先，行为主义主张用客观的方法研究外显的行为，强调设计外部的刺激，通过对行为主义的内涵、起源与发展、主要代表人物（包括桑代克、斯金纳与班杜拉）及其观点，介绍行为主义观点对教学设计的影响；其次，认知主义认为学习是个体积极加工信息的过程，通过介绍认知主义的内涵、代表人物及主要理论、模式和策略（包括皮亚杰的认知发展理论、布鲁纳的发现学习理论、布鲁姆的掌握学习模式、奥苏贝尔的接受学习模式与先行组织者教学策略等）阐明认知主义理论对教学设计的启示；接着，分别介绍建构主义的内涵、经典教学模式，以及新建构主义学习理论的内涵、主要观点，厘清两者的区别与联系；然后，介绍网络时代的新型理论——联通主义，介绍联通主义的背景、主要观点与实践形式，了解网络时代的学习理论对教学设计的影响；最后，描述认知科学的新分支——分布式认知，介绍分布式认知理论背景、主要观点及对学习环境的启示，提供创设学习环境的新思路。

第三章从微观层面详细介绍教学设计过程的几个必要元素，包括教学目标、教学内容、教学方法、教学评价与教学过程五个方面的设计，促进读者深入理解教学设计的元素构成，帮助读者厘清教学设计的程序。首先，介绍教学目标的意义、原则与规范，强调教学目标的重要性，并为教学目标的编写提供规范的说明；其次，从教学内容的概述、组织安排类型、分类、教学的重难点四个方面清晰阐明教学内容的相关理论；接着，从教法与学法、知识的来源、教学过程的任务、教学过程的不同环节、学习刺激的结果、教学组织形式、学习心理学不同角度对教学方法进行分类，并在此基础上详细介绍几种常见的教学方法，包括任务驱动法、项目教学法、案例教学法等；然后，描述教学评价的目的，强调教学评价的意义，揭示了教学评价设计时需要注意目标性、关联性、过程与结果统一、客观性等几个原则，并介绍几种教学评价设计的方法，例如量规、档案袋等；最后，探讨教学过程的设计，简单介绍教学过程设计的功能与分类，详细分析几种经典的教学过程一般模式。

第四章在第三章的基础上，介绍教学设计的主要模式，包括教学设计的经典模式、现代模式、基础模式等，通过对各种不同类型的教学设计模式进行深层次解释，介绍其程序化步骤，以及步骤的要点与意义，分析该模式的适用性与实际应用情况，以期帮助教学实践者选择合适的教学设计模式并能应用该模式。首先，介绍三种教学设计的经典模式，即加涅-布里格斯模式、迪克-凯瑞模式与罗思韦尔-卡扎纳斯模式；其次，介绍从微观到宏观阐明不同层次为导向的现代模式，包括以"课堂"为导向、以"产品堂"为导向、以"系统"为导向，层次由低到高；接着，描述ARCS动机设计模式、ADDIE模式、4C/ID

模式、基于认知负荷理论的模式四种教学设计的基本模式；最后，从系统层面介绍教学技术系统，重点解释专家系统、咨询系统、信息管理系统、电子绩效支持系统、学习管理系统这五种系统工具，用来指导用户自动化完成教学设计过程。

第五章至第八章分别详细介绍四种当前较为流行的教学设计模式，并通过典型案例进行具体说明。第五章介绍基于问题的教学设计。基于问题的教学设计需要教师精心设计一系列有效教学问题，将知识学习放置到真实的、有意义的问题情境中去，让学生以小组合作的形式分析问题、解决问题，以达到培养学生问题解决能力和高级思维能力的目的。首先，在前人研究的基础上，分别对问题以及基于问题的教学设计进行概念界定，并对后者的内涵展开进一步解析，包括以问题为核心、创设真实任务情境和以学生为中心，为下一步研究奠定理论基础。其次，依据问题的类型，分别介绍良构问题和非良构问题的教学设计流程，并在此基础上总结出一套通用的教学设计流程。接着，以生物课"绿色植物的水分代谢"和数学课"分数乘整数"为例，详细介绍基于问题的教学具体设计与应用。最后，简要分析当前基于问题的教学设计的应用前景，从学生、教师、教学氛围三个方面简要阐述基于问题的教学设计的优势，为教学实践者提供借鉴。

第六章介绍基于研究的教学设计。基于研究的教学设计是针对传统的教学设计来说的一种替代式教学策略。首先，分别从系统特征、设计原则、实际意义三个角度阐述当前学者对于该概念的认识，并在此基础上从理论依据、专业知识、知识观、学科性质、学校、学生、教师、多样性、期望的结果、科学素养十个方面对基于研究的教学设计进行具体的解释说明。另外，结合对概念的界定和传统教学模式的特征，阐述基于研究的教学设计的内涵，并分析其理论基础，为教学设计流程提供新的依据，使其规范化和合理化。其次，分别介绍四种基于研究的教学设计：模式导向学习和教学、发现学习、认知学徒制、探究社区。接着，以初三代数第十四章统计初步第二节为例，详细介绍基于研究的教学设计具体应用。最后，根据目标导向的不同，分别介绍以用户为中心、以递归反思为主题、以快速原型为内容三种应用前景。总体来说，虽然当前基于研究的教学设计处于发展阶段，但其具有良好的应用前景，对传统的教学模式的变革起到冲击作用，从而促进教学最优化。

第七章介绍基于证据的教学设计。基于证据的教学起源于循证医学教育，自此逐渐被更多领域接受并应用。首先，从不同角度阐述当前学者对基于证据的教学的定义，在此基础上对这一概念进行界定，基于证据的教学又称循证教学，是指教师经验、智慧和教学证据的最佳组合，教师主体基于专业智慧、教学经验以及最好的教学研究证据开展教学活动的过程，并对该概念的内涵进行进一步解析，为接下来的教学流程设计奠定理论基础。其次，详细描述两种基于证据的教学设计流程，即基于证据的教学基本流程以及以有效教学九项循证策略为基础的教学设计流程，并分别列举案例对这两种教学设计流程进行具体的解释说明。最后，根据循证教学的特点，阐述其在医学和教学领域的应用前景，并介绍证据在教育教学上的几种应用以及基于证据的教学策略应用于教学过程中的几项工具与资源。

第八章介绍基于理解的教学设计。"基于理解的教学"又称"理解性教学"，是指教师为了促进学生对于知识的理解而进行教与学的一种方法。该方法以系统研究为基础，根据简单、灵活的特点来重新组织学习，使其专注于理解。基于理解的教学强调学科体系的完整性和系统性，注重学生能力的培养和习惯的养成。本章首先分别对"理解"和"基于理解的教学"进行概念界定和内涵解析，为后续的进一步研究奠定理论基础。其次，以威斯金和弗朗茨提出的理解性教学的四个基本要素以及江南大学陈明选教授设计的理解性教学设计的基本步骤为基础，结合传统教学设计，构建一套基于理解的教学设计流程，并以苏教版小学六年级《数学》教材中的"长方体和正方体表面积"一课为例，对该流程进行具体解释及应用说明。最后，分别从基础教育、高等教育、职前教育三个领域分析基于理解的教学设计的应用前景。

第九章对教学设计研究前沿进行总结，并对未来的相关研究进行展望。

本书在撰写过程中，获得很多帮助。南通大学硕士研究生韩云云、包曼倩、仇江燕、王雨洋、时佳欣等参与了本书有关章节的撰写与修改工作。在此，一并致以诚挚的感谢。

目录
CONTENTS

前言

第一章 绪论	1
一、教学设计的内涵解析	3
二、教学设计的相关性分析	6
三、教学设计的历史考察	7
四、教学设计的特征分析	11
本章小结	13

第二章 教学设计的理论基础	15
一、行为主义理论	17
二、认知主义理论	22
三、建构主义与新建构主义理论	32
四、联通主义理论	36
五、分布式认知理论	39
本章小结	41

第三章 教学设计的元素构成	43
一、教学目标设计	45

二、教学内容设计 52
　　三、教学方法设计 55
　　四、教学评价设计 60
　　五、教学过程设计 67
　　本章小结 71

第四章　教学设计的主要模式 73
　　一、教学设计的经典模式 75
　　二、教学设计的现代模式 79
　　三、教学设计的基本模式 85
　　四、教学技术系统 96
　　本章小结 103

第五章　基于问题的教学设计 105
　　一、概念界定与内涵解析 107
　　二、基于问题的教学设计流程 111
　　三、典型案例分析 118
　　四、基于问题的教学设计应用前景 122
　　本章小结 125

第六章　基于研究的教学设计 127
　　一、概念界定与内涵解析 129
　　二、基于研究的教学设计流程 135
　　三、典型案例分析 150
　　四、基于研究的教学设计应用前景 154
　　本章小结 165

第七章　基于证据的教学设计 167
　　一、概念界定与内涵解析 169

二、基于证据的教学设计流程……………………………………………171
　　三、典型案例分析…………………………………………………………176
　　四、基于证据的教学设计应用前景………………………………………182
　　本章小结……………………………………………………………………188

第八章　基于理解的教学设计……………………………………………189
　　一、概念界定与内涵解析…………………………………………………191
　　二、基于理解的教学设计流程……………………………………………196
　　三、典型案例分析…………………………………………………………199
　　四、基于理解的教学设计应用前景………………………………………225
　　本章小结……………………………………………………………………228

第九章　教学设计研究前沿的总结及展望………………………………229
　　一、促进教学设计变革的因素……………………………………………232
　　二、近年来教学设计理论研究的回顾……………………………………234
　　三、当前理论研究的新观点………………………………………………240
　　四、教学设计应用研究的热点……………………………………………242
　　五、我国教学设计研究的展望……………………………………………246

第一章

绪 论

　　教学设计一直受到教育工作者的关注。本章首先分析教学设计的内涵,然后研究教学设计的国内外发展历程,并由此得出教学设计的相关性及其特征。本章总体介绍教学设计的相关内容,为之后的分析做铺垫。

一、教学设计的内涵解析

随着科学技术的发展，人类进入数字信息化时代，教育领域的教学设计也随之发生了重大变革。诸如计算机、互联网、掌上电脑（personal digital assistant，PDA）的逐渐兴起使许多教育工作者热情高涨，由此教学设计开始注重学习环境，这不仅改变了传统的教学设计模式，而且大大提高了教学效率和效果。

（一）教学

"教学"通常被界定为教师的教和学生的学所组成的一种人类特有的人才培养活动。通过这种活动，教师有目的、有计划、有组织地引导学生学习和掌握文化科学知识和技能，促进学生素质提高，使他们成为社会所需要的人。

教学设计以德国教学法为基础，原指北美传统的教育计划，在某种程度上也不同于德国传统的教学法。[①]它虽与一般的教学系统的规划和组成有关，但与教学法的主要区别就在于教学设计以强化学习环境为重点，且具有很强的融合信息和通信技术的倾向。如果把教学设计比喻成一种教育程序，那么该程序不仅与指导的"教学"有关，还与学习环境的安排有关。因此，似乎可以将教学设计者比作建筑师：在设置教和学方面，教学设计者是学习环境的建筑师；在基于可验证的计算基础上，教学设计类似于建筑物或桥梁的设计，可作为研究学习规律及环境的教学依据。

（二）设计

那么，如何界定"设计"？在拉丁文中，"设计"具有绘图和绘制的意义。

---

① Schott F, Seel N M. Instructional design. International Encyclopedia of the Social and Behavioral Sciences (Second Edition), 2015（11）：196-200.

因此，设计可以被定义为"以通常方式"表现任何商品或实用对象的功能。

相应地，我们必须区分设计的两个层次：设计草案、计划或蓝图；设计建模对象的实用程序。这意味着，设计是一个过程性产品。

一般情况下，设计是全面形成、组成和建模的过程，它预先假设了几个人执行的多个工作步骤。而设计的过程需要一个特定的产品，该产品必须满足特定目标群体的特定利益。通常，设计师是指那些对实用或便利品进行创作的人。这项活动往往被认为是艺术的表达——与根据实际开发技术产品的工程师相反。不可否认，人们已经习惯性地把技术和设计或工程师和设计师视为同行，但工程师趋于"理性"，而"美学"和"情绪化"则被视为设计师的主要个性。因此，设计有时也被视为努力展示科技的真正的色彩[①]。

广义上说，设计是将任何系统的科学知识应用到实际问题中。因此，教学设计可以理解为将系统的理论与教学学习应用于教学系统的实际问题上，即形成有效的过程，并创设真实可靠的学习环境，以满足教学对象的教育需求。换句话来说，教学系统发展指具体编排教学资源和学习方法，以提高教学效率。因此，本书中所涉及的教学设计的"教学"内涵，也应从这一层面去理解。

（三）教学设计

教学设计（instructional design，ID），通常也称教学系统设计（instructional system design，ISD）。这门学科的发展综合了多种理论和技术的研究成果，参与教学设计研究与实践的人员由于背景不同，往往会从不同的角度来界定和理解教学设计的概念，因此，学者在教学设计的定义上尚未取得完全的统一，他们从教学设计内涵的不同角度及侧重点形成了不同的看法。

1. 从教学设计的系统特征角度

加涅（R. M. Gagne）认为，教学是以促进学习的方式影响学习者的一系列事件，而教学设计是一个系统化规划教学系统的过程。[②]

肯普（J. E. Kemp）提出，教学设计是运用系统方法分析、研究教学过程

---

① Trofimova I. Observer bias: An interaction of temperament traits with biases in the semantic perception of lexical material. PLoS One，2014（1）：e85677.

② 彭耀峰. 教学设计理论研究及热点述评. 软件导刊，2014（9）：173-176.

中相互联系的各个部分的问题和需求，确立解决它们的方法和步骤，然后评价教学成果的系统计划过程。[①]

张祖忻等认为，教学设计是运用系统方法分析教学问题和确定教学目标，建立解决教学问题的策略方案、试行解决方案、评价试行结果和对方案进行修改的过程。[②]

皮连生认为，教学设计是运用现代学习与教学心理学、传播学、教学媒体论等相关的理论与技术，来分析教学中的问题与需要、设计解决方法、评价试行结果并在评价基础上改进设计的一个系统化过程。[③]

2. 从学习经验、学习环境的设计与开发角度

梅瑞尔（M. D. Merrill）等在《什么是教学设计、系统设计》一文中指出，"教学是一门科学，而教学设计是建立在教学科学这一坚实基础上的技术，因而教学设计也可以被认为是科学型的技术（science-based technology）。教学的目的是使学习者获得知识与技能，教学设计的目的是创设和开发促进学习者掌握这些知识与技能的学习经验和学习环境"[④]。

3. 从设计科学的角度

范帕顿（J. Van Patten）提出，"教学设计是设计科学大家庭中的一员，设计科学各成员的共同特征是用科学原理及应用来满足人类的需要。因此，教学设计是对学科业绩问题的解决措施进行策划的过程"[⑤]，强调教学设计的设计科学本质。

通过对这些定义的分析和比较可以看出，教学设计运用系统的方法对教学问题和教学目标进行分析，确定教学内容、教学方法、教学策略和教学评价，以促进学习者学习。

---

① 彭耀峰. 教学设计理论研究及热点述评. 软件导刊，2014（9）：173-176.
② 张祖忻，章伟民，刘美凤，等. 教学设计：原理与应用. 北京：高等教育出版社，2011：10-12.
③ 转引自王映学，章晓璇. 知识分类与教学设计. 兰州：甘肃教育出版社，2008：37.
④ Merrill M D, Drake L, Lacy M J, et al. Reclaiming instructional design. Educational Technology, 1996 (5): 5-7.
⑤ Van Patten J. What is instructional design. Instructional Design: New Alternatives for Effective Education and Training，1989（4）：437-471.

二、教学设计的相关性分析

教学系统设计是一个程序化过程，不同的教学系统虽然设计过程模式有所不同，但都有共同的基本要素：①学习需要分析；②教学目标分析；③学习者特征分析；④教学模式和策略的选择与设计；⑤学习环境设计；⑥教学系统设计结果的评价。

教学系统设计的目的是优化教学，设计解决教学问题的方案，因此，它是设计科学大家庭中的一员。设计的本质在于决策、问题求解和创造。教学系统设计的实质就是解决教学问题，并侧重于问题求解中寻找方案和决策的过程。它不是发现客观存在的、还不为人知的教学规律，而是要运用已知的教学规律去创造性地解决教学问题。

教学论又称教学法、教学理论，它是研究教学一般规律的科学。一般来说，教学法有三种常见的含义：普通教学法、分科教学法以及具体教学法。

1）普通教学法，着重研究学校教学的一般理论。主要用于学校教学当中，包含教学在学校教育活动中的地位与作用，各门课程共同的教学任务、过程原则、方法和组织形式等。

2）分科教学法，又称各科教学法。指学校中各种不同学科的学法，如语文教学法、数学教学法、外语教学法、自然教学法、历史教学法、物理教学法、化学教学法等。分科教学法要符合各门学科的教学规律。所以，学校开设什么样的课程，就应该配有什么样的课程教学法。

3）具体教学法。比如讲授法、演示法等应用在具体情境中的方法。

教学论是研究教学的本质和教学一般规律的理论性学科，同时它根据对教学本质与一般规律的了解来确定获得最佳学习效果的教学条件与方法，换句话说，就是要理论联系实际，熟练运用教学论来解决复杂的教学问题，使复杂问题简单化，并做到举一反三，因此，教学论具有指导性，并不仅仅是机械的理论知识。教学设计本身并不是去研究教学的本质和教学的一般规律，它横跨教育学、心理学、传播学等多门学科，多方面利用学习理论、传播理论、教学理论等，运用系统方法对各个教学环节（教学目标、条件、方法、评价等）进行规划和设计。换句话说，它是教学理论、学习理论与教学实践之间的桥梁或中间环节。所以，教学设计是"桥梁学科"，是连接理论与教学实践的桥梁。

因为教学系统设计的根本任务是寻求解决教学问题的最佳方案，所以教学设计的实施程度直接影响学习者的学习情况和教师的教学效果。随着信息技术越来越发展，系统设计不仅要考虑学生"如何学"，还要考虑教师"如何教"，同时各种软硬件设备也对教师提出了更高的要求，教师应充分利用已有的设施和现有的教学材料，选择、开发适合的教学资源和策略来完成教学目标。在具体实践中，教师按照所面临的实际问题选择不同的层次，创造性地解决问题。

三、教学设计的历史考察

（一）国外教学设计历史

教学设计的出现可以追溯到20世纪初，当时教学系统规划成为热门话题。[1]第二次世界大战期间，迪克（W. Dick）、莱泽尔（R. A. Reiser）重新确定了教学设计的定义。泰勒（R. Tyler）提出以学习为基础的课程目标以及形成性评价，这成为教学设计的中心问题。[2]20世纪40年代，教学设计在军事训练方面得到广泛运用。其中，最突出的是使用教学电影，后来成为这一时期的标志。塞特勒（J. P. Saettler）发现，1941—1945年，美国战争训练的视觉辅助部门制作了457部有声电影、432部无声电影和457个军事训练手册。[3]

20世纪50年代，斯金纳（A. Skinner）将"学习与教学的艺术"区分开来，按照操作性条件的原则，强调程序化教学，并广泛传播。[4]直到20世纪60年代中期，程序化教学遍布全球。虽然程序化教学一再受到批评，但不能忽视它所带来的教学设计创新，如学习目标和任务分析的实施。与程序化教学相比，控制论和系统论也发生了范式转移，并影响了教育领域。史密斯（C. Smith）在教科书上明确地使用了"教学设计"这个术语。20世纪60年代，德

---

[1] Chang S. The systematic design of instruction. Educational Technology Research and Development，2006（54）：417-420.

[2] 转引自 Hallinger P，Bridges E M. A systematic review of research on the use of problem-based learning in the preparation and development of school leaders. Educational Administration Quarterly，2016（53）：255-288.

[3] 转引自 Hew K F，Lan M，Tang Y，et al. Where is the "theory" within the field of educational technology research? British Journal of Educational Technology，2019（50）：956-971.

[4] 转引自 Elton L. The art and science of teaching and learning. British Educational Research Association，2007（38）：177-178.

国教育家强调了控制论在教育上的应用；20世纪70年代，里德尔（M. Riedel）基于系统论研究出教学法，它体现了美国教学设计模型的共性。

行为主义和控制论的发展使教学设计成为教学规划的一门学科，但一场政治危机使教学设计改变了研究方向。1957年，苏联将人造卫星发射至太空，这在美国引起轩然大波，美国的自信心受到了严重打击。因此，美国的教育系统受到了严厉批评，这迫使数学和科学领域等新课程不断发展。同时，教育家开始强调对教学和学习的实证研究的必要性。1966年，格拉泽（R. Glaser）第一次将学习条件与教学设计相联系。同时，加涅出版了有关学习条件的教科书，并区分了人类的能力，如语言学习、智力技能、认知策略和态度等，此外他还结合有效教学的基本原则。因此，加涅为教学设计的发展提供了基本原则，并奠定了心理基础。

苏佩斯（P. C. Suppes）于20世纪60年代开始研究计算机辅助教学（computer aided instruction，CAI）。基于对课程的系统分析，CAI为学习者提供了问题反馈、练习和个别指导，如今的学习软件大都基于CAI的特征。

20世纪60年代末，许多教学设计模式涉及加涅、格拉泽和苏佩斯的论点。20世纪70—80年代，更多教学设计模型涌现。这些模型称为第一代教学设计。除加涅和布里格斯（M. Briggs）的模型之外，梅瑞尔的五星教学法和瑞格鲁斯的精细加工理论也受到教学设计者的重视。

此外，教学设计者也开始研究学习环境的设计，这一设计过程包含多个步骤。首先是任务分析。基于这种分析，设计者确定了一系列行为目标；然后，准备测试项目，以生成参照标准，通过该测试评估教学的有效性，并确定学习者学习进展的差距；最后，得到一种层次结构，以说明学习的结构化，了解学习者的学习目标，并优先考虑这些目标，将其作为教学发展计划的指导方针或教学材料。教材必须考虑到不同水平的学习者都能够理解、领会教材内容。

第二代教学设计致力于教学设计的自动化，或通过人工智能生成工具成为教学设计的一部分。自动化教学设计（automated instructional design，AID）的方法来源于加涅的信息加工理论，该理论被成功应用于计算机专家系统，因此能够使部分教学系统设计（instructional system design，ISD）和教学设计（instructional design，ID）自动化，协助非专家在教学系统中做出适当的决策。AID的第一次尝试案例就是指导咨询系统——教学设计建议的指导方法

(guided approach to instructional design advising，GAIDA）和实验高级教学设计顾问（senior consultant for experimental teaching design，SCETD）。在德国，弗莱克西希（P. E. Flechsig）开发了基于计算机知识系统的原型[①]，然而它没有通过第一次测试。但是，关于智能辅导系统和专家系统的文献表明，AID 工具已被广泛研究和开发。

从现在的角度来看，AID 的想法并不像它的倡导者最初认为的那样成功。其中有两个原因，一个原因是实现智能辅导系统和专家系统的可能性仍然有限，另一个原因是缺少商业市场。然而，实际上最大的障碍可能是第二代教学设计的大多数方法是基于第一代传统模式建立的。教学设计的优势（Designer's Edge）提供了较新的 AID 方法，即在面向对象的基础上编程，为教学设计提供了有趣的替代方案。

AID 的部分失败以及第一代传统教学设计模式的不变革在 20 世纪 90 年代引起了一场严重的教学设计危机，通常称为客观建构主义辩论。[②]鉴于心理学范式的转变（所谓的"认知革命"），教学设计的元理论基础面临挑战：一方面，关于教学设计的认识论基础对其影响力是否深远不确定；另一方面，学习认知理论结合教学设计的主要原理，使设计者专注于复杂问题的解决和相应学习环境的设计。[③]

简而言之，教学设计危机产生了第三代教学设计，它不仅以认知建构主义为特征，而且有意识地脱离第一代传统 ID 模式。然而，并不是第三代教学设计的每种新方法都认可建构主义。例如，认知负荷理论或四要素教学设计模型（four component instructional design model，4CID-Model）仍然坚持客观主义，尽管它们包含学习认知理论。此外，尼泽曼（J. Niegemann）的 DO-ID 模型也坚持客观主义。

教学设计建构主义方法的典型案例是认知工具和建构主义学习环境、生成性学习与教学、抛锚式教学、基于目标的场景和基于案例的学习、设计学习和

---

① 转引自 Echeverry D，Ibbs C W，Kim S. A knowledge-based approach to support the generation of construction schedules. Computers & Structures，1991（40）：59-66.

② Verstegen D，Barnard Y，Pilot A. Which events can cause iteration in instructional design? An empirical study of the design process. Instructional Science，2006（34）：481-517.

③ Kirschner P A. Cognitive load theory: Implications of cognitive load theory on the design of learning. Learning and Instruction，2002（12）：1-10.

模式导向学习与教学。这些方法除了以建构主义范式为基本取向之外，还要求在社会文化互动中完成。与第一代 ID 模型相比，第三代教学设计并没有规定学习环境的过程，而是基于研究性原则，旨在使复杂问题简单化和解决方案最佳化。因此，教学设计在历史上第一次实现了对教育学和教学系统有效性的理论研究。

回顾教学设计的历史，冯曼利伯（J. J. G Van Merrienboer）、赛尔（N. M. Seel）和基施纳（P. Kirschner）都认为教学设计的理论和模型具有多样性和复杂性，它们本质上代表了不同的"世界"（知识、学习、工作）。在这些世界中，教学设计帮助学习者更好地学习，也引发教学者对教什么和如何教的问题意见不一。在应用教学中，各代教学设计模型相互补充、相互配合，适用于教学设计过程的不同阶段。由此不难看出，第一代模型提供了宝贵的服务系统规划、教学系统设计和学习环境，第三代模型则基于第一代模型的相关研究开发了有效的学习环境，旨在解决复杂问题。如今的教学设计不仅强调学习者解决问题、学会自我学习，而且强调学习过程的创造性，还强调设计的实用性，如快速成型法旨在计划灵活，并"反对线性、顺序和机械的设计方法"。

（二）国内教学设计历史

相较于国外教学设计，我国教学设计虽然起步较晚，但发展迅猛，并且不断变革与发展。20 世纪 80 年代，"教学设计"这一术语引入中国，且与之相关的书籍和专著不断出现。随着一些"引路人"的深入研究，不少学校开始开设与之相关的课程；同时，学校开始改革教学方式，思考师生关系。

1994 年以后，随着信息技术的发展和进步，人们广泛接触教学设计，并开始探讨基于建构主义的教学设计。越来越多的学校开设相关课程，学习者不再只是知识的接受者，教师也不再只是知识的传递者，并且多媒体技术的发展促进人们对新课程进行改革和推进。

教学设计研究的发展受诸多因素影响，近年来，影响教学设计研究的理论主要集中在学习理论和系统理论，而传播学的研究新进展似乎在教学设计研究中的地位和作用被遗忘。数字时代，传播学研究也有许多新的理论和成果，而这些理论和成果在教育技术领域中还未被真正地领悟或研究。在以后的研究发展中，教师应该对传播学做进一步研究，使其在新的环境下更好地指导教学设计，以适应信息技术环境，与学科进行整合。

无论是在宏观的文化境脉分析中，还是在微观的好奇心和意愿研究中，教学设计研究的发展趋势再次呈现了以人为本的价值导向；学习认知理论、复杂系统理论等在教学设计中的应用还原了学习者在新兴技术支持下丰富而复杂的学习环境的本质，即关注学习者在其中的举手投足和切身感受，让教师的教学目标从物化的受众与过程回归到真实情境中的人以及人与人之间的关系。此外，教学设计者除了要关注学习和教学过程，更要关注宏观教育系统、关注社会环境。教学设计者应走出学校、走向社会，关注伦理道德和教育公平，使教学设计与人和谐统一、与社会和谐发展。

四、教学设计的特征分析

由于教学设计是系统性的方法论学科，其理论和应用不仅适用于教育领域，现在也逐渐扩展到其他领域，其价值不可低估，因此了解教学设计的历史之后，也需了解教学设计的特征。

（一）复杂性

教学系统设计是教育科学领域中的新兴分支，也是教育技术学中的一门核心课程，其包含学习理论、教学理论、传播理论、设计理论、系统科学等，横跨教育学、心理学、传播学等多门学科。教学系统设计的最终目标是优化教学，解决师生在教与学的过程中所遇到的问题，即不仅关心教师如何教，而且关心学生如何学。

（二）实践性

教学设计不仅理论性很强，而且被广泛应用于实际生活中。
1）萌芽。教学设计最先应用于军队和工业培训领域。第二次世界大战期间，教学系统设计被用于新兵的培训方面，保证了在短时间内训练出合格的士兵，后来应用于员工的培训方面。

2）学校教育。20世纪60年代我国才逐渐引入学校教育，并使其作为独立的知识体系得到迅速的发展。

3）社会教育和继续教育。目前，教学系统设计在正规的学校教育、全民的社会教育和继续教育，以及工业、农业、金融、军事、服务等各行业、各部门的职业教育和培训领域都得到了广泛应用。

4）职业教育和培训。美国、加拿大和澳大利亚的职业培训，英国的开放大学以及美国、日本等国的中小学教育中均在课程设置、培训计划和教材资源等方面开展了教学系统设计，并取得了许多成功经验。

教学系统设计思想正在逐步被各个领域接受，教学系统设计的应用范围逐渐扩大，教学系统设计理论与方法在教学实践领域中发挥着越来越重要的作用。

（三）系统性

系统性指要把教学过程作为一个系统进行考察，并运用系统方法进行设计、开发、运用、管理和评价。因此，将系统方法作为教学系统设计的核心方法之一是教学研究和实践者达成的共识。无论是宏观教学系统设计还是微观教学系统设计，都强调系统方法的运用。

教学系统设计过程的系统性决定了教学设计要从教学系统的整体功能出发，综合考虑教学过程中的各要素在教学中的地位和作用，利用系统分析技术（学习需要分析、学习内容分析、学习者分析）形成制定和选择策略的基础；通过解决问题的策略优化技术（教学策略的制定、教学媒体的选择）以及评价调控技术（试验、形成性评价、修改和总结性评价），逐步形成解决复杂教学问题的最优方案，并在实施中取得最佳效果。

（四）具体性

教学系统设计是针对解决教学中的具体问题而发展起来的理论与方法，即解决实际教学中存在的现实问题，以形成一个优化学习的教学系统。因此，教学系统设计过程是具体的，每个环节也是十分具体的。由此可见，教学系统设计项目的成功与否有赖于各方面人员的协同工作，如教学设计人员、学科专家

（包括教师）、媒体设计人员等。

（五）理论性与创造性

教学系统设计作为设计科学的子范畴，既有一般设计活动的基本特征，同时由于教学情境的复杂性和教学对象个体差异性，又具有自己的独特性。首先，设计活动是一种理论性的应用活动，这就决定了教学系统设计必须在一定理论的指导下进行；其次，高度抽象的理论与情境、实践之间又存在着一定的距离，其中的矛盾总是存在的，理论不可能预见所有问题，解决现实中的问题有时需要运用理论，甚至对理论进行改造、扩充、重构，以适应原有理论未能预见的新问题。因此，教学系统设计是理论性和创造性的结合，在实践中教学设计者既要依据教学系统设计理论来进行教学设计，又不能把理论当作教条，而应该在实践中发展理论，创造性地运用、发展教学设计理论。

（六）计划性与灵活性

教学系统设计过程有一定的模式，这些模式往往用流程图的线性程序来表现，设计者需要按照既定的环节流程进行教学设计。然而，按照系统论的观点，这些要素之间的关系是非线性的，是相互影响、相互补充的。例如，教师根据教学目标和学习者的特征选择适当的教学策略和结果评价方法，同样，教学策略的实施效果评价反过来又促使教师调整教学目标和策略。因此，在实践中要综合考虑各个环节，有时甚至要根据需要调整分析与设计的环节，在参考模式的基础上创造性地运用。

本 章 小 结

本章主要从教学设计的本质、历史等方面着手，了解教学系统设计作为一门桥梁性学科，其理论在各级的教育和培训领域中所起的重要作用，并在实践过程中，教学系统设计理论不断得到完善。通过对教学设计的分析和解释，阐明其与教学论的区别与联系，指出教学设计是更为宏观的技术设计，以优化教学过程和提高学习效率。另外，本章还结合国内外教学设计的发展史，介绍了教学设计不仅联通了教学与设计，而且有利于更加系统全面地掌握教学设计的内涵。作为新时代必备的设计科学，基于新兴技术的教学设计具有非常显著的特征，通过对教学设计的特征分析，不仅为教学者注入了活力，而且联通了资源与学习者，使其兼顾"应用"与"需求"，创新了学习方式与方法，进而让设计理念走在技术的前面，为新技术开发与应用提供内在需求。

第二章

教学设计的理论基础

　　教学设计者根据学习者需求创设不同的教学环境，需要广泛理解学习与人类行为，以探究人类本质及其形成机制的学习理论为理论基础。当代学习理论主要分为行为主义与认知主义两大学派，建构主义学派又是认知主义学派下一个重要分支，与建构主义同时产生的还有分布式认知理论、活动理论等创新的学习理论。互联网等媒体的快速发展为教学设计提供了强大技术支持的同时，也为网络时代的学习提供了新的联通主义学习理论。以下将对几种典型的教学设计理论进行简要阐述。

一、行为主义理论

行为主义理论认为，人或动物的心理可以通过可观察的行为来进行客观的研究。这一研究领域的出现源于 19 世纪的心理学，当时的心理学通过对人的思想和情感的自我审视来研究人类和动物的心理。行为主义先于认知主义的学习理论，反对结构主义，是逻辑实证主义的延伸。

（一）内涵

行为主义认为学习者本质上是被动的，会对环境刺激做出反应，虽然人的心理活动是不可观察测量的，但是能够通过可观察与可测量的行为进行研究，行为主义主张利用客观的方法研究外显的行为，以了解内隐的心理。学习者开始是一张白纸，行为是通过正强化或负强化形成的，正强化和负强化都增加了先行行为再次发生的可能性。相反，惩罚（正向的和负向的）减少了先行行为再次发生的可能性，已有图式也会对学习产生影响。因此，学习被定义为学习者行为的改变。许多（早期）行为主义者的工作是在动物身上完成（如巴甫洛夫的狗）并推广到人类的。

（二）起源与发展

行为主义理论在 20 世纪初创立，并风靡美国半个世纪左右。其实早在 1897 年，巴普洛夫最初研究狗的消化后发表了一项条件作用实验的结果。1905 年，桑代克（E. L. Thorndike）正式确定了效果定律。1913 年，心理学家华生（J. B. Watson）发表了被认为是早期行为主义宣言的论文《行为主义者眼中的心理学》。在这篇论文中，华生拒绝了心理学家的方法，并详细阐述了关于心理学应该是什么的哲学，行为科学被他称为"行为主义"。在文章中，华生阐述了许多关于方法论和行为分析的基本假设：所有行为都是从环境中学习的；心理学应该被视为一门科学；行为主义主要关注可观察的行为，而不是像思维和情感这样的内部事件；人类的学习和其他动物的学习没有什么区别；行为是刺激反应的结果。应该注意的是，尽管华生经常被称为行为主义的"创始人"，但他绝不是第一个批评内省的人，也不是第一个倡导研究心理学的客观方法的人。

在华生的论文发表后，行为主义逐渐占据上风。到了20世纪20年代，许多学者，包括著名的哲学家和后来的诺贝尔奖获得者罗素（B. A. W. Russell），都认识到了华生哲学的重要性。在华生之后的行为主义者中，最著名的就是斯金纳（B. F. Skinner），他将行为主义学习理论推向了高峰。与当时许多其他行为主义者相比，斯金纳的观点侧重于科学解释，而不是方法。斯金纳认为，可观察到的行为是看不见的心理过程的外在表现，但是研究那些可观察到的行为更方便。他对行为主义的态度是理解动物行为和环境之间的关系。他提出操作性条件作用原理，根据这个原理设计出的教学机器及程序教学引领了教学潮流，系统研究并完善发展了强化原理。由于后来行为主义学派将应用于动物身上机械学习实验不加约束地直接应用于教学，行为主义学派受到社会的批判，1959年，乔姆斯基（A. N. Chomsky）发表了对斯金纳行为主义的批评——《言语行为》。但是，行为主义重视学习环境、强调行为强化思想等至今还有深远的意义。

（三）主要代表人物及其观点

1. 桑代克的失误说

桑代克认为学习是一种渐进的、尝试错误的过程，尝试错误的学习可以通过工具性条件作用产生。这种工具性条件作用与经典条件作用不同，并不是事先预期到情境中的事物，类似于巴普洛夫的狗那样因为预期到有食物出现，形成听到铃声分泌唾液的反应，而是通过尝试的行为来改变环境，就像迷箱实验中的猫只有压动杠杆后打开箱子，才能在箱外获得食物。猫在无数次尝试后，偶然触动杠杆成功打开箱子，从而引发猫的学习。一般个体的学习包括六个因素：动机、问题、可变性反应、偶然成功、淘汰与选择、整合与协调。具体表现为：当遇到问题时，个体由于某些生理或社会需求产生需要解决问题的动机。为此，个体采取各种措施去尝试解决问题，随着错误的次数增加，那些可能导致错误的行为会逐渐减少。由于某次偶然的成功，为得到需求的满足，个体选择成功行为的次数增加，淘汰错误的行为直到其基本消除，最终得以解决问题。

桑代克认为学习的实质在于刺激反应形成的联结，这种联结是指在某种情境下刺激能唤醒的是某些反应，而不是其他反应的趋势。联结随着成功的满足而加强，经过不断练习而得到巩固。他提出练习律、效果律与准备律三大规律以及一些学习原则。

1）练习律是指在其他条件不变的情况下，如果情境与反应之间形成了可变的联结，练习可以增强联结。练习的多少决定了联结的强弱，如果长时间不练习，联结就会减弱。

2）效果律强调在其他条件不变的情况下，某一情境的反应随着满意的发生，将与这个情境牢固地联结，反之则削弱。而奖励与惩戒的效果并不是相反或相等的，奖励比惩罚更有效，奖励能加强联结，惩戒只是间接地影响学习。因此，后期桑代克抛弃了惩罚律。

3）准备律强调学习者已有的内部准备状态对学习的重要性与需求对学习的作用，需求是推动一切学习的动力。[①]

2. 斯金纳的程序教学法

斯金纳是美国心理学家、行为主义的领导者。斯金纳把自己的哲学称为"激进行为主义"，认为自由意志的概念只是一种幻觉，所有人类行为都是条件作用的直接结果。斯金纳基于斯金纳的操作性条件反射学说与强化理论学说提出程序教学法，主张采用小步子呈现教学信息。

（1）操作性条件反射学说与强化理论学说

斯金纳认为行为分为两类：应答性行为和操作性行为。应答性行为是由已知的刺激引起的；操作性行为不是由已知刺激引起的，而是由有机体自身发出的。与两类行为相应，斯金纳把条件反射也分作两类：一类是应答性条件反射，强调刺激对引起的所期望的反应的重要性；另一类是操作性条件反射，强

---

① 周正怀. 桑代克和斯金纳在学习理论上的分歧. 湖南第一师范学报, 2005（3）: 34-37.

调的是反应。操作性条件反射学说认为，刺激是伴随反应而发生的，个体必须先做出所希望发生的反应，才会产生强化刺激，刺激的强弱是这个反应的强度。强化理论认为，个体在改变环境的同时也影响着自身的变化：当这种行为的后果对其有利时，这种行为就会在以后重复出现；不利时，这种行为就会减弱或消失。人们可以用这种正强化或负强化的办法来影响行为的后果，从而修正行为，这就是强化理论。[1]

（2）内容

斯金纳将操作性条件反射学说与强化理论学说应用于学习，提出程序教学法。程序教学是一种个别化的自动教学方式，其中，机器教学是程序教学的一种，即常使用机器进行的教学。斯金纳认为传统教学效率低，于是他对教学进行改革，设计了一套教学机器，将教学内容编成程序输入机器并在课堂上使用。在教学进行时，必须设计课程材料、管理学生行为以及设置学习环境，才能达到强化效果，所以程序教学需要按照一定的逻辑顺序编排教学内容，使教学过程由浅入深、循序渐进。

（3）原则

1）积极反应原则。程序教学主张以问题的形式教学，而不是讲授方式，从而调动学生的积极性与主动性。在面对呈现的问题时，学生能手脑并用地做出积极的反应。

2）小步子原则。程序教学以小步子的方式呈现教材，由简单到复杂、由容易到困难，相邻步子间难度跨度不大，学生每走对一步就给予强化，走错则不得进行下一步学习。

3）及时强化原则。程序教学强调对学生的反应要做出及时的强化，即在学生对学习的问题做出反应之后，教师要及时告知学生的反应正确与否。

4）自定步调原则。程序教学以学生为中心，鼓励学生按自己的实际情况进行学习，不需要统一步调，按自己的速度稳步学习。

5）低错误率原则。在教学中应尽量避免学生的错误反应，以提高学生的学习效率，因为错误的反应会影响学习的速度与学生情绪，降低学生学习的积极性。

---

[1] 张春蕾. 斯金纳的程序教学理论探微. 科教文汇，2013（16）：93，106.

3. 班杜拉的观察学习理论

班杜拉（A. Bandura）于 20 世纪 60 年代提出"观察学习"的概念，从人的替代性学习、认知过程、道德判断、自我调节等角度讨论观察学习理论。

（1）内涵

观察学习，又称为无尝试学习或替代性学习，指学习者通过观察其他对象的行为、动作及其引发的结果来获取相应的信息，经过大脑的加工、辨析、内化，并在自己的动作、行为、观念中表现出来的过程。班杜拉认为人可以通过观察别人的行为得到某种认知，并指导自己的行为，从而减少不必要的尝试性错误。这与桑代克的试误说和斯金纳的强化理论有本质区别。班杜拉提出三个贯穿观察学习理论的概念：替代性、认知、自我调节。替代性过程是指通过对别人行为及其结果的观察，观察者本身就能表现这种行为的结果，即使没有任何直接经验，也能产生学习。认知过程是指大量认知因素可以调节工具条件化、经典条件化所淘汰的行为变化或惩罚所引起的行为变化。自我调节过程是指在一定范围内，个体能够根据假定的结果调节自己的行为。

（2）榜样

班杜拉将凡能成为学习的对象称为榜样或示范者。榜样不一定是人，也可以是符号、事物、动物等。一般分为三种形式：活的榜样、符号榜样、诫例性榜样。呈现示范榜样会引起三种效应：第一，观察学习效应。在所示范的特定情境下，学习者通过观察别人的行为，可以产生新的行为。第二，抑制和抑制解除效应。抑制效应是指观察到示范对象行为受惩罚，会抑制观察者再表现出该行为；反之，奖赏这种示范后，观察者会消除抑制，学习并表现该行为。第三，社会促进效应。通过运用示范行为作为一种线索，提示以前学得的行为反应。[1]

（3）具体过程

班杜拉认为观察学习过程包括注意过程、保持过程、运动再现过程和动机过程四个子过程。第一，注意过程是观察学习的起始环节。观察学习起始于学习者对示范者行为的注意。如果学习者对示范行为的重要特征不予注意，或不正确的知觉，就无法通过观察进行学习。第二，保持过程。观察学习的第二个

---

[1] 蒋晓. 略述班杜拉的观察学习理论. 外国教育动态，1987（2）：51-54.

过程是对示范活动的保持，即用言语和形象两种形式把所获得的信息转换成适当的表象保存起来。显然，如果观察者不能记住示范行为，观察就失去了意义。观察学习对示范行为的保持依存于两个储存系统：表象系统、言语编码系统。第三，运动再现过程是把记忆中的表象转换成行为，并根据反馈来调整行为，以做出正确的反应的过程。由于这一过程涉及运动再现的认知组织、根据信息反馈对行为的调整等一系列认知和行为的操作，班杜拉将这个过程又分解为反应的认知组织、反应的启动、反应的监察和依靠信息反馈对反应进行改进和调整等几个环节。第四，动机过程。它能够再现示范行为之后，学习者是否能够经常表现出示范行为还受到行为结果因素的影响。他人对示范行为的评价、学习者本人对自己再现行为能力的评估以及他人对示范者的评价三方面的因素影响着学习者再现示范行为。

二、认知主义理论

（一）内涵

随着人类对心理认知研究领域的深入，认知主义学派逐渐占主要地位。认知主义学派否定行为主义学派"刺激-反应的被动的学习过程"，主张研究学生学习过程中内部心理活动。认知主义学派认为学习不只是刺激-反应的过程，中间有一个认知因素起到中介作用，人类的行为与动物也有区别，不是简单的机械动作。学习是在面对问题时，经过内心的积极加工组织，形成认知结构，强调个体积极的认知过程。先前的经验会对学习产生影响，通过复制他人的知识结构转化成自己的知识，可以对知识进行编码、存储与提取，适合推理式、目标明确的、问题解决式学习。

（二）主要理论及人物

1. 皮亚杰的认知发展阶段理论[①]

皮亚杰（J. Piaget）是当代著名的儿童心理学家和发生认识论专家，他认为儿童从出生到成人的认知发展不是一个数量不断增加的简单积累过程，而是

---

① 何克抗，林君芬，张文兰. 教学系统设计（第2版）. 北京：高等教育出版社，2016：10-40.

伴随同化性的认知结构的不断再构。认知发展形成几个按不变顺序相继出现的时期或阶段。经过一系列的研究，他将从婴儿到青春期的认知发展分为感知运动、前运算、具体运算和形式运算四个阶段。由于后三个阶段与学校教育密切相关，所以这里主要介绍后三个阶段的主要内容。

（1）前运算阶段（2—7岁）

这一阶段正值入学之前与入学之初，从教育角度来看非常重要。所谓前运算阶段（preoperational stage），是指儿童遇到问题时会运用思维，但其思维仍受具体直觉表象的束缚，难以从知觉中解放出来。其思维方式有以下特征。

1）知觉的集中倾向性（perceptual centration）。它指前运算思维阶段的儿童在面对问题情境时，只凭知觉，集中注意于事物的单一层面或维度，而忽略事物的其他层面或维度，缺乏守恒。守恒即客体虽然在外形上发生了变化，但其特有的属性不变。例如，在长度守恒实验中，当两根等长的物体两端放齐时，儿童才认为它们是等长的，如果把其中的一根往前移一些，或者说把它变成弯曲的形状，儿童会认为这两根物体不一样长。

2）不可逆性（irreversibility）。可逆与不可逆是两个相对的概念。可逆性指分析问题时可以从正面去分析，也可以从反面去分析。不可逆性就是儿童分析问题时不能从正反两方面去思考。

3）自我中心主义（egocentrism）。它并不带有"自私"的意思，只是儿童认为别人眼中的世界与他们看到的一样，他们完全从自己的角度来解释事情，有较为极端的自我中心倾向，甚至认为世界上发生的每件事情都与自己有关。

这一阶段，儿童已经掌握口头语言，可以频繁地使用表象符号来代替外界事物。

（2）具体运算阶段（8—11岁）

处于具体运算阶段（concrete operational stage）的儿童，其认知结构中已经具有抽象概念，其思维可以逆转，因而他们能够进行逻辑推理。但这一阶段的儿童思维活动在很大程度上仍局限于具体的事物以及过去的经验，缺乏抽象性。另外，这个阶段的标志是儿童已经获得长度、体积、重量和面积的守恒概念。守恒概念的出现是具体运算阶段儿童的主要特征。处于这一阶段的儿童的另一特征就是出现了去自我中心主义。所谓去自我中心主义，是指儿童逐渐学会从他人的角度看问题。随着年龄的增长，他们能够接受别人的意见，修正自己的看法。去自我中心主义是儿童社会性发展的重要标志。

在语言方面，尽管这个阶段儿童能够凭借具体事物或从具体事物中获得表象进行逻辑思维和群演运算，但他们的思维仍需要实际经验或借助具体形象的支持。

（3）形式运算阶段（11岁以上）

处于形式运算阶段（formal operational stage）的儿童或青少年，其思维已经超越对具体的可感知的事物的依赖，使形式从内容中解脱出来。

1）假设-演绎思维。儿童或青少年不仅可以在逻辑上考虑现实的情境，而且能够根据可能的情境进行思维。

2）抽象思维。儿童或青少年能够运用符号进行思维。

3）系统思维。儿童或青少年在解决问题时能够在心理上控制若干变量，同时还能够考虑到其他几个变量。

皮亚杰认为，在这一阶段，儿童或青少年的思维抽象性获得极大提高，能够在头脑中设想出许多画面，能够理解并使用相互关联的抽象概念；他们已经开始思考许多社会中存在的问题，如公正、真理等。

除了将儿童的认知发展划分为四个阶段外，皮亚杰还认为认知发展的阶段性包括以下含义：一是不同的发展阶段儿童的认知具有不同的质的特点；二是各阶段之间呈现出阶段性的特征，而非跳跃性的改变；三是在同一个发展阶段，儿童的各种认知能力的发展水平是平衡的；四是任何个体都将按照固定的次序经历相同的发展阶段，即阶段顺序不可改变。

2. 布鲁纳的发现学习模式

发现学习模式是布鲁纳（J. S. Bruner）倡导的教学模式。发现学习模式是指让学生通过自己经历知识发现的过程来获取知识，发展探究能力的学习和教学模式。它所强调的是学生的探究过程，而不是现有知识。发现学习的理论基础是布鲁纳的认知结构学习理论。一般来说，发现学习要经过四个阶段。

1）创设问题情境，使学生在这种情境中产生矛盾，提出要求解决和必须解决的问题。

2）促使学生利用教室所提供的某些材料，针对提出的问题提出解答的假设。

3）让学生在理论或实践上检验自己的假设。

4）让学生从实验中获得一些材料或结果，在仔细评价的基础上引出结论。

3. 布鲁姆的掌握学习模式

掌握学习模式是由布鲁姆（B. Broome）等提出来的，其基本理念就是，只要给足学生学习某一内容所需的时间，大多数学生可以掌握教学内容。这一理论的主要内容如下。

1）学习的达成度与实际的学习时间成正比，与必要学习时间成反比。

2）对于学习达成度较低的学生，教师应提供其他学习机会。在课堂教学以外的学习时间内，教师不能仅仅简单地重复教学内容，而应改变教学方法，采用适合该学生学习特点的教学方法，帮助学生寻找适合自身特点的学习方法，而不是一味地模仿他人，直至学生的学习目的得以矫正。

3）在群体教学中，学生成绩两极分化的原因为：学习达成度高的学生已经掌握前面的教学内容，因此后续学习比较轻松；学习达成度低的学生还没掌握原先的知识，再让其学习新的知识就比较困难。

4）布鲁姆认为提示、参与、强化和反馈是高质量教学的四个特征。教师在强调学习新知识时，应按照教学目标和单元进行展开，在教学过程中应实施形成性评价，及时地反馈学生的学习效果，便于帮助学生矫正学习，使其掌握学习方法。

5）布鲁姆总结分析了上述理论，进行了多次控制变量的实验，分析了认知准备、强化、兴趣等因素对学习达成度的影响程度，得出结论：认知准备起50%的作用，情感准备起25%的作用，教学质量起25%的作用。

掌握学习模式的目的是发挥学生的学习潜力和调动其学习积极性，使大多数学生掌握教材所规定的知识技能，取得优良的成绩。掌握学习教学活动的实施步骤如图 2-1 所示。

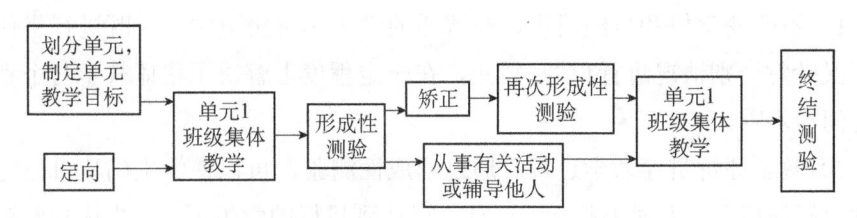

图 2-1 掌握学习教学活动的实施步骤

1）详细规定长期目标，把最主要、最基本、具有较大潜在迁移性或应用价值的目标定为掌握目标，把其他目标作为一般了解目标。根据目标编制期末终结性测验，评定学生学习成绩的覆盖面及评价学习的质量。

2）把课程分解为一系列学习单元（每单元进行 1—2 周）。制定单元教学目标。针对单元目标编制简短的形成性测验，诊断学生在本单元学习内容广度和深度上的掌握情况。

3）设计单元学习计划，帮助学生达到单元教学目标。同时设计有效的反馈-矫正计划，利用形成性测验提供的反馈信息，提供选择的教学材料及各种形式的学习活动（如提供不同的教科书、视听材料、教师个别辅导、学生讨论、相互帮助），帮助未掌握者纠正学习中的差错。同时设计已掌握者的活动，可以让他们成为未掌握者的小老师，或自学或从事其他学科的活动或非学术性活动（如消遣性阅读），充实有关课外知识，深化本学科的学习。一般每个单元进行 1—2 周。

定向是使学生充分了解、掌握学习策略的基本思想和具体程序，明确教学目标，激发学生正确的学习动机和信心。通过形成性测验，如果 50% 以上学生掌握某些学习内容有困难，教师就应重新进行经过改进的再次教学；如果只有部分学生未掌握，教师可以进行有针对性的个别矫正工作。矫正工作可以安排在课外进行，也可以部分或全部占用课堂教学时间。至于矫正结束后的第二次形成性测验，试题要求水平与第一次形成性测验是一致的，但指向更明确，主要针对第一次测验中未能掌握的内容或学生易犯的错误。期末终结性考试后，所有达到或超过预定掌握水平标准的学生都得到 A 等，突破了传统按正态曲线分布的分等评分制度，鼓励了学生的胜任动机。对未掌握者可以允许经努力后掌握，也可以用传统的 B、C、D、E 等级表示达到教学目标的程度。

掌握学习教学模式具有如下特点。

1）不改变学校和班级组织，在普通的学年制班级里实施。既进行集体教学，又针对个别情况进行反馈-矫正，在一定程度上解决了集体教学与个别需要之间的矛盾。

2）教学评价贯穿教学过程。通过形成性测验，可以使学生确认自己完成教学目标的情况，及时调整学习活动。已达到目标的学生可以产生成功的满足感，更积极地参与下一单元的学习；未达标的学生可以了解自己未能掌握哪些基础知识或能力，明确努力方向，并进行矫正。

3）教师认为所有学生都能学好功课的信念，对学生学业成功的期望，对增强学生学习自信心，能够激发学生学习动机，对学生的学习起促进作用。

运用掌握学习教学模式，要求每一单元教学，都要有形成性测试题和再次形成性测试题，同时对未掌握者要分别安排矫正或其他活动，使之都能有所收获有所提高。所以，教师要付出更多的时间和辛劳。

4. 奥苏贝尔的接受学习模式与先行组织者教学策略

美国教育心理学家奥苏贝尔（D. P. Ausubel）提出了接受学习模式。接受学习是在教师指导下，学习者接受事物意义的学习。接受学习也是概念同化的过程，是课堂学习的主要形式。在接受学习中，所学内容大多是现成的、已有定论的、科学的基础知识，包括一些抽象的概念、命题、规则等，这些内容通过教科书或教师的讲述，用定义的方式直接向学习者呈现。学习者接受这些已有的知识，并掌握其意义。学习者接受知识的心理过程表现为：首先，学生在原有知识结构中找到与新知识有关的旧知识，这些旧知识是理解新知识的基础；其次，学生通过分析与比较等认识活动，找到新知识与有关的旧知识之间的相同点和不同点；最后，学生通过抽象概括等认识活动，促进新旧学习内容有机结合，使知识不断系统化，形成更进一步分化的知识结构。

奥苏贝尔认为，影响接受学习的关键因素是认知结构中适当起固定作用的观念的可利用性。为此，他提出了"先行组织者"的教学策略。所谓"先行组织者"，是先于学习任务本身呈现的一种引导性材料，它比学习任务本身有更高的抽象、概括和包容水平，并且能清晰地与认知结构中原有的观念和新的学习任务相关联。其目的是为新的学习任务提供观念上的固定点，增加新旧知识之间的可辨别性，以促进学习的迁移。

先行组织者教学策略的教学过程主要由三个阶段组成，其内容如表2-1所示。

表 2-1 先行组织者教学策略的教学过程

教学过程		教学活动
阶段 1	呈现先行组织者	阐明本课的目的， 呈现作为先行组织者的概念：确认正在阐明的属性；给出例子；提供上下文使学习者意识到相关知识和经验
阶段 2	呈现学习任务和材料	使知识的结构显而易见， 使学习材料的逻辑顺序外显化，

续表

教学过程		教学活动
阶段2	呈现学习任务和材料	保持注意， 呈现材料， 演讲、讨论、放电影、做实验和阅读有关的材料
阶段3	扩充与完善认知结构	使用整合协调的原则， 促进积极的接受学习， 提示新旧概念（新旧知识）间的关联

运用先行组织者教学策略，需要有一定的教学条件。

1）教师起呈现者、教授者和解释者的作用。

2）教学的主要目的是帮助学生掌握教材，教师直接向学生提供学习的概念和原理。

3）教师需要深刻理解奥苏贝尔的有意义学习理论和先行组织者策略。

4）学生的主要任务是掌握观念和信息。

5）个人的原有认知结构是决定新学习材料是否有意义、是否能够很好地获得学习材料并识记学习材料的最重要因素。

6）学习材料必须加以组织，以便于同化。

7）要预先准备先行组织者。

5. 加涅的九段教学策略

九段教学策略是由美国著名教育心理学家加涅将认知学习理论应用于教学过程而提出的一种教学策略。加涅认为教学活动是一种旨在影响学习者内部心理过程的外部刺激，因此，教学程序应当与学习活动中学习者的内部心理过程相吻合。该策略包括引起注意、阐述教学目标、刺激回忆先前习得性能、呈现刺激材料、提供学习指导、诱发学习行为（反应）、提供反馈、评价表现和促进记忆与迁移。

（1）引起注意

引起注意是有效教学的首要事件，它是学习主动性、积极性的重要标志。引起注意除使用刺激变化、引起兴趣等方法外，更主要的是利用新旧知识的同化和顺应机智激发思维，唤起选择性知觉。

教师可以利用有意注意和无意注意的特点，采用不同方法唤起和控制学习者注意。引起注意的方式主要包括：①改变呈现的刺激，如声调、音量、多媒体刺激等；②引起学习者的兴趣，如提出他们感兴趣的问题、讲一段故事或笑话；③用体态语（手势、表情）引起注意，如教师一个"嘘"的动作、挥手动作、惊奇的表情等；④指令性语言，如"请仔细听""请注意"等。

（2）阐述教学目标

阐述教学目标就是教师让学习者具体了解学习的目标是什么，包括他们要学会哪些知识、会做什么等，使学习者形成对学习的期望，监控和调整自己的学习活动。教师呈现目标时要注意用学习者熟悉的语言。

阐述教学目标的功能是激起学习者对新知识、新技能的期望，产生学习的内部动机，使学生明了学习结果和方法，教师要用学生能够理解的语言，用学生头脑中的原有知识基础产生对新知识的期望。

（3）刺激回忆先前习得性能

刺激回忆先前习得性能是指提取长时记忆中与当前所学内容有关的信息至短时记忆。任何新知识的学习必须以原有知识技能为基础，教师要激活学生头脑中与新知识有关的旧知识技能，以利于学习者建立新知识与旧知识之间的实质性联系，为实现有意义接受学习做好准备。教师还应及时辅导缺乏基础知识技能的学生，以免其出现学习困难。

（4）呈现刺激材料

当学生做好准备时，教师可以向学生呈现教材。呈现方式取决于材料的内容。无论哪种情况，最有效的是具有突出特征的刺激。教师在呈现教学内容时要根据教学材料的性质、学生学习特点、预期学习结果等问题，采用不同的教学方法和策略。

（5）提供学习指导

提供学习指导是使学习者能较快地建构新信息的意义，也就是形成概念。这个教学事件促进语义编码，即使所学的东西进入长时记忆。因为学习结果的不同，其学习指导也各不相同。对于低级的学习活动，教师可采用复述策略；对于高级学习活动，教师就需要采用精加工策略和组织策略。

教师在指导学生完成课堂作业时要注意：当学生对人名、地名等事实性的问题不理解时，可以给予直接指导；对于与学生经验有关的逻辑性问题，可以提供间接指导，给以一定的提示或暗示；在进行间接方式指导时，要根据学生个体差异而采用不同的方法；要让学生将新旧知识联系起来，并让学生学会一些记忆和理解的方法，促进学生对新知识的保持。

（6）诱发学习行为（反应）

诱发法学习行为（反应）检验学习者对意义的建构是否成功。这项教学事件的目的是促使学习者做出反应活动，以此来验证期望的学习过程是否发生，学习的结果是否达成。通常，这种行为是继学习之后首次进行的作业，在多数情况下，教师接下来会呈现新的例子，以确保该规则能被应用到新的情境中。

要想确定教学之后学生是否产生学习，就要让学生展现其外显行为，可以根据行为上的三条线索来判定学生是否产生了学习：眼神和表情，当学生由困惑到理解时，眼神和表情会流露出一种满意的状态；随时指定学生代表将所学知识或问题答案说出来；根据学生的课堂作业来检查全班学生的理解状况。

（7）提供反馈

如果建构不成功，则给予矫正反馈，使学习者重新建构该信息的意义；如果建构成功，则给予鼓励反馈。学生做出反应、表现出行为后，教师应及时让学生知道学习结果，这就是提供反馈。这种反馈在许多情况下是自我提供的，但也需要外部提供。及时反馈是教师工作的一个细节，这个细节并不会给教师增加多少负担，它给予学生的是一种影响，使学生能够及时检查自己，同时也可以让学生从教师的肯定性反馈中受到鼓励，既可以起强化作用，也可以帮助学生建立学习的信心，提高学习的参与度与积极性。当然，学生表现出一次正确行为时，未必表示已确实学到了该种行为，短时记忆学到的东西如果不加以复习，就难以存储在长时记忆中。

（8）评价表现

评价表现就是通过成绩评定对成功的意义建构加以强化。评价在学生的学习中具有非常重要的地位。要想让学生主动地做一件事情，首先就要不断对其进行评价，使他获得成功。教师通过作业情况、课堂小测验、其他方式了解学生对本节课内容的掌握情况，根据学生中普遍存在的问题，给予一定的辅导，促使学生进一步回忆和整合所学的知识，并对学生的学习表现做出价值判断。

（9）促进记忆与迁移

增进记忆的策略很多，如采用有意义的方式习得材料，建立材料的关系网络。学生要注意及时复习,在间隔几天或几个星期之后进行复习,对于保持和回忆所学内容大有好处。有效促进迁移的最好方法就是为学生提供各种各样的新任务,要求他们把所学知识运用到新的情境之中,从而促进更高层次的学习。教师为迁移而提出的问题,应该在把握学生的先决能力是否具备的同时还要使这些能力提高到工作记忆中来。教师促进学生能力的横向迁移时,应为学习者提供应用技能的多种实例和情境。

上述 9 个步骤及其学习者的内部心理活动如图 2-2 所示。

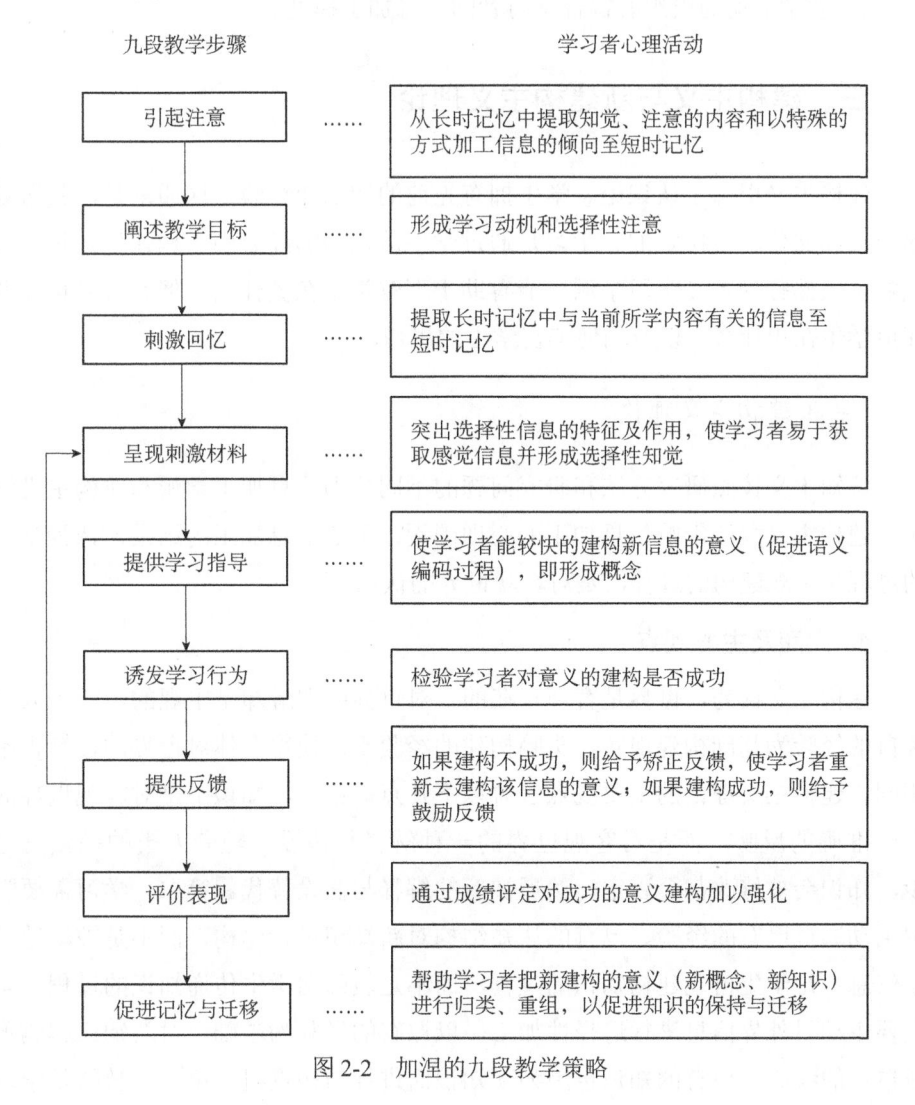

九段教学步骤	学习者心理活动
引起注意	从长时记忆中提取知觉、注意的内容和以特殊的方式加工信息的倾向至短时记忆
阐述教学目标	形成学习动机和选择性注意
刺激回忆	提取长时记忆中与当前所学内容有关的信息至短时记忆
呈现刺激材料	突出选择性信息的特征及作用,使学习者易于获取感觉信息并形成选择性知觉
提供学习指导	使学习者能较快的建构新信息的意义(促进语义编码过程),即形成概念
诱发学习行为	检验学习者对意义的建构是否成功
提供反馈	如果建构不成功,则给予矫正反馈,使学习者重新去建构该信息的意义;如果建构成功,则给予鼓励反馈
评价表现	通过成绩评定对成功的意义建构加以强化
促进记忆与迁移	帮助学习者把新建构的意义(新概念、新知识)进行归类、重组,以促进知识的保持与迁移

图 2-2 加涅的九段教学策略

（三）认知主义对教学设计的启示

认知主义对教学设计产生的启示主要包括：

1）学习过程是学习者主动接受刺激、积极参与意义建构和积极思维的过程。

2）学习受学习者原有知识结构的影响，新的信息只有被原有知识结构同化或顺应，才能被学习者接受。

3）有意义学习的发生需要重视学科知识与学习者认知结构的关系。

4）教学活动的组织要符合学习者的信息加工模型。

三、建构主义与新建构主义理论

建构主义根源于认识论。学生拥有先前的知识和经验，这通常是由其所处的社会和文化环境决定的。学习是通过学生从他们的经验中"构建"知识来完成的。虽然行为主义学习学派可能有助于理解学生在做什么，但教育者也需要知道学生在想什么，以及如何丰富学生的思想。

（一）建构主义理论

认知主义按照研究方法和研究问题的不同分为信息加工学派和建构主义学派，建构主义关注影响信息加工的心理因素，关心信息加工的结果，认为学习的过程是主观建构的过程，是对客观世界的认识。

1. 内涵及主要观点

建构主义认为，世界是客观存在的，对世界的理解却是主观的，每个人以各自的经验为基础构建现实，头脑构建的经验不同使得个体对世界的理解也不相同。建构主义理论的主要观点包含以下几点：第一，知识不是对客观世界的唯一准确的反映，而是对客观世界的一种解释与假设，随着人类的探索与进步，知识会被修改甚至否定，然后被新的解释与假设替代。第二，学习需要学生主动通过已有的经验、已有的认知结构对新知识进行建构，而不是被动地接受信息；是学生自己建构知识的过程，而不是教师向学生传递知识的过程；学生要主动对外界信息进行选择性加工，以原有的经验为基础，对新知识编码形成自己的编码，原有的知识也因为新知识而进行结构重组。第三，教师是学习的组织者、指导者，而不是灌输者、传授者，教师帮助学生利用各种学习环境发挥学生主动性、积极性、创新性等，实现有意义的知识建构。

2. 基于建构主义的经典教学模式

典型的建构主义教学模式包括支架式教学模式、抛锚式教学模式与随机进入教学模式，下面以支架式教学模式为例介绍基于建构主义的教学设计。

苏联著名心理学家维果斯基（L. Vygotsky）认为，儿童有两种发展水平：一是儿童的现有水平，即由一定已经完成的发展系统所形成的儿童心理机能的发展水平；二是即将达到的发展水平。这两种水平之间的差异区就是最近发展区。维果斯基强调教学不能只适应发展的现有水平，走在发展的后面，而应适应最近发展区，从而走在发展的前面，并最终跨越最近发展区而达到新的发展水平，他建议用支架式教学来帮助学生达到新的发展水平。

"支架"原指建筑行业中使用的脚手架，在这里用来形象地描述一种教学策略：儿童被看作一座建筑，儿童的"学"是不断地积极建构自身的过程；教师的"教"则是一个必要的脚手架，支持儿童不断地建构自己，建构自己新的能力。支架教学中的"支架"应根据学生的"最近发展区"来建立，通过支架作用不断地将学生的智力从一个水平引导到更高的水平。支架式教学模式是把复杂的教学内容和学习任务加以分解，层次递进，使学生从简单到复杂地进行深入学习。

支架式教学模式的步骤为搭脚手架、进入情境、独立探索、协作学习和效果评价。

1）搭脚手架。围绕当前学习主题，按最邻近发展区的要求建立概念框架。

2）进入情境。将学生引入一定的问题情境（概念框架中的某个节点，类似于情境导入）。

3）独立探索。让学生自主学习，独立探索。探索内容包括确定与给定概念有关的各种属性，并将各种属性按其重要性大小顺序排列。探索开始时，先由教师启发引导（例如演示或介绍理解类似概念的过程），然后让学生自己进行分析；探索过程中，教师要适时提示，帮助学生沿概念框架逐步攀升。起初的引导、帮助可以多一些，以后逐渐减少，即越来越多地放手让学生自己探索；最后争取做到无须教师引导，学生自己能在概念框架中继续攀升。

4）协作学习。小组协商讨论中，学生互相答疑，互相协作地进行学习。讨论的结果有可能使原来确定的、与当前所学概念有关的属性增加或减少，各种属性的排列次序也可能有所调整，并使原来多种意见相互矛盾，且态度纷呈的复杂局面逐渐变得明朗、一致，学生在共享集体思维成果的基础上达到对当前所学概念比较全面、正确的理解，即最终完成对所学知识的意义建构。

5）效果评价。对学习效果的评价包括学生个人的自我评价和学习小组中成员的互评，评价内容包括：自主学习能力；对小组合作学习所做出的贡献；是否完成对所学知识的意义建构。

3. 建构主义理论对教学设计的影响

建构主义理论的基本假设是学习不是被动灌输，而是学习者主动意义的建构过程，这对多年来的"填鸭式"教学产生了巨大冲击，传统的机械式的教学模式已经无法继续适应时代的发展要求。在建构主义学习理论下，在教学活动中，学习者占据主体地位，教师占据主导地位。教师是学生学习的促进者、引领者和帮助者。在建构主义理念下，学生的学习方式发生了翻天覆地的变化，主动参与、主动探究和主动合作成为学生学习的主要方式。在信息媒体与科学技术高速发展的 21 世纪，学习工具的多样性为学习者的学习提供了有力的支持，基于问题、情境和协作的学习模式也逐渐受到各界的关注。

乔纳森（D. H. Jonassen）在《设计建构主义学习环境》一文中提出了建构主义学习环境的设计模型。他在文章中指出，该模型中心的"问题"是建构主义学习环境的核心，同时有很多种解释性和智能性的支持系统环绕在它的周围。[1]首先，学习者的学习目标是解释和解决问题，相关案例和信息资源支撑着学习者对问题的理解，并提出一些可行性的解决方案。其次，学习者的学习方式主要是对话与协作。学习者通过对话与协作建构一种学习共同体，在这种学习共同体中，学习者可以彼此协商和共同构建关于问题的意义。最后，学习者的学习保障是环境，教师应根据学习问题的难易程度，建构有利于问题解决的良好学习环境。乔纳森认为，在大多数建构主义学习环境中，学习者需要主动探索，需要清晰地表达自己所掌握的知识，并反思自己的学习行为。

乔纳森指出，在建构主义学习环境中，学生需要教师提供的支持主要有：

---

[1] 李妍. 乔纳森建构主义学习环境设计理论的系统研究与当代启示. 开放教育，2006（6）：50-56.

①示范，包括操作示范、表述推理等；②指导，包括动机驱动与监控，学习者行为的调节与创新思维的启发等；③搭建脚手架，包括调整任务难度、重构新任务并提供新的评价标准等。

（二）新建构主义学习理论

随着互联网浪潮的袭来，学习的方式逐渐多样化，各种各样的信息扑面而来，知识逐渐碎片化，且建构主义在引入我国的过程中也未适应我国的实际情况。为弥补网络学习理论的空白，结合我国实际教育情况，王竹立教授在2011年提出新建构主义学习理论。随着研究的深入探索，新建构主义逐渐丰富完善。

1. 内涵

新建构主义是在建构主义的基础上提出的，它们都强调真实情境与协作交流对学习的重要性，认为学习是有意义的建构，但新建构主义的意义建构包括知识创新，学习、应用与创新三阶段融为一体。新建构主义的核心思想是将网络比作虚拟的知识银行，将个人博客比作知识银行的账户，对同一主题的内容在自己账户中修改，实现化零为整与知识创新，做到为创新而学习、对学习的创新、在学习中创新。[①]

2. 主要观点

新建构主义理论的主要观点包括以下四点：第一，采取"存零取整"的学习策略，知识的学习从"积件式"阶段到"个性化改写"阶段再到"创造性重构"阶段完成一次循环，一次循环结束时，新的循环开始，循环往复呈螺旋上升趋势；第二，核心理念需遵循"情境、搜索、选择、写作、交流、创新、意义建构"七个方面；第三，运用包容性思维方法将各种知识和信息"碎片"统合起来；第四，教师应教会学生五个方面的能力，即"教会学生如何搜索、教会学生如何选择、教会学生如何思考、教会学生如何交流、教会学生如何写作"。[②]

---

① 罗旭. 在创新中学习 在学习中创新——江苏省苏州市干部教育培训重质量出实招. 光明日报，2019-01-25（005）．

② 王竹立. 新建构主义：网络时代的学习理论. 远程教育杂志，2011（2）：11-18．

（三）新建构主义与建构主义的异同

新建构主义与建构主义在以下八个方面有所不同：①在学习的主要类型上，建构主义是教师指导的自主学习、协作学习和探究式学习，而新建构主义是基于网络和学习的分享式学习可采取多种方法和策略；②在学习内容上，建构主义是教师决定学习内容，而新建构主义由学生自主或学生之间决定学习内容；③在教学目标方面，建构主义是建立以学科和专业为基础的系统化知识结构，而新建构主义是建立以个人兴趣和需求为中心的蛛网式知识结构；④在教学策略方面，建构主义包括自主学习策略、支架式学习策略、抛锚式学习策略等，而新建构主义在建构主义基础上还包括存零取整式学习策略、讲授式学习策略等；⑤在教师角色方面，建构主义认为教师是学生的帮助者、促进者、同伴，而新建构主义认为教师是学生的共同分享者、示范者、组织者；⑥在学生地位方面，建构主义里学生是学习主体，而新建构主义里学生不仅是学习主体，更是分享者与自我责任人；⑦在学习评价方面，建构主义采用单一学科和跨学科的标准化评价与多元性评价，而新建构主义采用基于个人贡献和系统化成果的个性化评价；⑧在适用范围方面，建构主义开展基于课程和学科的教学活动，而新建构主义开展适合开放性和综合性的课程。

四、联通主义理论

行为主义、认知主义和建构主义是最常用于创造教学环境的三大学习理论。然而，这些理论是在学习不受技术影响的时代发展起来的。有研究发现，在过去的 20 年，技术已经重组我们的生活方式、交流方式和学习方式，联通主义也逐渐发展起来。[①]

（一）背景

随着互联网技术的发展，人类进入信息化、智能化与网络化的时代，西蒙斯（G. Siemens）于 2005 年提出联通主义学习理论，从全新的角度解释了如何在开放复杂、变化多端、信息膨胀的时代进行学习，受到全世界的广泛关注。

---

① 王志军，陈丽. 联通主义学习理论及其最新进展. 开放教育研究，2014（5）：11-28.

西蒙斯与唐斯（S. Downes）作为联通主义理论的代表人物提出一系列观点，这些观点随着教育技术和远程教育的发展而不断发展。行为主义、认知主义等早期的学习理论由于时代背景的限制，一般认为学习发生在学习者内部，而联通主义强调技术对学习的影响，并对当前网络时代的学习进行了解释，为互联网时代的教学提供了理论基础。

（二）主要观点

联通主义是基于网络、技术的全新理论，它将人类社会知识体系比作网络，学习者需要学习的主体知识是整个知识网络的节点，认为学习是知识节点或信息源的连接。以西蒙斯与唐斯为代表的联通主义提出了联通主义八个原则：学习和知识存在于多样性的观点之中；学习是一个与特定的节点和信息资源建立连接的过程；学习可能存在于非人的应用中；学习的能力比当前所掌握的知识更加重要；为了促进持续性学习，人们需要培养和维护连接；发现领域、观点和概念之间的关系的能力是最核心的能力；流通是所有联通主义学习活动的目的；决策本身就是一个学习的过程。原则只是知识观与教师观的简要体现，其核心具体表现为以下几种观点。

1. 知识观

联通主义知识观认为知识存在于连接中，是一种联通化知识。西蒙斯认为联通主义的学习知识是一种软知识，包括两种类型——知道在哪里与知道怎么改变，并以个体知识与社会知识两种形式存储。唐斯在此基础上进行补充，认为不管个体知识还是社会知识，都具有网络特性。

2. 学习观

联通主义学习观认为，学习即连接的建立与网络的形成。节点与连接组成网络，只有节点被编码且与网络中的其他节点发生联系，学习才会发生。连接的形成与节点的编码构成有意义的创建。学习的过程就是形成三个基本网络（内部认知神经网络、概念网络和外部/社会网络）连接的过程。

3. 课程观

为将联通主义理论付诸实践，西蒙斯和唐斯开发了开放、分布、学习者定义、复杂与社会化的课程，这些网络课程强调参与者与开发者共同开发课程，课程内容碎片化，学习者自主学习通过网络发布的课程，学习者创建并分享意会后的生成性内容，并在自己的交互空间贡献内容。

4. 教师观

联通主义教师观认为，教师是课程的促进者，教师的作用不是控制课堂，而是影响与塑造网络。联通主义学习理论不主张教师单独教授一门课程，而是把教师定位为网络中的重要节点，在学习中起到放大、策展、驱动意会、聚合、过滤、模仿以及持续存在的作用。

5. 学生观

联通主义学生观认为，学生是自我导向、网络导向的学习者与知识的创造者。联通主义理论中的学习者应具备较高的信息素养与参与联通学习的能力。在联通主义学习中，学生形成多种能力，其中联通主义重点培养联通的能力、逐步领会知识的能力与维持对话的能力。

6. 学习环境观

联通主义学习环境是分布式、信息环境中的个人学习环境与个人学习网络。当前信息爆炸时代，联通主义理论正是基于这种复杂的、分布的信息环境提出的，联通主义强调在复杂信息环境中，学习者通过寻径和意会建立个人学习环境与个人学习网络。

（三）实践形式

在联通主义理论的发展过程中，实践形式多种多样，包括个人的简单联通，专业化社区的社会化联通，对复杂、未知和模糊问题探究的复杂联通。个人的简单联通是指学习者掌握信息获取的方式，直接找到问题的答案或解决方案；专业化社区的社会化联通并不是为了解决问题，而是将基于共同的兴趣、背景、需求学习者汇聚在一起构建社区，实现网络学习与资源共享，并在此过程中共同成长。对复杂、未知和模糊问题探究的复杂联通可以汇集网络中的集体智慧以探索未知的问题。其中，西蒙斯（J. H. Simons）基于联通主义思想开发大规模在线开放课程（cMOOC）是联通主义最显著、最成功的教学实践。

简单来说，cMOOC 是一种基于关联主义的学习理论，是一种更强调学生自学和彼此互助合作的学习模式。

cMOOC 主要有以下特点：第一，世界各地学习者可以建立学习空间，根据自己的需求或爱好选择软件建立连接，分享、提供内容，与其他人合作学习，扩展个人学习网络；第二，社会交互是 cMOOC 的核心；第三，以周为单位对特定的主题展开学习，开放所有学习过程，可以让大规模人群参与互动；第四，学习结果不确定，同时没有正式的学习评价。从联通主义到 cMOOC 的发展实际上是抽象向具体实践的发展，是典型的联通主义实践形式。

五、分布式认知理论

一直到 20 世纪 90 年代，认知心理学都注重研究个体的认知。然而，对于认知的研究不应局限于个体层面，还涉及认知的环境、对象、工具等。随着信息时代的来临，计算机、手机、平板电脑等科技工具层出不穷，学习的过程越来越依赖这些工具，分布式认知（distributed cognition）也逐渐被学者重视、研究。

（一）背景

分布式认知是在 20 世纪 80 年代认知科学反思自身研究方法的背景下提出的，它受现代西方哲学思潮、杜威及维果斯基思想的影响，并结合社会科学的研究方法，最终逐渐发展起来。20 世纪 80 年代以后，传统认知科学的一些地方受到质疑，认知心理学的创始人奈瑟（U. Neisser）与信息加工理论倡导人西蒙深刻反思信息加工模型，认为认知心理学要做出转变。现代西方哲学反对传统哲学主客二分的倾向，强调主体的意义存在于主体与客体的交互活动中，分布式认知在超越个体界限的范围观察认知现象，并关注人与人、人与环境的交互就是受此影响。与此同时，维果斯基心理学的文化历史观对分布式认知关于认知的文化与社会分布性的观点也有影响。此外，在反思心理学研究的过程中，一些社会学家与人类学家也开始涉及认知研究领域，尝试为研究工作情境中的认知问题提供一种替代的框架和理论工具，但是忽略了计算机参与的协同工作中运算方面问题。在此背景下，加利福尼亚大学赫钦斯（R. M. Hutchins）

等开始注重环境、交互过程、社会文化因素的影响，其研究视野超越个体大脑范围，他们利用社会科学的研究方法，研究复杂计算系统中的认知现象，提出一个替代性理论与方法论，尝试将认知行为视为一种在工作环境中的具体情境性行为，从而形成分布式认知。

（二）主要观点

传统的认知观认为认知发生在个体层面，从大脑内部处理信息角度解释认知。20世纪80年代中期，加利福尼亚大学赫钦斯等明确提出"分布式认知"的概念，认为它是重新思考所有领域的认知现象的一种新的基本范式。分布式认知是指认知分布于个体、个体与个体、媒介、环境、文化、社会和时间等之中。分布式认知理论强调认知现象在认知主体和环境间分布的本质，它认为个体认知呈现分布状态，没有明确的唯一的定位，分布的认知元素共同发挥作用，同时每种认知元素也独自发展变化，进而共同促进个体认知。近些年，理解在自然化的场景中如何支持重要形式的认知和学习，已经引起越来越多的关注。

分布式认知理论的主要观点包括：①传统的认知观强调个体认知，而分布式认知理论充分考虑参与认知活动的所有因素，提出一种新的分析单元——功能系统，包括参与者全体、人工制品和他们在所处特定环境中的相互关系；②认知存在于个体/群体和制品之中，强调认知现象在个体、群体与制品之间的分布性；③强调人工制品在分布式认知中的重要作用；④人的认知活动方式不仅仅是个体的，而且是"个体+群体/共同体+制品"的，强调它们之间的交互作用；⑤关注活动中信息和知识的传播及转换方式；⑥关注任务情境和情境脉络，强调社会-物质情境对认知活动的影响；⑦强调对情境脉络中的信息表征和表征状态的转换进行记录和解释；⑧协作共同体要共享相应的信息，这是共同完成任务的基础；⑨强调交流、共享等各要素之间的相互依赖性。[①]

---

① 钟志贤. 论学习环境设计. 电化教育研究，2005（7）：35-41.

（三）对学习环境的启示

分布式认知是认知科学的一个新分支，它借鉴了认知科学、人类学、社会学、社会心理学的方法。分布式认知理论认为，认知分布于由多个个体、工具、环境组成的较复杂的系统中，打破了传统认知观从大脑内部信息处理的角度解释认知现象的限制，为解释人类的认知现象提供了一种新的研究视角和方向，也为学习环境的创设提供了一定的理论指导。

分布式认知理论对学习环境设计主要有以下启示：①创设真实（或接近现实）的社会-物质境脉；②运用智能制品促进分布式认知活动；③运用技术来支持分布式的交互和协作；④强调应用技术支持思维的可视化和知识表征，以使学习者清晰地表达观点，提炼和拓展思维；⑤注重人类个体、共同体和制品的重要性；⑥学习者共同体、知识建构共同体和协作学习等，是具有重要价值的分布式认知活动；⑦交流是实现分布式学习、达到分布式认知效果的必然方式；⑧人与制品能形成合成的认知力量是最理想的认知方式；⑨信息技术在分布式认知中的作用十分显著。

本 章 小 结

教学设计通过适合的技术或手段提高学习者的知识与能力，关注学习者的发展，学习理论在教学设计的过程有重要作用，为教学设计的实践提供理论基础。本章介绍了行为主义、认知主义、建构主义，以及新建构主义、联通主义、分布式认知主义等几种典型的教学设计理论。虽然这几种理论对学习的理解有所不同，但它们都为教学设计的实践提供了相应的理论基础。

行为主义认为心理表现为某种外显行为，我们可以通过研究人们的外显的行为来了解其内隐的心理变化过程。行为主义强调外部的刺激作用。通过对行为主义的内涵、起源与发展、主要代表人物及其观点的介绍，揭示了行为主义观点对教学设计的影响。

认知主义主张研究个体的内部心理活动，认为学习是个体积极加工信息的过程，教学应按照心理活动的过程安排活动。通过对认知主义的内涵、代表人物及主要理论的介绍，阐明认知主义理论对教学设计的启示。

建构主义是认知主义的一个流派，关注信息加工的心理因素，认为知识是人对客观世界的认识，知识学习的过程是人的主观建构的过程；而新建构主义理论是结合互联网时代背景与我国实际教育情况提出的，认为学习是有意义的建构，其意义建构包括知识创新、学习与应用，这三个阶段融为一体。通过介绍建构主义的内涵、经典教学模式、新建构主义的内涵、主要观点以及两者的区别，厘清建构主义理论与新建构主义的区别与联系。

第三章

教学设计的元素构成

教学系统设计的过程模式是一套程序化的步骤,尽管其过程有所不同,但具有共同的基本要素:教学目标设计、教学内容设计、教学方法设计、教学评价设计以及教学过程设计。

一、教学目标设计

（一）教学目标设计的意义

教学目标（或学习目标）是学习者通过教学应该表现出来的可见行为的具体、明确的表述。教学目标的分析与确立是学科教学设计中的一个至关重要的环节，它决定着教学的总方向，学习内容的选择、教与学的活动设计、教学策略和教学模式的选择与设计、学习环境的设计、学习评价的设计都以教学目标为依据展开。教学目标设计是教学设计面临的首要问题，具有以下意义：第一，有利于课程规范。教学目标提供并保证了课程的方向性和稳定性，使有关人员对课程有清晰、统一的认识，而不至于造成个别人员对教学大纲做任意特殊的解释。第二，有利于学生的学习。教学目标能够激发学生的学习动机，指明学习方向，使学生产生责任感。第三，有利于教师的教学。教学目标帮助教师较好地组织教学内容，为教师提供选择教学策略的依据，训练教师编写教学目标的能力，以提高业务水平。第四，有利于沟通和交流。教学目标使教师知道教什么，学生知道学什么，家长知道学生学习后能做什么。

总之，教学目标是教学双方积极活动的准绳，是衡量教学质量的尺度。科学合理地确定教学目标是教学设计的重中之重。

（二）教学目标设计的原则

教学目标的确定反映了教师的教学理念，决定着教学内容的组织与实施，直接影响着人才培养质量。合理、明确、具体的教学目标既是教学的预期效果，也是检验、评测教学活动是否达到预期效果的标杆，还是教学活动的调节者。[1]因此，在具体的教学目标分析与编写中，应注意遵循以下原则。

---

[1] 丁锦宏. 教育学基础. 北京：高等教育出版社，2009：274-275.

1. 整体性原则

整体性原则即教学目标的制定要突出知识的系统性，强化知识的结构及其内在联系，体现知识要点的分解及知识体系的合一。同时，教学目标中不但要有认知方面的目标，还要有情感、动作技能方面的目标，体现知识与能力的有机结合、知识与情感的和谐统一，将智慧和情感融为一体。

2. 层次性原则

层次性原则即教学目标是按照由浅入深、由易到难、循序渐进、螺旋上升的原则编排的。教材根据学习者的认知规律和知识的内在联系，将教学内容适当划分阶段，每个阶段各有重点。每阶段、每单元的内容又按照知识发生发展的过程顺序进行编排，因而使教材知识的编排呈现层次性。这个层次既要符合学习者认识行为的发展过程和能力培养规律，又要符合教材知识组合的层次序列。

3. 激励性原则

激励性原则指目标能激发学生的学习兴趣，从而调动学生学习的积极性。教学目标的制定都是以前面完成的目标为基础和前提的，要使目标具有激励性特点，就要求制定的教学目标合理而具体。合理的教学目标应该是符合教材、课时内容要求的，也是符合"最近发展区"理论的。

4. 可测性原则

可测性原则也就是可操作性原则。确定的教学目标要清楚、明确，具有理解的一致性和可操作性。理解的一致性就是教师、学习者对同一条目标有同样的理解。可操作性指目标要具体化、行为化，以便对目标是否达成进行客观的检查和评价。

（三）教学目标设计规范

1. 教学目标分析方法

以下介绍的几种方法既可用于教学目标分析，也可用于学习内容分析。它们是归纳分析法、层级分析法、信息加工分析法和解释结构模型法。[1]

---

[1] 何克抗，李文光. 教育技术学. 北京：北京师范大学出版社，2009：99-170.

（1）归纳分析法

归类分析法主要用于言语信息类学习内容，言语信息本身不存在逻辑层级或程序，所以只需要直接对达成目标所需的信息进行分析。对言语信息最有效的分析法是确定信息的主要类别。确定分类方法后，把需要学习的知识归纳成若干方面，从而确定教学内容的范围。采用组合或组成图示（分层，或分簇），或者列提纲的表达方式。例如，一个国家的省、市名称可以按地理区域的划分来归类；人体外表各部位的名称可以由上向下，按头、颈、躯干、上肢、下肢分类；细胞的化学成分可以按元素组成和化学物组成分类，如图 3-1 所示。

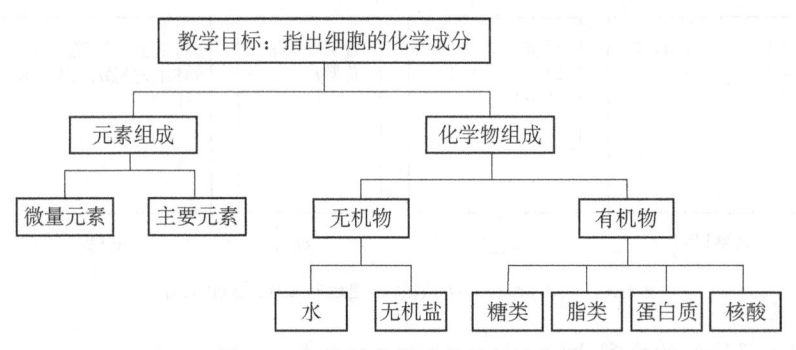

图 3-1 细胞的化学成分的归纳分析

（2）层级分析法

层级分析法是揭示为了达到一定的教学目标而需要掌握的不同层次的从属知识和技能的一种分析方法。采用逆向分析过程：从已确定的教学目标开始考虑，学生为了获得终点能力必须具有哪些次一级的从属能力？要培养这些次一级的从属能力又需要具备哪些再次一级的从属能力？如此直到剖析到学生的起始能力为止。正确摄像的教学内容的层级分析如图 3-2 所示。

（3）信息加工分析法

信息加工分析法是一种揭示教学目标要求的心理过程的内容分析方法。这种心理操作过程及其所涉及的能力构成了教学内容。按照信息加工的步骤，写出每步要做的事情，包括内隐的心理操作过程和外显的动作技能的操作过程。通常以过程图示或步骤罗列来表示。例如，求算术平均数的解题过程如图 3-3 所示。

图 3-2　正确摄像的教学内容的层级分析

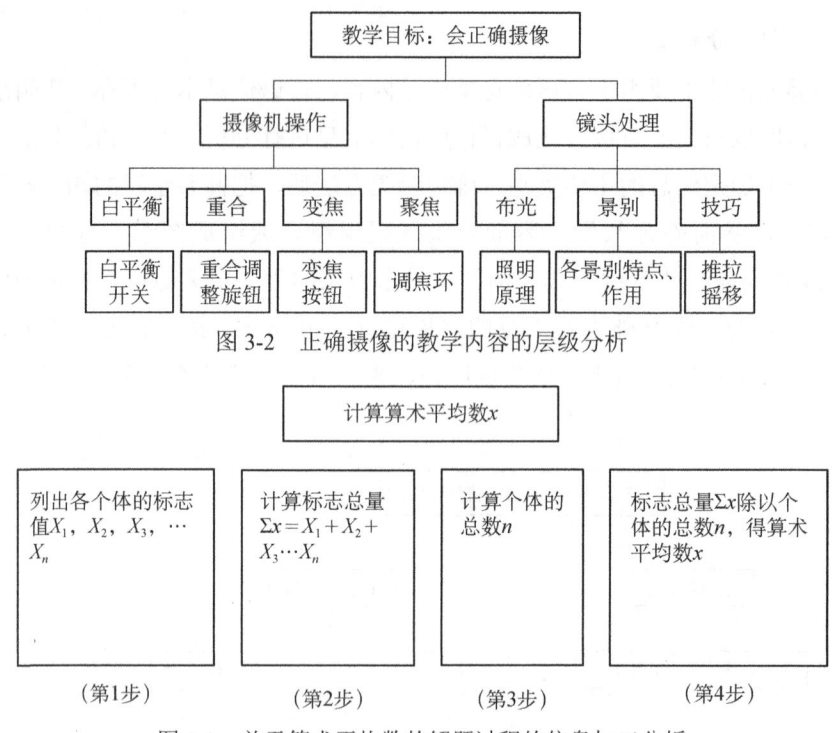

图 3-3　关于算术平均数的解题过程的信息加工分析

（4）解释结构模型法

解释结构模型法（ISM 分析法）是用于分析和揭示复杂关系结构的有效方法。它可将系统中各要素之间的复杂、零乱的关系分解成清晰的多级递阶的结构形式。当分析的各级教学目标不具有简单的分类学特征，或者其中的概念从属关系不太明确也不属于某个操作过程或某个问题求解过程时，使用解释结构模型法比较合适。[①]通常采用以下三个操作步骤进行分析：第一，抽取知识元素，确定教学子目标；第二，确定各子目标之间的直接关系，做出目标矩阵；第三，利用目标矩阵求出教学目标形成关系图（这个步骤由于步骤明确、可操作性强，很容易转换成计算机算法，用某种程序设计语言去实现。换句话说，解释结构模型法的第三个操作步骤可以交给计算机自动完成，从而使教学目标分析效率得以提高）。

---

① 何克抗，林君芬，张文兰. 教学系统设计（第二版）. 北京：北京师范大学出版社，2016：20-50.

2. 教学目标阐明的方法

（1）编写教学目标的基本要求

教学目标是对教学所要达到的结果的设想，它是教学的出发点和最终归宿。教学目标应通过对教学内容的深入分析来把握，而且应便于观察、测量。为了保证教学目标的可操作性，通常采用 ABCD 模式表述教学目标。所谓 ABCD 模式是指一个规范的教学目标一般应包括四个要素：A 是对象（audience），指教学对象；B 是行为（behavior），主要说明通过学习后，学习者的行为变化应能做什么；C 是条件（condition），说明上述行为可在什么条件下产生；D 是程度（degree），规定行为应达到的程度或标准，例如，小学生一年级学生能在 5 分钟内完成 100 道速算题，准确率达 98%。

在一个教学目标中，行为的表述是最基本的部分，不能省略。相对而言，条件和程度是两个可选择的部分。

（2）教学目标的具体编写方法

1）关于对象的表述。教学目标的表述中应注明教学对象，如"小学一年级学生""在岗培训人员"等，同时在表述教学对象时可具体说明对象的基本特点。

2）关于行为的表述。在教学目标中，行为的表述是最基本的成分，说明学习者在教学结束后应该具备怎样的能力。描述行为的基本方法是使用一个动宾结构的短语，其中，行为动词说明学习的类型，宾语则说明学习的内容。例如，"操作""说出""列举""比较"等都是行为动词，在它们后面加上动作的对象就构成了教学目标中有关行为的表述，例如能操作计算机，能说出五大洲的名称，等等。值得注意的是，行为动词主要分为 6 个层次，分别为知识、领会、应用、分析、综合、评价，而每个层次的行为动词又可引申为其他词汇。例如，应用可引申为运用、计算、示范、改变、阐述、解释、说明、修改、制订计划、制订方案、解答。

3）关于条件的表述。条件表示学习者完成规定行为时所处的情境，即说明在评价学习者的学习结果时，应在哪种情况下评价。条件包括下列因素：环境因素（空间、光线、气温、室内外噪声等）；人的因素（个人、小组、在教师的指导下等）；设备因素（工具、设备、图纸、说明书等）；信息因素（资料、教科书、笔记等）；时间因素（速度、时间限制等）；问题明确性因素（为引起行为的产生，提供什么刺激和刺激的数量）。

4）关于标准的表述。标准是行为完成质量可被接受的最低程度的衡量依据。对行为标准做出具体描述能够使目标具有可测量的特点。标准一般从行为的速度、准确性和质量三个方面来确定。例如，在1分钟内准备好必需的电脑配件（速度）。

5）关于基本部分和选择部分。行为的表述是基本部分，不能省略；条件和标准是两个可供选择的部分，因此，在编写教学目标时，可以不必将条件、标准逐一列出。

6）关于内外结合的表述。1978年，格朗伦（N. E. Gronlund）在《课堂教学目标的表述》中，提出先用描述内部心理过程的术语来表述学习目标，以反映理解、运用、分析、创造、欣赏、尊重等内在的心理变化，然后列举反映这些内在变化的例子，从而使这些内在心理变化可以被观察和测量。这就是用内部过程和外显行为相结合以描述学习目标的方法。格朗伦的方法强调列举出能力方面的例证，既避免了用内部心理特征表述目标的抽象性，也避免了行为目标的机械性与局限性。

（3）情感领域学习目标的编写

确定情感领域学习目标的方法主要有以下两种。

一是把学习者的具体言行看作是思想意识的外在表现，然后通过学习者的言行表现（可观察）来间接推断学习目标是否达到，例如，"当实验室活动结束或终止时，学习者将设备归还原处"的具体行为动作为判断学生是否具有某种责任或态度的依据，这就是情感学习目标编写的一个特点。

二是采用类似内外结合的表述方法。美国心理学家马杰（R. Mager）把学习者的肯定、积极的表现称为接近意向，把消极的表现称为回避意向。当然接近意向也仅说明学习目标可能已达到，并不能直接测量学习目标达到的程度。

除此之外，为了弥补上述教学目标编写方法的不足，艾斯纳（E. W. Eisner）提出表现性目标。这种目标要求明确规定学习者应参加的活动及情境，但不提出可测量的结果。尽管这种目标不精确规定学习者应从教学活动中习得什么，但至少有助于认识总的教学目标中的情感教学内容，使人能着手研究教学目标的方法。因此，表现性目标可以作为学习目标的一种补充。

以上介绍了教学目标设计的原则和方法，这只是对目标编写的一般方法和原则的介绍，没有考虑不同学科的特点，在实际的目标编写过程中，目标层次的划分、目标的分析方法及目标的阐明会因学科特点和内容的不同而有一些变化，并不一定完全符合所介绍的目标层次的划分和编写方法，需要结合不同学科特点灵活运用。

课程目标体系的安排是对已选定的单元目标进行合理编排，使其具有一定的系统性。在一门课程中，课程目标一般有三种类型：一是相对独立（并列型），所谓并列型，是指教学目标各组成部分相对独立，即彼此目标互不相干；二是一个单元目标构成另一个单元目标的基础（顺序型），即前一单元目标是后一单元目标的基础；三是各课程目标相互整合（综合型），综合型兼有并列型和顺序型的特点（图3-4）。

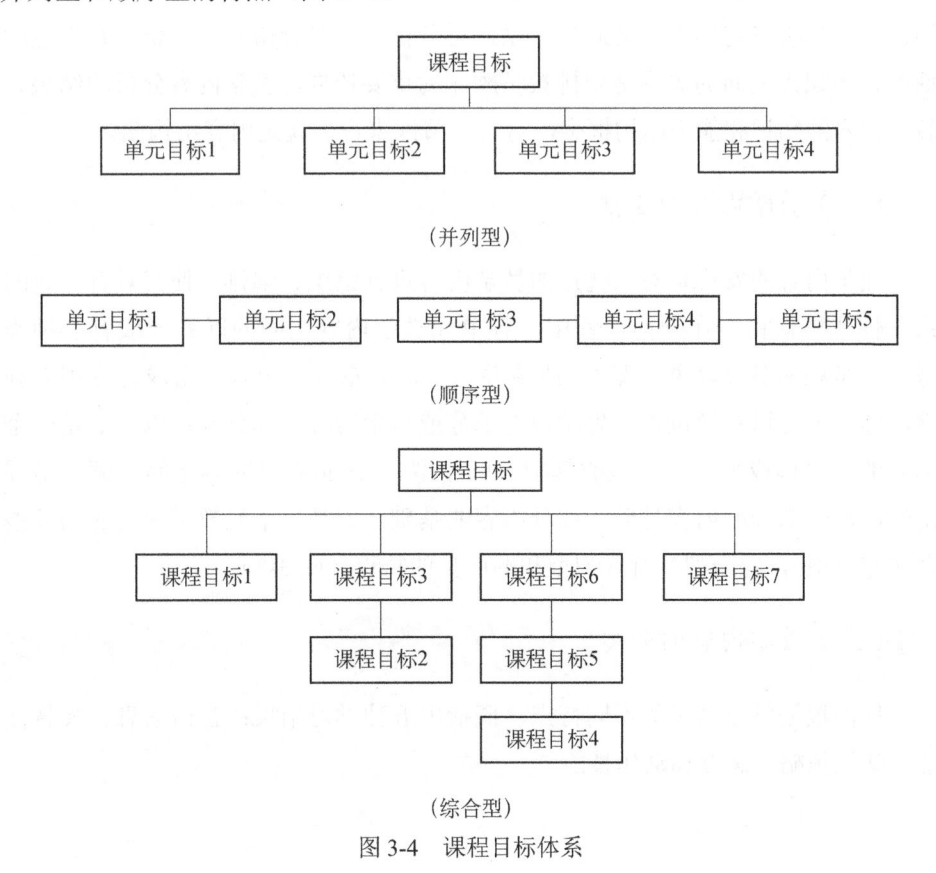

图3-4 课程目标体系

二、教学内容设计

（一）教学内容设计的概述

1. 教学内容的含义

教学内容即教与学的资源，是为了实现一定的教学目标，由教师向学生传授的知识、技能和经验等要素的总和，具体体现在教学计划、教学大纲和编制的教科书、教学软件中。

2. 教学内容设计的程序

第一，教学内容的选择与安排。课程标准、教学大纲和教材是教学内容选择与安排的重要参照。第二，教学内容的分类（可依据加涅学习结果分类）。第三，对选定的教学内容进行详细的分析，分析、抽取出教学内容中所包含的知识点，分析确定知识点之间的关系，对分析结果进行检查、评价。知识点的抽取、知识点之间的关系是安排教学顺序的重要依据。教学内容分析的结果、教学内容的知识和能力结构框架，对于一节课来说，就是内容结构图。

（二）教学内容的安排

教学内容的安排是对已选定的教学内容进行组织、编排，使其具有一定的系统性或整体性。在一门课程中，各单元教学内容之间的联系一般有三种类型：一是相对独立（并列型），所谓并列型，是指教学内容各组成部分相对独立，顺序上可以互换位置，先学习哪部分或后学习哪一部分都可以；二是一个单元的学习构成另一个单元的基础（顺序型），是指教学内容之间的顺序是固定的，前一部分的内容是后一部分内容的基础；三是各单元教学内容的相互整合（综合型），综合型兼有并列型和顺序型的特点（图3-5）。

（三）教学内容的分类

加涅根据学习结果的不同特点，概括出五种学习结果：言语信息、智慧技能、认知策略、态度和动作技能。

图 3-5　教材中教学内容体系

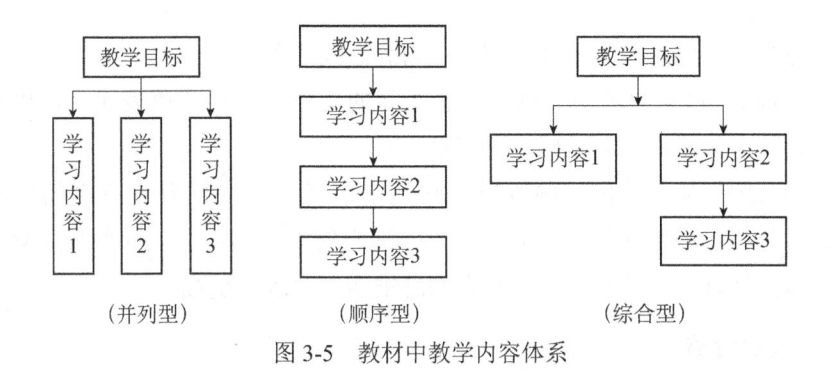

1. 言语信息

言语信息是指学习者通过学习，能记忆诸如名称、符号、时间、定义、对事物的描述等具体的事实，并能够在需要的时候将这些事实用口头语或书面语言表述出来的能力。加涅把所获得的言语信息区分为"事实""名称""原则""概括"。学习者通过学习拥有大量言语信息，有助于进一步的智力技能和认知策略的学习。

2. 智慧技能

智慧技能是学习者通过法号系统与自己所处环境相互作用而获得的反应能力，这里的符号系统包括字母、数字、单词等。学习主要是理解、掌握前人的知识与经验（间接经验）的过程，只有掌握了智慧技能，才能更有效地理解和掌握前人的知识和经验。加涅把智慧技能细分为几个小类：辨别、概念、规则、高级规则。这些小类是相互联系的，较复杂的技能学习以较简单技能的学习为前提条件。

1）辨别。它是对一个或几个物理量的不同刺激做出不同反应的能力，它对个体的日常生活和学习具有非常重要的作用。辨别既可能是简单的辨别，也可能是多重的辨别。

2）概念。它是对一类事物共同的本质特征的反映。概念按其抽象水平又可分为具体概念和定义概念。前者是指反映这类事物的共同本质特征可以直接通过观察获得，如动物、房屋等。后者指反映这类事物的本质特征不能通过直接观察获得，必须通过下定义来揭示。例如，"家庭"的概念就必须通过下定义才能让学习者掌握。在给某一概念下定义时，必须通过概念本身所反映的内容来描述这一概念，并且要能指明这些内容之间的关系。

3）规则。它是揭示两个以上概念之间的关系的一种言语表述，可以是一条定律、一个原理或一套已确定的程序。

4）高级规则，又称问题解决。它是学习者在解决问题过程中的思维产物，由一些简单规则所组成的复杂规则，适合解决不同内容的问题或更复杂的问题，因而具有广泛的实用性，对人的思维能力要求也更高。

3. 认知策略

认知策略指运用关于人们如何学习、记忆、思维的规则来支配人的学习、记忆或认知行为，并提高学习、记忆或认知效率的能力。加涅区分了认知策略与一般智力技能的关系，他指出，一般智力技能是运用符号处理事情的能力，即处理外部世界的能力；认知策略是学习者对学习过程进行自我控制和调节的能力，即处理内部世界的能力。认知策略的客体是学习者自身的思维过程，它的形成是一个长期的过程。

4. 态度

态度有两方面的含义：一方面，它是一种学习结果，是指通过学习形成的影响一个人对特定对象做出行为选择的有组织的内部准备状态；另一方面，是指习得的对人、对事、对物、对己的反应倾向。加涅把态度作为习得能力，主要在于强调它的行为方面，认为态度影响人的行动。他把态度大致分为三类：一是儿童所获得的、促进自己与社会交往的态度；二是对某类活动的积极偏爱；三是有关一般公民身份的态度。

5. 动作技能

动作技能是一种必须经过反复练习才能获得的能力，学习的结果表现在肌肉运动的精确性和流畅性、力量和速度中。在学生的学习中，动作技能的学习往往与认知学习交织在一起。例如，学习英文打字，除了学习打字的动作外，学习者还必须了解有关英文字母、单词拼写、标点、文件格式、移动规则，以及打字机的组成、各部分的作用和键盘上字符的位置等知识。

（四）教学重难点

教学重点指教学内容中最基本、最主要的知识技能，在整个教学内容中占核心地位。通常，重点多集中在基本概念、基本理论和基本方法上。教学难点是教学内容中学生较难理解和掌握的部分，是学生学习中感到阻力较大或难度较高的地方。重点和难点有时是一致的，有时是不一致的，而且也不是每节课的内容都有难点。

三、教学方法设计

（一）教学方法设计的概述

教学方法是与一定教学目标和任务相关的具体操作程序，它规定了教学参与者在教学任务中的角色、不同角色之间的相互关系以及每个角色的具体任务。教学方法的概念既有广义上的，也有狭义上的。从广义的角度来说，教学方法是为达到教学目的、完成教学任务而采用的一切手段、途径和办法的总称，即某种教学理论、原则、方法及其实践的统称。这一概念具有普适性，教学原则和教学规律都被包括在内。从狭义的角度来说，教学方法是指为达到既定的教学目的和实现既定的教学内容，在教学原则指导下所进行的师生相互作用的活动方式和措施，包括教师教的方法和学生学的方法，是教师引导学生掌握知识技能、获得身心发展而共同活动的方法。

（二）教学方法的分类

教学方法的分类就是建立教学方法的内在联系和系统，在教学活动中能够更好地帮助人们认识、理解、掌握各具体方法的特点与功能，从而使这些教学方法在教学活动中充分发挥积极作用。以下阐述几种有代表性的分类。

1. 教法与学法平行的分类

1）属于教法的有讲授、演示等。
2）属于学法的有听、记、练习、观察等。

这种分类方法看到了教法与学法的区别，但未能看到二者之间的联系。

2. 依据知识的来源分类

1）以语言信息为主的方法（讲授法、谈话法、讨论法、读书指导法）。

2）以直接知觉（直观的）为主的方法（演示法、参观法、图示法）。

3）以实际训练为主的方法（练习法，实验法和实习作业法）。

4）以欣赏活动为主的方法（情感陶冶法、愉快教学法、暗示教学法）。

5）以引导探究为主的方法（发现法、探究法）。

3. 依据教学过程的不同环节进行分类

1）组织和形成认知活动的方法，如知觉法、认识法、逻辑法。

2）刺激和形成学习动机的方法，如故事法、问题法、情景法。

3）检查和自我检查的方法，如口头检查、书面检查、操作检查。

4. 依据教学过程的任务分类

1）传授知识的方法。

2）形成技能技巧的方法。

3）巩固知识、技能技巧的方法。

4）教授学生应用知识的方法。

5）检查学生的知识、技能技巧的方法。

5. 根据学习刺激的结果分类

1）呈现的方法，如讲话、谈话、演示、阅读、示范、观察、考查。

2）实践的方法，如布置作业、复习考试、活动训练、朗读。

3）强化的方法，如奖励、赞许、行为矫正、程序教学。

4）发现的方法，如问答法、讨论法、设计法、实验法。

6. 以教学组织形式分类

1）个别化教学法。它是指教学方法个别化，当同一教材、教法不能针对班级教学中学生的程度差异时，为顾及个别能力、兴趣、需要及可能遭遇的困难，教师须在教学过程中特别设计不同的教学计划。

2）小组教学法。它是以合作学习小组为基本形式，系统利用教学中动态因素之间的互动促进学生的学习，以团体的成绩为评价标准，共同达成教学目标的教学活动。它是在班级授课制背景下的一种教学方式，在承认课堂教学为基本教学组织形式的前提下，教师以学生学习小组为重要的推动力，通过指导小组成员开展合作，发挥群体的积极功能，提高个体的学习动力和能力，达到完成特定教学任务的目的，从而激发学生的主动性、创造性。

7. 根据学习心理学来分类

1）行为主义的教学方法，如观察法、演示法。

2）认知理论的教学方法，如讲授法、启发式教学法、范例教学法。

3）社会建构主义的教学方法，如任务驱动教学法、基于资源的学习、基于问题的学习、基于项目的学习、网络专题调查（webquest）。

4）人本主义的教学方法，如学导式教学法、暗示教学法、掌握学习教学法。

（三）教学方法设计常见方法

由上文可知，教学方法的分类较多，在此仅介绍教学中应用较多的任务驱动教学法、项目教学法、案例教学法、角色扮演法以及头脑风暴教学法。

1. 任务驱动教学法

任务驱动教学法主张教师将教学内容隐含在一个或几个有代表性的任务中，以完成任务作为教学活动的中心。教师把一学期要完成的教学内容设计成一个或多个具体任务，让学生通过完成一个个具体任务掌握教学内容，达到教学目标。任务驱动教学法富有趣味性，能够极大地激发学生的学习动机与好奇心，并以与教学内容紧密结合的任务为载体，使学生在完成特定任务的过程中获得知识和技能。在以实验性、实践性与操作性较强的教学内容中，任务驱动教学法较受欢迎。

任务驱动教学法在不同课程中可以采取不同的过程分类法，在信息技术课程中常用的任务驱动教学法有以下几类：第一，成果驱动。比如，在计算机课堂上，通过展示优秀或完整的作品，使学生对有关软件、技能有整体认识。第二，情感驱动。比如，在平面设计课堂上，教师可以组织学生就光盘行动、节能减排等开展有关海报设计的活动。让学生从情感角度出发，进行自主探索、学习。第三，生活驱动。在网站设计课堂上，教师组织学生进行网页浏览、电子邮件收发、图片处理等的学习，培养学生利用信息技术解决问题的习惯和能力。第四，本能驱动。此类驱动形式最为基础，它是以学生的本能为驱使出发点，抓住他们的好奇心，从一些娱乐（游戏、动画、智力竞赛等）方面入手的驱动手段。

2. 项目教学法

项目教学法是指师生通过共同实施一个完整的项目工作而进行的教学活动。教师组织学生真实地参加项目设计、履行和管理的全过程，在项目实施过程中完成教学任务。项目教学法基于以下原则：以学生为中心，充分发挥教师的协助作用；选取适当的项目；创设学习的资源和协作学习的环境；以学生完成项目的情况来评价学生学习的效果。

项目教学法的一般教学步骤为：第一，情境设置。创设学生当前所学习的内容与现实情况基本相接近的情景环境，也就是说，把学生引入需要通过某知识点来解决现实问题的情境。第二，操作示范。围绕当前学习的知识点，根据学生知识迁移的要求，选择合适的小项，并示范完成项目的过程。第三，独立探索。让学生独立思考，对知识点进行理解，消化示范项目的解决要点，为解决练习项目打下基础。第四，确定项目。小组通过社会调查、研究讨论并在教师的指导下确定具体项目。第五，协作学习。开展小组交流、讨论，组员分工协作，共同完成项目。第六，学习评价。学生学习的效果直接由完成项目的情况衡量，包括教师评价、学生评价等，学习评价反馈信息将为改进教学方法提供重要参考。

3. 案例教学法

案例教学法是一种以案例为基础的教学法，教师在教学中扮演着设计者和激励者的角色，鼓励学生积极参与讨论。通常案例教学要经过事先周密的策划和准备，要使用特定的案例并指导学生提前阅读，要组织学生开展讨论或争论，形成反复的互动与交流。案例教学一般要结合一定的理论，通过各种信息、知识、经验、观点的碰撞来达到启示理论和启迪思维的目的。在案例教学过程中，案例的选取是至关重要的一环，好的案例应该既能融会相关知识，又能调动学生学习的积极性。具体来说案例的选取应遵循下列原则：第一，坚持理论联系实际的原则，不能凭空臆造，脱离实际。每个案例源于实际、高于实际，达到学以致用的目的。第二，有典型性、针对性。案例的选取应当考虑案例的主要特征是什么，要解决什么问题，如何能够引起积极思维等。第三，注意客观、生动。教师要在客观、真实的基础上，摆脱乏味教科书的编写方式，尽可能调动文学手法，旨在引发学员的兴趣。

案例教学法的步骤大致归纳如下。

1）收集真实生活情境资料。

2）将所收集资料形成教学案例。

3）进行班级团体讨论或班级小组讨论。

4）讨论中，成员轮流担任领导者角色。

5）归纳各组或团体的意见。在案例讨论过程中，学生可以质疑他人的想法，学习如何发问，进而培养和提高独立思考、与人相处、解决冲突、尊重他人等能力。

4. 角色扮演法

角色扮演法是指教师在教学中提供真实的、涉及价值争论的问题情境，组织学生对出现的矛盾进行分析，并让他们扮演其中的人物角色，尝试用不同方法解决问题，从而使学生通过行为模仿或行为替代充分体会角色的情感变化和行为模式，逐步学会解决各种价值冲突，树立正确的价值观念，并且养成良好社会行为的教学过程。由于这种教学能够为学生提供比其他教学模式更大的思考空间和更多的表现机会，所以一直备受学生青睐。

为了弥补角色扮演的不足，还须对学生提出一些具体的角色扮演要求。

1）接受作为角色的事实。

2）只是扮演角色。

3）在角色扮演过程中，注意态度的适宜性改变。

4）使自己处于一种充分参与的情绪状态。

5）如果需要，注意收集角色扮演中的原始资料，但不要偏离案例的主题。

6）在角色扮演中，不要向其他人进行角色咨询。

7）不要有过度的表现行为，否则可能偏离扮演的目标。

5. 头脑风暴教学法

头脑风暴教学法是头脑风暴法在教学领域中的一种应用，是一种特殊的、具体的头脑风暴法。头脑风暴法遵循以下原则：第一，排除评论性的判断，对设想的评论都要在头脑风暴结束后进行。第二，鼓励自由想象，核心是求新、求奇、求异。让所有参与者抛开所有传统思维和习惯的包袱，自由联想。所产生的想法越新颖、越离奇越好。第三，要求提出一定数量的设想，设想数量越多，就越有可能获得更多有价值的设想。第四，综合改善。要求参与者勤于、乐于并善于在别人观点的基础上，对各种设想进行综合、改善，从而形成更有价值的设想。头脑风暴法的基本流程为：确定讨论的问题、准备会场、组织人员、宣布主题、找出重点问题、会后评价。

四、教学评价设计

（一）教学评价设计的目的

对学生学习的评价，既要关注学生对语言知识和语言技能的掌握，又要重视学生综合语言运用能力的发展，还要重视学生在学习过程中的情感态度和参与表现。这就要求教师设计好自己的教学评价，因为科学的教学评价体系是实现课程目标的重要保障。

在教学过程中，教师应该明晰评价的目的。以学生对语言的综合运用为例，第一，教学评价要起到检测的作用。例如，在讲美式英语和英式英语的区别时，教师就需要让学生获得一种理解能力，让他们知道这两种语言在日常生活中使用的不同主要表现在：美式英语的语调相对较为平稳，调域变化较小，听起来柔顺舒服一些，而英式英语的语调抑扬顿挫、铿锵有力，调域之间变化较大，更有气势一些。第二，教学评价设计还要起到激励作用。教师可以采取一些有趣的活动，如游戏、竞争、演示、表演等，让学生参与其中，让他们能够在一种情境中较好地掌握和理解这两种语言的差别。第三，教师对学生的这些活动进行评价，这有益于学生更好地认识自我，树立自信。第四，评价还促进学生的发展。整个评价设计必须考虑如何促进学生的发展。有效的评价有助于学生的反思和调控自己的学习过程，从而促进综合语言运用能力的不断发展。

总之，教师在进行教学评价时，要结合自己的教学目标、教学内容，以及学生的学习环境、个体差异等设计适合自己的教学和适合学生学习的评价工具，制定切实可行的评价标准。

（二）教学评价设计的原则

1. 目标性原则

教学评价的设计要以教学目标为依据，在教学之后，学生在认知、情感和动作技能等方面是否产生了如教学目标所期待的变化，这是要通过教学评价来回答的，离开了明确具体的教学目标，就无法进行教学评价。

2. 关联性原则

设计教学评价时应关联教学目标与评价方式，追求不同评价方式的互补，通过多样化的评价方式和工具促进学习目标的实现。

3. 过程与结果统一原则

教学评价既要评价教学的结果进行评价，也要对教学的过程中的方方面面进行评价。信息技术环境下的教学设计要改变以往过分重视总结性评价的教学评价方法，强调形成性评价、面向学习过程的评价，对学生在学习过程中的态度、兴趣、参与程度、任务完成情况以及学习过程中所形成的作品等进行评价。

4. 客观性原则

在设计教学评价时，从测量的标准和方法到评价者所持的态度，特别是最终结果的评定，都应符合客观实际，不能主观臆断或掺入个人情感。

5. 整体性原则

在设计教学评价时，要对教学活动的各个方面做多角度、全方位的评价，而不能以点带面，以偏概全。为此，教学评价应具有多样化的特点，实现评价的主体、内容、方式、对象和标准的多元化和评价过程动态化。

6. 指导性原则

在设计教学评价时，不能就事论事，而应将评价与指导相结合，要对可能的评价结果进行认真分析，从不同角度探讨因果关系，确认产生的原因，设计具有启发性的应对方案，以帮助学生明确今后的努力方向。

（三）教学评价设计的方法

1. 量规的设计

评价量规（rubric）是一个真实性评价工具，它是对学生的作品、成果、成长记录袋或表现进行评价或者等级评定的一套标准。同时，它也是一个有效的教学工具，是连接教学与评价之间的一个重要桥梁。

常见的量规有核查表、分值系统，整体性和分析性量规，表 3-1 是一个分值系统的语文学科的教学评价量规。

表 3-1　课堂教学评价量规

项目			教师	王老师	得分	85.8	分值	等级系数			
类别	一级	二级	三级	课题	《卖火柴的小女孩》（小语 S 版六年级上册）				A	B	C	D
				评分细则					1.0	0.8	0.6	0.4
定量评价	教学过程	教学思想		育人为本，注重发展；尊重差异，面向全体；突出主体，引导探究				10		8		
		教学技能	基本技能	教态自然端庄，仪表大方；普通话规范；板书条理清晰，能体现探究问题的思路，揭示各知识点之间的联系				4	4			
			综合技能	有较强的应变能力和驾驭课堂的能力，根据学情和生成性课堂的动态能及时调整教学；实验操作规范，能自制、改进教具，创设新的实验，能结合生活实际开发课程资源，利用效果较好；具有本学科及相关学科的知识，能从整体上更好地把握教材；教学方法、教学手段有一定的创新意识和创新能力				6		4.8		
		教学设计		目标符合课程标准、教材和学生实际学情，设置具有层次性、可操作性，表述清楚；情境创设能贴近学生的最近发展区，新颖有趣，能促使学生质疑，便于学生提出问题和发现问题，形成自学提纲；提示的方法明确有效，不影响学生独立思考；问题的设计具有系统性、层次性和探究性，能控制学生学习的方向，引导学生主动参与问题的探究				5	5			
		教学组织		以学生自主、自探、自悟、合作交流为主，将"中心"让位于学生，给他们留足思考、练习、交流的时间，关注全体学生（特别是学困生），适时指导，有效地为学生自主探究服务；教学民主，多鼓励表扬，能实现课堂信息和情感的多向互动交流；能体现"以学定教"的思想，课堂活而有序，反馈及时，坚持教师的"三讲三不讲"				5	5			
	学习过程	参与状态		学生能全员、全程参与，参与方式多样化；能独立思考，能自觉、积极、主动、平等地参与问题的探究；能自主解决问题，尝试新的做法，有新的发现；能对学习材料、信息资源有所选择，进行概括、分析处理，不是一味机械地接受				20		16		
		交往状态		课堂氛围民主和谐，有利于实现信息和情感的多向交流；学生展现并发展个性，不单纯依赖别人，不盲目向别人看齐；积极进行评价（包括自我评价、评价他人和对师生评价的再评价），敢于发表自己的意见，敢于尝试操作，错了也不怕；能认真倾听别人意见，吸取他人的长处；能对学习活动进行自我调控，主动寻求合作伙伴，既有竞争又有合作				15	15			
		思维状态		思维积极主动，能发现和提出问题；敢于向课本、教师等"权威"质疑问难，质疑的问题具有挑战性、价值性；有一定的质疑、释疑能力				15		12		

续表

项目			教师	王老师	得分	85.8	分值	等级系数			
类别	一级	二级	三级	课题	\<卖火柴的小女孩\>（小语S版六年级上册）				A	B	C	D
				评分细则				1.0	0.8	0.6	0.4
定量评价	学习过程	达成状态	能掌握基础知识，目标达成度高；能从具体问题的探究中初步形成自己的思路和方法；能初步感悟到自主、合作、交流是学习的主要方式，有一定的自学、自悟、自探的意识和创新意识，能联系实际创造性地解决问题				20			16		
定性评价（优、良、中、差）							评价者	教师自评（ ）			
								学生评（ ）			
								课题组评（√）			

2. 档案袋的设计

设计档案袋时要注意为什么收集材料、收集什么材料、怎样收集材料、对材料的评价形式。据此，创建成长记录袋有以下几个步骤。

（1）明确应用成长记录袋的目的与对象

首先要明确学习文件夹是教师用还是学生用，因为使用者不同，其评价法也不同。在学习文件夹评价中，最主要的特征是评价主体和评价对象是同一个体。如果是教师用学习文件夹，评价的对象是课题与计划的情况（学习活动开展情况）等，即用于课程评价；如果是学生用学习文件夹，那就是学生学习与成长的个人评价。

（2）确定成长记录袋的主题

课程标准为每个学段的学生的学习、教师的教学设立了明确的目标，教师在教学过程中可以根据课程标准中的目标以及所用的教材，界定一个清楚、具体的目标，并结合学生学习的现状确定成长记录袋的主题。

（3）设计档案袋的内容

根据学习主题确定档案袋内容，包括收集什么、怎样收集和如何评价的问题。包括以下步骤。

第一，确定要收集的作品与数量。学习物品包括自己和年级的问卷调查结果、学生的学习计划（包括记录学习内容的笔记）、教师制作的活动日程和注意事项活页、照片、录音带、录像带、搜集到的各种资料、日记和作文、信件、图画、调查采访的记录、报纸文摘剪辑、各种草稿、完成的作品等；对这些物品要记载年月日、感想以及当时发生的事情等。

第二，明确成长记录袋的收集渠道、参与者及其作用。从哪里获取成长记录袋所需的作品和资料？成长记录袋的记录需要哪些参与者，学生、家长、教师或管理员？各参与者具有何种职责和任务？

第三，设定评价基准。要让学生知道成长记录袋对他们的成绩有怎样的影响。包括计分规则的构成、核查表的具体内容、整个成长记录袋的总体评价标准也应当在成长记录袋中予以说明。

第四，在设计档案袋内容时应考虑到不同学科的特点。例如，英语学科多采用形成性评价，形式可有多种，如课堂学习活动评比、学习效果自评、学习档案、问卷调查、访谈、家长对学生学习情况的反馈与评价、平时测验等。

3. 访谈的设计

评价访谈是一件复杂的事情，不能敷衍了事，需要进行周密的准备工作。一般而言，评价访谈需要做好收集旁证材料、提供访谈参考提纲、确定评价访谈的地点和时间、营造和睦的访谈气氛等准备工作。一是收集旁证材料。为了全面地了解被评价教师的岗位职责和工作表现，评价者应事先收集会议记录、课堂听课的记录、学生笔记、考试和测试成绩等旁证材料。二是提供访谈参考提纲。学校可以编制有关材料，供评价者和评价对象双方举行评价访谈时参考，这些访谈参考材料既可以起到提示作用，又可以用作评价访谈的框架，保证评价访谈紧扣主题，至少使被评价教师相信，所有教师的课堂教学评价访谈的内容和基本框架是一致的。

访谈参考提纲所罗列的问题几乎涉及课堂教学评价的各个方面。访谈参考提纲的内容应该有助于被评价教师思考过去的表现、已经做出的成绩、未来的发展目标、参加进修的必要性等。访谈参考提纲还要确定评价访谈的地点和时间。在评价访谈之前，评价者应事先将评价访谈的地点和时间通知被评价教师，访谈时间至少一个小时，一般不超过两个小时。在访谈开始之前，评价者要努力营造出和睦的气氛，这对于获得评价访谈的成功是至关重要的。评价者应该具备引导评价访谈的能力，使得评价访谈结构清晰，层次分明。一般而言，课堂教学评价访谈的步骤大致如下：确定访谈的目的和内容、确定访谈的对象、编制访谈问题。

4. 观察法的设计

(1) 什么是观察法

观察法是人们为认识事物的本质和规律，通过感觉器官或借助一定的仪器，有目的、有计划地对自然条件下出现的现象进行考察的一种方法。观察法适用于评价那些在教学中不易被量化的行为表现（如兴趣、爱好、态度、习惯与性格）和技能性的成绩（如唱歌、绘画、体育技巧和手工制作）。观察一般要在事前确定观察目的、观察范围，并必须明确对将观察的某现象需设置哪些变化的情况或场景，使被观察者在这种特定条件下进行活动，以获得合乎实际目的的材料。

(2) 观察的主要步骤

一次完整的观察，一般应包括以下主要步骤。

1) 确定观察的目的和选定观察的对象。

2) 做好观察前的准备工作，如准备观察工具，设计、印制观察记录表等。

3) 进入观察场所，获得被观察对象的信赖。

4) 进行观察并做记录。

5) 整理观察结果。

6) 分析资料并撰写观察报告。

(3) 观察记录的准备工作

在进行观察之前，除了明确观察目的外，还必须做好各项技术准备工作。

1) 确定观察内容。观察记录总的要求是记录实验变量引起的反应变量及观察到的明显的行为变化。但因研究主题的不同，观察记录的内容有所不同，通常具体包括以下几种。①语言行为，即观察对象在受到条件刺激后所表现的对事物的语言反应及其表达词语。②特别语言行为，即被观察对象在受到条件刺激后所表现的语言的音调、音量、持续时间、节奏及特殊发音与词汇。③关系分布行为，即被观察对象在受到条件刺激后所表现的学生与学生、学生与教师之间的距离关系。

2) 确定观察范围。进行观察，不可能包罗万象，面面俱到，除了通过抽样选择观察对象之外，还要在时间、空间上加以取样，限制一定的范围。

3) 准备观察仪器。现代化的观察仪器主要有录音机、光学照相机和数码照相机、电视摄像机、录像机、闭路电视装置等，还有进行图像和声音处理的多媒体计算机等。观察之前，不仅要备齐必要的设备，而且要检查其是否完好，了解机件的性能功效，掌握操作方法，保证其精确度，以免在使用时产生故障或失真。

4）设计观察记录表格。一个完整的观察研究必须进行观察并做记录，然后整理观察结果，包括数字统计与文字加工，使材料系统化、精确化、本质化，为进一步分析研究做好准备。观察记录表一般应包括以下基本项目：观察内容（行为表现）、时间取样、场面取样、对象编号、行为和现象表现的等级。在观察前要认真检验记录量表可能出现的误差。有了这样较为周密的量表，观察者在观察时既可以做出合适的详尽记录，又简单易行，有的只要填写数目或符号就行，这让观察者有边观察边思考的余地。观察记录表格设计要简明、科学、结构化、易于操作。设计的关键就是要根据实验的假说，对估计可能出现的结果内容条理化、结构化，形成一个层次不同的纲目，制成表格。

5. 反思笔记

反思即对行动结果及其原因进行思考。在反思过程中，观察者或研究者一般需要对观察到的和感受到的与制定和实施计划有关的各种现象进行归纳，描述出其过程和结果，并进行判断，对现象的原因做出分析解释，指出计划与结果之间的不一致，形成基本设想、总体计划和下一步行动的计划。

教学反思即教师对自己教学过程和结果的自我监控和调整，通过反思，教师能够及时发现自己在教学中存在的不足，以采取相应的补救或改进策略，从而加快专业发展的步伐。反思的内容包括以下两种。

（1）教学过程

教师反思自己在教学环境下采用了何种教学组织、调控与管理的方法？为什么采用这些方法？教学的效果如何？

（2）信息技术支持学生学习的可能性与方法

结合自己的教学实践，反思信息化教学环境下各种信息技术对教学支持的有效性以及更好地利用信息技术开展教学的方法。

1）应用。反思常被作为一个基本环节用于教学的行动研究之中。行动研究是在教育情境中，自我反省探究的一种形式，参与者包括教师、学生、校长等人，其目的在促发教育实践的合理性、正义性及其有效性。

2）工具。反思的工具多种多样，常用的有工作日志和教学博客。

五、教学过程设计

（一）教学过程设计的概述

教学系统设计一般可归纳为三个层次：以产品为对象、以过程为对象和以系统为对象。其中，教学过程设计是教学系统设计第二层次（以过程为对象）的设计。教学过程是指学生在教师有目的、有计划的指导下，积极主动地掌握系统的文化科学基础知识和基本技能，发展能力，增强体质，并形成一定的思想品德的过程。教学过程是由教授活动和学习活动共同组成的，两方面的活动缺一不可。针对不同的活动，教学过程设计分为基于教和基于学的设计，其中，基于教的教学过程设计即课堂教学设计，基于学的教学过程设计是自主学习设计。

（二）教学过程模式的功能和分类

1. 教学过程模式的功能

教学过程模式是一套程序化的步骤，一个教学过程模式具有许多阶段。教学系统设计这门学科发展很快，近 30 年在两个方面取得了进展：一个是教学系统设计过程模式，主要研究"怎么做"的问题；另一个是教学系统设计理论，重点研究"为什么"的问题。

教学过程模式在教学系统设计的实践工作中，主要的作用有以下三个方面。

1）作为相互交流的有效手段。教学系统设计的任务通常是受学校或培训部门等用户的委托。为了让用户和设计者都能清楚设计过程的进行，需要用一个反映教学进程的模式图来进行沟通；另外，也可以使所有参加设计的人员较准确地了解将要做什么和将如何做，以及在整个设计过程中各自的不同职责。

2）作为管理教学系统设计活动的指南。模式中一般要阐明设计所要完成的每项任务，以保证设计过程中不会遗漏，同时也保证基本步骤能被严格遵循，使整个设计工作符合逻辑顺序。

3）作为设计过程决策的依据。它可以帮助设计者在设计过程中做出有效的选择与决策。

2. 教学过程模式的分类

由于教学系统设计实践中所面对的教学系统范围和任务层次（一堂课、一门课、课程计划乃至国家教育系统）有很大差别，而且设计的具体情况和针对性也不一样，再加上设计人员教学工作环境（不同国家、不同教育层次）和个人专业背景（学科专家、教学系统设计专家、媒体专家、教师、评价专家等）的差异，使他们对教学系统设计的理解和认识不尽相同，在设计中他们的关心点和自身的优势也不同，因而可能出现数百种不完全相同的教学系统设计过程模式。目前从世界范围看，ID领域可谓流派纷呈，百花齐放，这种学术繁荣景象令人鼓舞。但是模式太多，难免鱼龙混杂，令人眼花缭乱，不容易被掌握。对教学系统设计过程模式进行分类，有利于人们抓住繁多模式中的基本结构和主要特点，有助于设计人员检验其设计的假设条件，分析所要解决问题的层次，在此基础上确定适合具体情况的模式。

仔细分析多年来国内外在教学系统设计领域的研究后发现，尽管教学系统设计模式的名目繁多，但从其理论基础和实施方法看，主要有三大类。

1）"以教为主"的教学系统设计模式。根据学习模式不同分为基于行为主义学习理论和基于认知主义学习理论，代表模式有肯普模式和史密斯-雷根模式。

2）"以学为主"的教学系统设计模式。主要为基于建构主义学习理论。

3）"学教并重"的教学系统设计模式。也称"主导-主体"教学系统设计过程模式。

（三）教学过程设计一般模式

运用系统方法的教学设计过程逐渐模式化、程序化，提供一种实施教学设计的可操作的程序与技术。但是，所有教学系统设计过程模式都包括四个基本要素：学习者、目标、策略、评价[①]。以下简要介绍课堂教学设计过程模式。

1. 国内课堂教学设计过程的一般模式

国内课堂教学设计过程的一般模式：首先进行学习需要分析，包括学习内容分析和学习者分析，接下来依次开始阐明教学目标，制定教学策略，选择利用教学媒体和进行教学评价。根据形成性和总结性评价，对教学过程中各个步骤进行修改，以确保课堂教学设计的科学性（图3-6）。

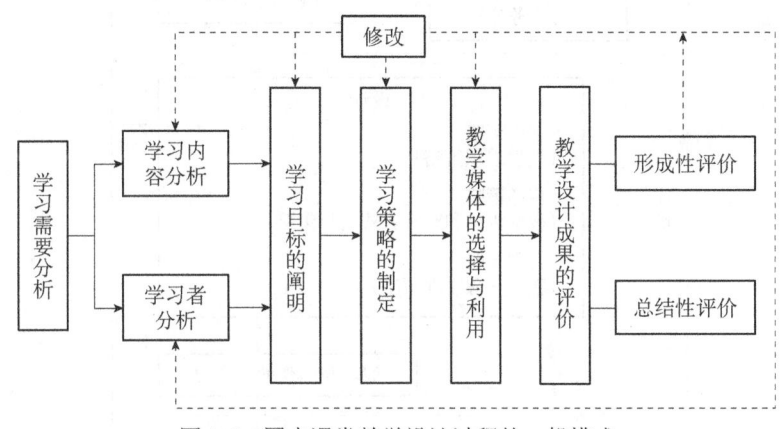

图 3-6 国内课堂教学设计过程的一般模式

2. 史密斯-雷根模式

这一模式是由史密斯和雷根于1993年提出的，并出现在他们合著的《教学设计》一书中。该模式是在第一代教学系统设计中有相当影响的迪克-凯瑞模式的基础上，吸收了加涅在学习者特征分析环节中注意对学习者内部心理过程进行认知分析的优点，并考虑认知主义学习理论对教学内容组织的重要影响而发展起来的。

由图3-7可知，史密斯-雷根模式可分为三个模块：教学分析，策略设计和教学评价。其中，教学分析模块包括学习环境分析、学习者特征分析和学习任务分析（包括教学目标分析和教学内容分析）。策略设计模块包括组织策略（教学组织策略）、传递策略（教学媒体和交互方式选择策略）和管理策略（教学资源管理策略）。其中，组织策略是对教学内容的组织和有关策略的制定，这要求充分考虑学习者的认知结构和认知特点。它将设计细化到教学组织策

[①] 张祖忻，章伟民，刘美凤，等. 教学设计：原理与应用. 北京：高等教育出版社，2011：5-30.

略、传递策略和管理策略，它使教学模式在性质上发生了改变——由纯粹的行为主义联结学习理论发展成"联结-认知"学习理论。在教学评价部分，形成性评价之后进行修改教学使得该模式更为科学。

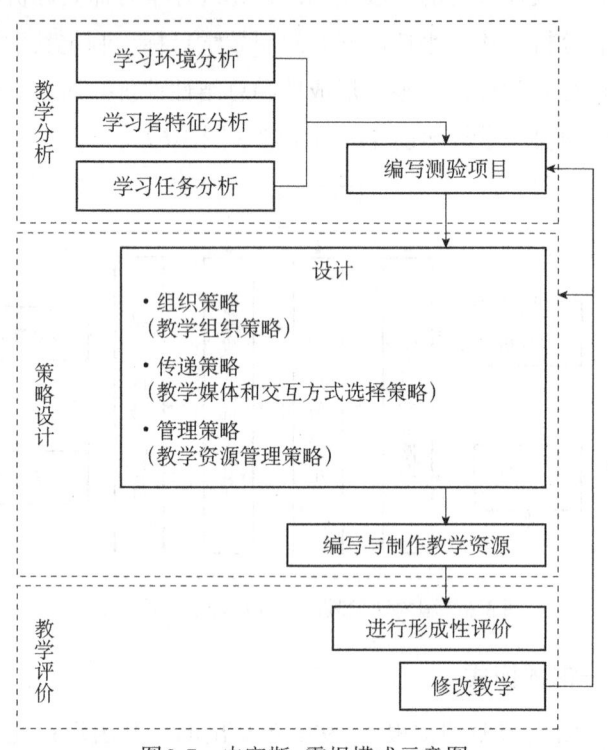

图3-7 史密斯-雷根模式示意图

3. 基于"教"的教学过程设计模式

它需要教师从系统理论出发，从全局出发，从促进学生全面发展出发，把握课堂教学设计的理论、原则和方法，熟悉和掌握一系列课堂教学设计模式、操作程序和现代教育技术手段。只有这样，才能有效实现课堂教学的目标（图3-8）。

图 3-8 基于"教"的教学过程设计模式

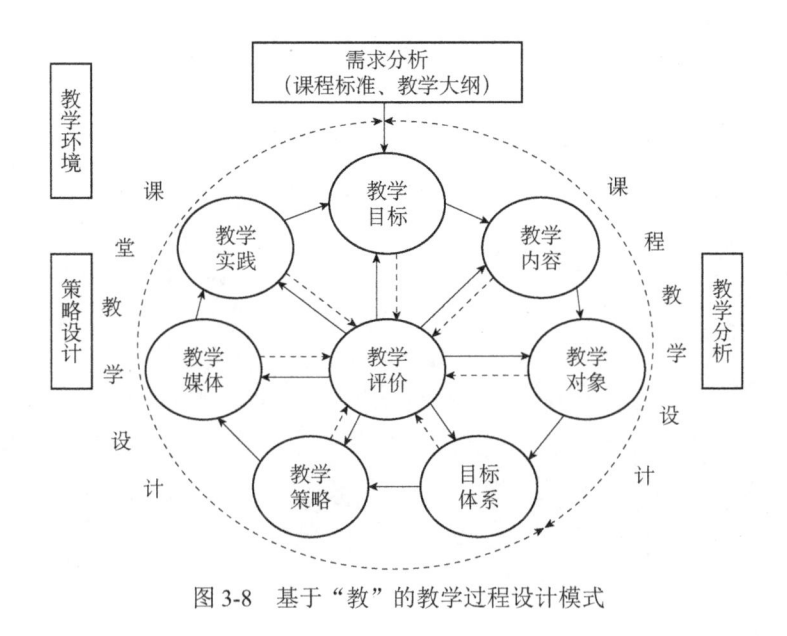

本 章 小 结

为提高学生的学习效率，需要对教学过程进行科学设计。现代教学设计理念强调教学过程的最优化设计，借助系统理论方法，将学习理论与教学理论完美整合，设计更高效、灵活的教学过程或教学程序。本章对教学目标、教学内容、教学方法、教学评价和教学策略等方面的设计方法进行了深入探讨，以使读者更深入地理解教学设计的基本元素构成，从而厘清教学设计的科学程序。

第四章

教学设计的主要模式

教学设计模式是一套程序化的步骤，不同的教学设计过程模式包含的步骤不尽相同。本章介绍几种经典的教学设计过程模式。

第四章

水稻受干旱害

一、教学设计的经典模式

（一）加涅-布里格斯模式

1974年，加涅和布里格斯（L. J. Briggs）提出了第一个规范的教学设计模式，它围绕以下基本问题进行回答：①什么是教学设计理论？什么与教学设计有关？②这种教学设计理论是否适用于具体的学习情况？③运用哪些方法和步骤可以有效地利用教学设计理论来进行教学设计？

相应地，加涅-布里格斯模式描述了教学应该如何根据学习的基本形式和教学内容进行调整。这个模式将加涅的九项教学活动（表4-1）归结为三个阶段：为学习做准备、知识的获取与应用、学习迁移，它是一个设计、试验和错误的交替过程。

表4-1 九项教学活动及相应的教学措施

教学阶段	教学活动	教学措施
为学习做准备	引起注意	引入刺激来激发好奇心
	告知学习者目标	描述预期的性能
	刺激对先前学习的回忆	记住概念和规则
知识的获取与应用	呈现刺激材料	展示概念/规则的例子
	为学习提供指导	使用语言提示、插图等
	诱发学习行为	让学习者应用这个概念/规则
学习迁移	提供反馈	确认性能的正确性
	评估表现	测试概念/规则的应用
	促进记忆与迁移	为提取所需信息提供线索和策略

资料来源：加涅. 学习的条件和教学论. 皮连生，等译. 上海：华东师范大学出版社，1999：281.

很多学者在加涅-布里格斯模式的影响下开发教学设计模式，这些模式都认为学习可以根据认知过程进行分类，也可以通过特定的教学方法和策略促进学习。

1）加涅-布里格斯模式是一种描述性模式，描述了如何为所有的学习领域创建指令。它将学习方式分为了五种基本形式：①言语信息；②知识技能；③认知策略；④态度；⑤动作技能。

2）三个原则。①不同的学习结果需要不同的条件；②要想学习，必须满足特定条件；③学习所需的具体操作因结果而异。

3）学习的条件。①内在条件。学习者必须具备学习新材料的前提知识。通常，这需要从内存中回忆相关信息的能力。②外部条件。在情境约束中，指导方法被认为是重要的外部条件。

4）促进者（教师）的角色。控制学习的九个教学活动，以及根据学习层次结构选择内容和结果。

5）教学策略重点。①目的。确定学习者需要的学习成果。确定需要哪种学习结果。②排序。从最终目标开始，创建学习者层次结构。学习层次结构是描述实现终端目标所需的先决条件的内容映射。③创造学习的外部事件。

6）评价方法。学习评价基于学习者证明他们能够按照目标完成学习任务。

（二）迪克-凯瑞模式

迪克-凯瑞模式大概是第一代教学设计模式（the first generation instructional design, ID1）中最著名的模式之一。古斯塔夫森（K. L. Gustafson）和布兰奇（R. M. Branch）将其命名为与教学设计过程相关的最广泛的介绍性文本。迪克-凯瑞模式已经成为其他教学设计模式的比较标准。

迪克-凯瑞模式是一种系统的、程序化的模式，它包含10个步骤，必须按顺序执行，才能在教学评价中达到较为理想的效果。

1）教学目标分析：目标陈述描述的是一个学习者期望获得的技能、知识或态度。

2）教学内容分析：指定学习者必须回忆的内容或必须能够做什么才能完成特定的任务。

3）学习者初始行为和特征分析：确定目标受众的一般特征，其中包括先前的技能与经验、识别与所教授的技能直接相关的特征，并且对学习环境进行分析。

4）编写行为目标：包括对行为、条件和标准的描述。该目标的组成部分描述了用来判断学习者表现的标准。

5）评价开发方案：针对前端测试、预测试、再测试、练习转移进行。

6）开发教学策略：指定教学活动、内容演示、学习者参与和评估。

7）开发和选择教学材料。

8）形成性评价：设计并对教学内容进行形成性评价，以确定教学材料中需要改进的地方。

9）修改教学：识别不良的测试项目和指令。

10）总结性评价：设计并进行总结性评价。

通常，迪克-凯瑞模式的流程如图4-1所示。

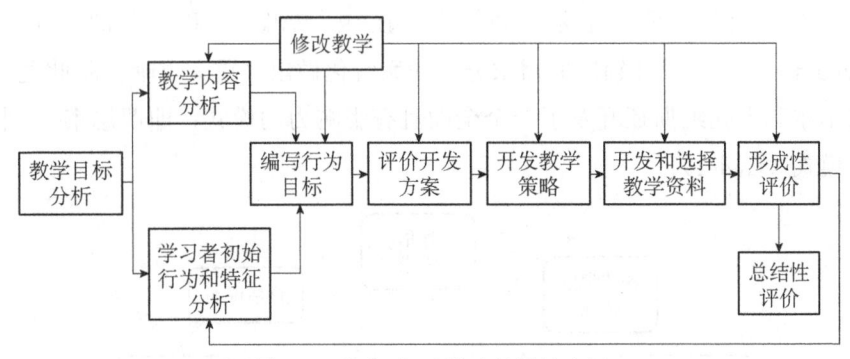

图 4-1 迪克-凯瑞模式的设计介绍

资料来源：Education Technology. Dick and Carey Instructional Model. https://educationaltechnology.net/dick-and-carey-instructional-model/.（2016-12-12）[2022-07-06].

迪克-凯瑞模式是基于加涅对人类学习的基本形式及其条件的分类以及系统理论而形成的思想和方法。因此，该模式具有以下特征。

1）以目标为导向：因为所有组成要素都协调一致，以实现一个明确的最终目标。

2）相互依赖：因为所有要素彼此依赖。

3）自我调节：因为只要目标实现，该模式就会运行。

4）强化：因为它会递归地测试目标是否已经实现。

由于系统的指导，迪克-凯瑞模式已成为教学设计领域最有影响力的模式之一。

（三）罗思韦尔-卡扎纳斯模式

一般来说，需求评估被认为是组织内部战略培训的中心组成部分，其目的在于调整员工，使其适应外部条件、组织约束或工作方法所带来的工作需求变化。因此，教师的战略培训是职业教育的核心部分。罗思韦尔（W. J. Rothwell）和卡扎纳斯（H. C. Kazanas）认为，战略培训是人力资源开发的核心组成部分，其前提是对教育干预进行有效和高效的管理，以实现教育目标。战略培训的出发点在于对问题进行全面的需求分析，从而确定问题的性质、原因，并制定有效的解决方案。

受考夫曼（D. M. Kaufman）的影响，教学需求分析成为教学设计的核心组成部分。另外，罗思韦尔、威特金（B. R. Witkin）和奥斯彻德（J. W. Altschuld）对教学设计领域的需求分析的系统化做出了重大贡献。除此之外，罗思韦尔和卡扎纳斯还开发了一个全面且有影响力的模式，即罗思韦尔-卡扎纳斯模式（图4-2）。

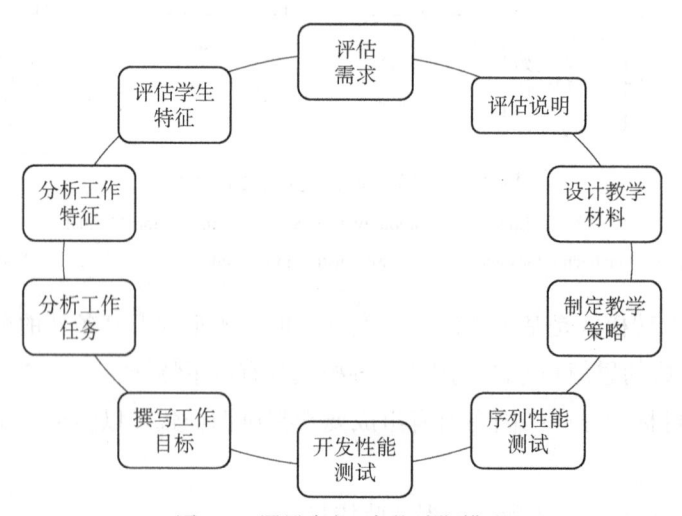

图4-2 罗思韦尔-卡扎纳斯模式

资料来源：Rothwell W J，Kazanas H C. Mastering the Instructional Design Process: A Systematic Approach, 4th Edition. San Francisco: Jossey-Bass，2008：1-10.

罗思韦尔-卡扎纳斯模式活动如表4-2所示。

表 4-2　罗思韦尔-卡扎纳斯模式的教学活动

教学活动	描述
教学需求分析	确定实际和期望之间的差距，并确定原因
学习者的特征分析	定义目标群体；评估知识、技能、态度，以及它们将如何影响新技能的学习和应用
学习环境分析	确定工作环境如何影响当前的性能，以及它将如何影响新技能的学习和应用
工作、任务和内容分析	收集当前或新工作所需任务的数据，并确定能力需求
撰写教学目标陈述	描述培训过程的期望结果
开发绩效测量	确定绩效的定义方法
确定目标	安排学习主题的顺序
开发教学策略	选择有助于学习和实现教学目标的方法
设计教学材料	选择或设计支持教学策略的资料
评价教学	进行形成性评价，以确认项目的有效性

教学需求分析需要不同的技术，例如均值分析和可行性分析，以便在寻求解决方案之前确定教育教学问题。总的来说，需求分析的目的是确定在组织的战略规划中学习和培训的需要。在实践中，教学需求分析对应于对知识、技能和态度的当前状态和期望状态之间的差距的系统评估。

二、教学设计的现代模式

（一）以课堂为导向的模式

以课堂为导向的模式（classroom-oriented models）旨在支持教育机构中的专业教师，教育机构包括学校、职业培训机构或大学。因此，在选择特定的教学设计模式时，必须考虑到大量的课堂设置。有趣的是，这种模式的一个主要特点就是专注于支持媒体丰富的教学。纽比等将教学设计分成三个阶段：规划、实施、评估。海尼克等使用首字母缩略词"ASSURE"将其分为了六个阶段：分析（analyze）学习者、规划（state）目标、选择（select）教学媒体和教学材料、使用（utilize）教学媒体和教学材料、要求（require）学习者参与、评估（evaluate）和修改。①

莫里森、罗斯（S. M. Ross）和肯普（J. R. Kemp）的教学模式最初被称为

---

① 姜振葳.ASSURE 在高中英语阅读信息化教学中的应用研究.哈尔滨师范大学，2021.

肯普模式，通过提出六个问题来强调学习者的观点。①

1）个体学生完成目标所需的准备程度是多少？
2）就教学目标和学习者特征而言，哪种教学策略最合适？
3）哪种教学媒体和教学资源最合适教学需要？
4）有效的教学需要哪些支持？
5）如何实现教学目标？
6）如果教学结果与预期不符，需要进行哪些修改？

肯普模式如图4-3所示。

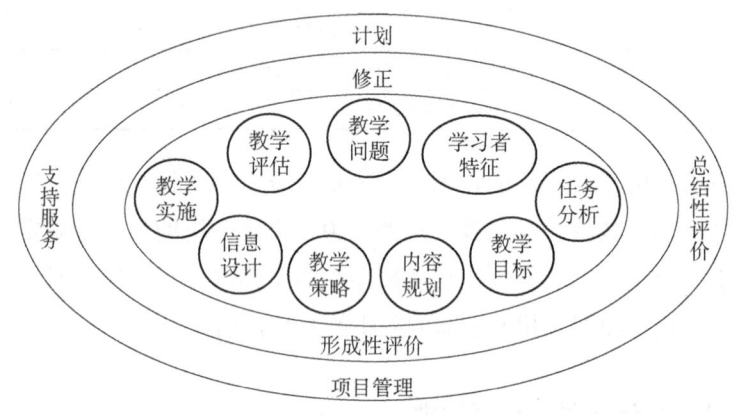

图4-3 肯普模式

资料来源：王沐昕. 应用于英语教学设计的五种模式之比较. 开封大学学报，2019（12）：58-62.

1971年，格拉克和伊利设计了他们的教学设计模式（图4-4），类似迪克－凯瑞模式。这一教学模式体现了教学和学习的基本原则，适合K-12以及高等教育。虽然格拉克和伊利强调了选择教学媒体的重要性并将其纳入教学策略，但他们的模式是少数明确表明教学设计的内容导向的模式之一。因此，第一，该模式从教学内容和教学目标开始；第二，根据学生的累计成绩或预先设计的测验来评估学生的学习行为；第三，同步决策的阶段主要集中在教学策略的选择、小组的组织，以及时间、空间和教学资源的分配。教师可以在这个阶段的任何时候进行决策过程，但是教师必须考虑到一个决定可能影响其他决定。一旦所有决定都完成，教师就可以开始教授学习内容。该模型的下一步包括绩效评估，即教师根据教学结果对教学目标进行反馈。

---

① 盛群力. 教学设计的基本模式及其特点. 广州大学学报（社会科学版），2006（7）：32-33.

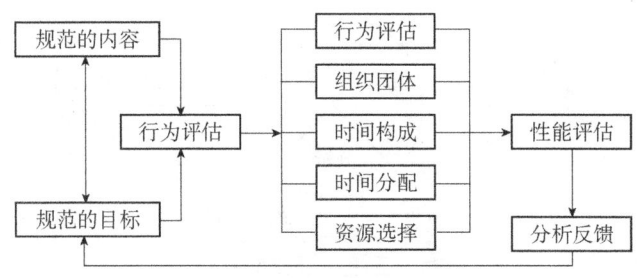

图 4-4　格拉克-伊利教学设计模式

资料来源：Gerlach V S，Ely D P. Teaching and Media：A Systematic Approach. http://websites.umich.edu/~ed626/Gerlach_Ely/ge_main.htm.[2022-04-25].

（二）以"产品"为导向的模式

古斯塔夫森（K. L. Gustafson）和布兰奇（R. Blanche）认为，以"产品"为导向的模式（product-oriented model）的特点有四个关键的假设：①需要教学产品；②需要产生某种东西，而不是从现有材料中选择或修改；③十分重视尝试和修改；④只有管理人员或辅导员才能使用产品，教师不能使用。[①]古斯塔夫森和布兰奇对伯格曼（J. Bergman）、摩尔（J. Moore）、胡格（T. Hoog）、尼温（N. M. Nieveen）、贝茨（T. Bates）、希尔斯（B. Seels）以及格拉斯哥（Z. Glasgow）这种面向产品的模式进行了描述。

该教学设计模式也强调信息技术和媒体。例如，伯格曼-摩尔模式旨在指导和管理交互式多媒体产品的制作。教学设计过程包含六项活动：分析、制定、发展、开发、教师、评估。

与此类似，尼温的教学模式[②]（图4-5）被称为级联（Computer Assisted Strain Construction and Development Engineering，CASCADE），本质上是一个电子性能支持系统，以提高教学材料开发的有效性和质量。级联的一个基本特性是通过提高形成的评估过程的一致性来支持用户。此外，级联还为各种各样的用户设计了一个可访问的界面。联接元素包括主题区域支持以及导航工具。这也使得级联成为自动化教学设计的一个典型例子。

[①] Gustafson K L，Blanche R. An Examination on the Progression of Students Assigned to Developmental or College Level Math at a Tribal Community College. University of North Dakota，2019.

[②] Nieveen N M. Computer support for curriculum developers：A study on the potential of computer support in the domain of formative curriculum evaluation. University of Twente，1997.

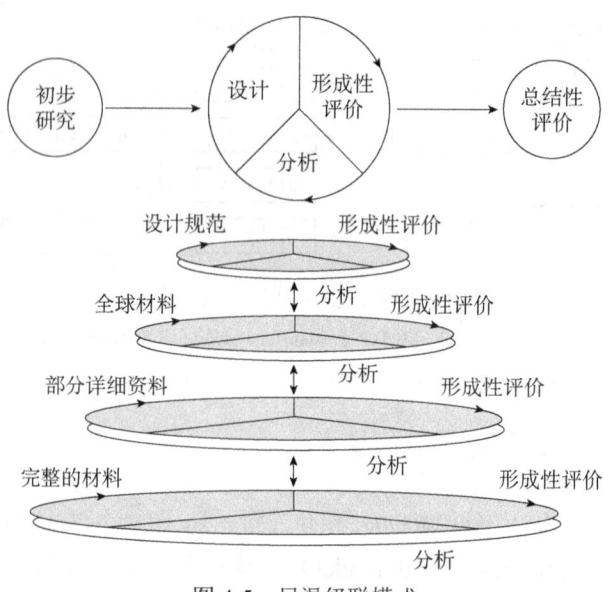

图 4-5 尼温级联模式

不同的是，贝茨模式将远程教学和教学媒体引入传统的教学方法中。该模式分为四个阶段：①课程大纲的制定，包括确定目标学生群体和教学内容；②教学媒体的选择；③教学材料的开发与生产；④课程的交付，包括学生评价和课程评价。

比较全面的是希尔斯-格拉斯哥的模式[①]（图 4-6），但是该模式是基于教学设计和开发是在项目管理的背景下进行的。因此，该模式主要分为以下三个阶段：教学需求分析、教学设计、实施和评价。希尔斯和格拉斯哥强调，每个阶段的不同步骤可能以线性顺序出现，但是它们涉及形成性评价的迭代。与格拉克-伊利模式相比，第二阶段的希尔斯-格拉斯哥模式关注的是狭义的教学设计，其特点是通过反馈和交互管理进行同时决策。

除了对项目管理的重视外，希尔斯-格拉斯哥模式也着重于教学产品的传播，这些产品应该被不同的客户和用户采用。因此，希尔斯-格拉斯哥模式也可以被视为以系统为导向的模式的一个例子。

---

① Seels B，Glasgow Z. Making Instructional Design Decisions. Upper Saddle River：Prentice Hall，1998.

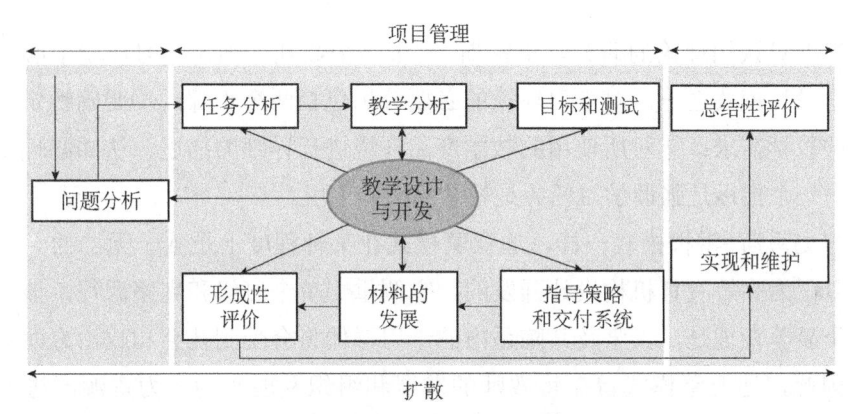

图 4-6　希尔斯-格拉斯哥模式

（三）以系统为导向的模式

以系统为导向的模式（systems-oriented model）通常针对大型和长期的教学活动，如整个课程。最突出的以系统为导向的教学设计模式当然就是迪克-凯瑞模式（图 4-1）。另外，史密斯-雷根模式的特点是十分重视认知理论的重要性。该模式有三个主要阶段（分析、策略和评价），包括八个不同的步骤（图 4-7）。

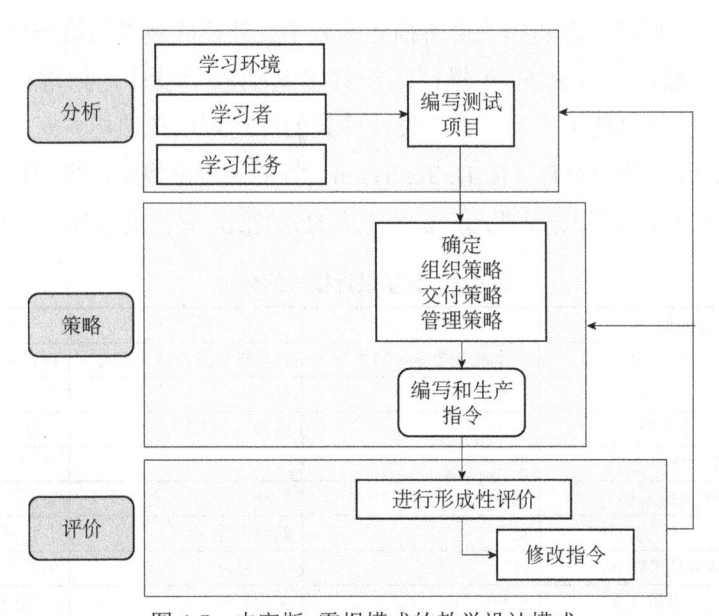

图 4-7　史密斯-雷根模式的教学设计模式

资料来源：胡立贵，陈学清."史密斯-雷根"模式对高校非会计专业"会计学"教学改革的启发. 兰州教育学院学报，2016（11）：120-122.

根据对认知理论的研究，史密斯-雷根是少数几个强调学习环境中心作用的教学设计模式之一。对学习环境的必要分析包括两个步骤：①明确特定主题领域的教学需求；②对所使用的教学产品环境进行详细的描述。认知心理学取向的另一个指标是强调学习任务是教学的核心手段。

与史密斯-雷根模式一样，迪亚蒙模式在某种程度上是独一无二的。该模式是专门为高等教育机构设计开发的，它侧重于单个班级和完整课程。该模式的一个显著特征是，大学及其院系内的学习群体将会受到社会和政治方面的制约。因此，迪亚蒙模式旨在将教师的发展和组织发展作为人力资源改进的手段。有趣的是，该模式还强调了团队合作在解决高等教育领域的教学设计问题中的特殊作用。

尽管迪亚蒙模式局限于高等教育，但它仍是教学设计领域中最全面的模式之一。该模式分为两个主要阶段：①项目选择和设计；②生产、实施和评价。第一阶段首先对启动项目的可行性和可取性进行测试，因此，在生产和实施教学之前，要分析现有课程的有效性和相关部门的优先次序。模式的第二阶段规定了课程的每个单元必须进行的七个步骤。

通常，古斯塔夫森和布兰奇所描述的教学设计模式被视为第一代教学设计的代表。显然，在过去 60 年里，还有许多其他教学设计，如瑞格卢斯（C. Reigeluth）的细化理论。关于教学设计模式的综述可以在瑞格卢斯、斯佩克特（J. M. Spector）和坦尼森（R. D. Tennyson）等的观点中找到，当然也可以通过古斯塔夫森和布兰奇根据某些选定特征生成的分类法对它们进行审核（表4-3）。

表4-3 教学设计模式的分类

选定的特征	课堂定位	产品定位	系统定位
结构设计输出	一个或几个小时的指令	自我指导或者指导别人	课程或整个课程
资源致力于发展	非常低	高	高
团队或个人努力	个人	通常一个团队	团队
教学设计技能/经验	低	高	高/非常高
强调发展或选择	选择	发展	发展
数量或前端分析/需求评估	低	低到中等	非常高
交付媒体的技术复杂性	低	中等到高	中等到高
大量的试用和修改	低到中等	非常高的	中等到高
分布/传播的数量	没有	高	中等到高

资料来源：Gustafson K L，Branch R M. Revisioning models of instructional development. Educational Technology Research & Development，1997，45（3）：73-89.

古斯塔夫森和布兰奇指出，大多数教学设计模式的设计者并没有明确地讨论分类法中列出的特性，而是描述了模式的主要元素以及应该如何实现它们。然而，分类法为理解教学设计模式的特征奠定了基础。[1]

最后，必须注意的是古斯塔夫森和布兰奇对教学设计模式的分类和分析所基于的假设。

1）教学设计模式作为概念、管理和通信工具，用于分析、设计、创建和评估指导学习，范围从广泛的教育环境到狭窄的培训应用。

2）没有任何单一的教学设计模式可以与教学设计人员工作的多种设计和开发环境相匹配。因此，专业人员应该有能力应用各种模式来满足特定情况的需求。

3）教学设计模式与其背景、理论、哲学和现象学起源的兼容性越强，在构建有效的学习环境中获得成功的可能性越大。

4）教学设计模式帮助人们考虑学习者的多种背景和学习过程中可能发生的多种交互，以及学习者所处的各种环境。

5）将继续保持对教学设计模式的研究，但是应用程序的级别将根据背景或情况而变化。

由于加涅在教学设计方面的开创性工作，接下来的教学设计模式的开发者大多认为教学的有效性取决于学习者的学习动机。要激发这种动机，必须先做些什么来吸引学习者的注意力。然而，对现有的教学设计模式的分析表明，在最初的分析和评估之后，大多数模型放弃了对学习者动机的关注。

三、教学设计的基本模式

（一）ARCS 动机设计模式

似乎只有凯勒（J. M. Keller）的动机设计模式（ARCS Model of Motivational Design）坚持在整个学习过程中激发和保持学习者的动机。[2]在教学设计模式中，凯勒的模式是独一无二的，因为它是一个用于解决问题的模式，帮助教师

---

[1] Gustafson K L, Branch R M. Revisioning models of instructional development. Educational Technology Research & Development，1997，45（3）：73-89.

[2] 郑丽媛. 基于 ARCS 动机设计模式的小学英语多媒体教学策略设计. 河北大学，2005.

识别和解决与教学吸引力相关的特定动机问题。凯勒的动机设计模式主要的关注点是学习动机,具体指提高学生学习兴趣的策略、原则和过程。凯勒认为,当学习者在整个学习过程中都处于投入状态时,当适当的教学方法确保学习者的投入能够持续到学习任务完成时,学校效果才是最好的。凯勒的动机设计模式不仅以加涅的教学事件为基础,而且还建立在期望价值理论、强化理论和认知评价理论的基础之上。这些理论综合解释了学习者的努力、表现和满意度之间的关系。

动机设计是教学计划的核心部分,是指对教学资源和教学程序进行安排,以改变学习动机的过程。凯勒的动机设计模式有五个目的:①确定学习者的动机和需求;②分析决定教学系统动机需求的学习者特征;③对那些适合激发学习者动机的教学材料特征进行判断;④选择合适的教学策略来维持学习动力;⑤应用于评价。该模式由四个主要部分组成,并通过心理学术语对动机问题进行了理论解释(图 4-8)。

A 注意:
激发学习者的好奇心和兴趣

R 相关性:
将学习者的需要、兴趣和动机联系起来

C 信心:
为取得成功建立积极的期望

S 满意度:
构建——来源地强化和成就

图 4-8 ARCS 模式的组成

每个组成部分都由教学模式设计者回答的一系列问题为例。例如,与学习者的动机相匹配的问题是"如何以及何时才能使教学方法与学生的学习风格和兴趣相匹配"。表 4-4 提供了一个关于 ARCS 组成部分和相关教学策略的调查。

表 4-4 与 ARCS 模式主要组成部分相关的教学策略

比较项		教学策略
A(注意)(激发学习者的好奇心和兴趣)	感性的冲动	用惊喜或不确定的情况来激发学生的好奇心
	激发探究欲	通过提供难以解决的问题来培养学生的挑战力和探索欲
	可变性	结合各种各样的教学方法来维持兴趣

续表

比较项		教学策略
R（相关性）（将学习者的需要、兴趣和动机联系起来）	目标取向	描述知识如何在日常生活中对学习者有所帮助
	动机匹配	评估学习者学习的需要和原因，并为他们的学习方法提供选择，这有助于激发他们的学习动机
	熟悉	通过提供与问题相关的例子，将教学融入学生已有的知识经验中
C（信心）（为取得成功建立积极的期望）	教学需求	提供学习标准和评估标准，与学习者建立积极的期望和信任
	成功的机会	为学习者提供多种多样的挑战，让他们体验成功
	个人控制	使用允许学习者把成功归因于个人能力或努力的技术
S（满意度）（构建——来源地强化和成就）	内在的强化	鼓励和支持内在享受学习经验
	外部奖励	提供积极的强化和激励反馈
	公平	保持一贯的标准和对成功的推断

凯勒认为，ARCS 模式是一种在课堂和在专业学习环境（如企业培训和专业发展）中均有效的学习模式。[①]ARCS 模式已发展成为教育中最流行的动机设计方法，其组成部分是学习环境设计的最低要求。在凯勒看来，动机设计模式应被认为是加涅传统的教学设计模式的必要补充。[②]

（二）ADDIE 模式

ADDIE 模式是指一套有系统地发展教学的方法。ADDIE 五个字母分别表示 analysis（分析）、design（设计）、develop（发展）、implement（实施）、evaluate（评估）。其中，分析是指对教学所要达到的行为目标、任务、受众、环境、绩效目标等等进行一系列的分析。设计是指对将要进行的教学活动进行课程设计。发展是指针对已经设计好的课程框架、评估手段等，进行相应的课程内容撰写、页面设计、测试等。实施是指对已经开发的课程进行教学实施，同时进行实施支持。评估是指对已经完成的教学课程及受众学习效果进行评估。本质上，第一代教学设计模式以及 ADDIE 模式围绕以下七个基本问题展开（表 4-5）。

---

① Keller J M. The Arcs model of motivational design. Motivational design for learning and performance. Boston：Springer，2010：43-74.
② 郑丽嫒. 基于 ARCS 动机设计模式的小学英语多媒体教学策略设计. 河北大学，2005.

表 4-5　ADDIE 模式

比较项	内容
who	目标学习者
what	内容教/学到了什么
what for	教学目标和学习目标是什么
why	教学需求分析
how	教学策略和方法如何
when	教学时间
where	教学环境

尽管 ADDIE 这一缩写在教学设计领域已经使用了几十年，但它究竟是一个独立的教学设计模式，还是第一代的教学设计模式的一个总括性术语，目前还不清楚。ADDIE 最初是在美国佛罗里达州立大学为军事训练领域中开发的培训模型，主要是为了解释教学系统开发所涉及的过程（图 4-9）。[①]之后，很明显 ADDIE 可以被认为是过程教学设计模式的一个共同特征。

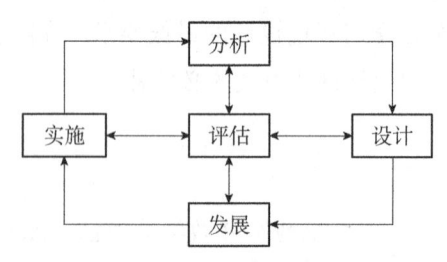

图 4-9　ADDIE 模型的组成

ADDIE 模式中，教学设计过程的分析阶段强调学习者应该学习什么。因此，对学习经验的所有内容、方法、实施和评估都应该可以追溯到分析的结果，通常包括：①需求评估和教学目标的说明；②分析学习者的特点；③背景分析；④内容分析；⑤绩效分析。

教师需要回答一些问题，比如：①谁是学习者，他们的特征是什么？②有哪些新的行为、知识结构和技能？③在学习方面存在哪些制约因素？④能够提供哪些教学资料？⑤必须考虑哪些更深远的教育问题？

分析阶段的重点是学习者在课程结束时应该知道什么，以及学习者将来需

---

① 沈惠娴. 基于 ADDIE 教学设计模型的初中地理微课设计. 中学地理教学参考，2022（2）：48-51.

要知道什么和能够做什么。[①]因此，分析必须包括以前的课程中的内容以及未来应该涉及的内容。课程分析还要考察某一特定课程是如何适应更大的课程的。分析的输出由一系列学习目标组成，这些目标将作为下一个阶段的输入。

ADDIE 的设计阶段以活动和知识为中心，以支持预期学习成果的实现。因此，设计过程要与制定学习者如何实现目标的计划相吻合。ADDIE 的设计阶段主要涵盖教学活动的整体规划以及与安排学习相关的外部条件（例如教学方法、社交互动、媒体和交付系统、环境组织等）。表 4-6 提供了一个基于 ADDIE 设计阶段的课程规划示例。这一阶段的重要活动包括：①选择主题；②开发适当的方法和程序；③确定一组支持学习的具体活动；④确定一组特定的学习技能。

表 4-6 教学计划案例

第 4 课 使用 MS Word 的字数统计功能

课程选择	面对面教学	在线教学
1. 预期效果 （1）关注学习者的注意力。 （2）对以前的学习进行练习和回顾。 （3）对新学习产生兴趣。 （4）通过有趣的活动改变心理	（1）通过显示一个单词备忘录并要求他们猜测备忘录中包含的单词数量，从而捕获学习者的注意力。在没有超过的情况下最接近实际点数的人获胜。 （2）向学习者询问如何使用 MS Word 完成这项工作。 （3）说明他们将学习使用 Word 计数功能来快速回应这种挑战的不同方式	（1）立即将它们嵌入工作场所场景中，以捕获学习者的注意力：他们将编辑并提交文章。该文章有 2000 字的限制。提出这篇文章的草稿，并问：这个词有多长？ （2）通知他们，他们将学习使用计数标准的不同方法。 （3）快速应对这样的挑战
2. 目标 （1）告诉学习者在教学结束后他们能够做什么。 （2）目的——为何重要？ （3）将来它将如何帮助他们？	以学习目标显示和阅读幻灯片	带有学习目标的显示屏幕
3. 教学资源 （1）学习者需要有哪些信息才能达到目标？ （2）这些信息该如何传授给学习者？教师？书籍？电影记录？	向学习者提供一份纸质讲义，内容包括完成全部字数和突出显示字数的必要步骤	（1）文章在环境展示中的模拟。 （2）指令出现在文章的文本框中

教学设计的实施阶段包括将教学计划转化为实践活动（图 4-10）。它包含对教师和学生进行培训。教师培训包括课程设置、学习成果、交付方法和过程

---

① Gagné R M，Wager W W，Goals K C，et al. Principles of Instructional Design（5th ed.）. Belmont：Wadsworth/Thomson Learning，2005.

检测。学生培训包括对他们进行新工具的培训（如硬件或软件等）。所有事情都是在严格控制条件的情况下发生的，整个过程中都伴随着形成性评价。

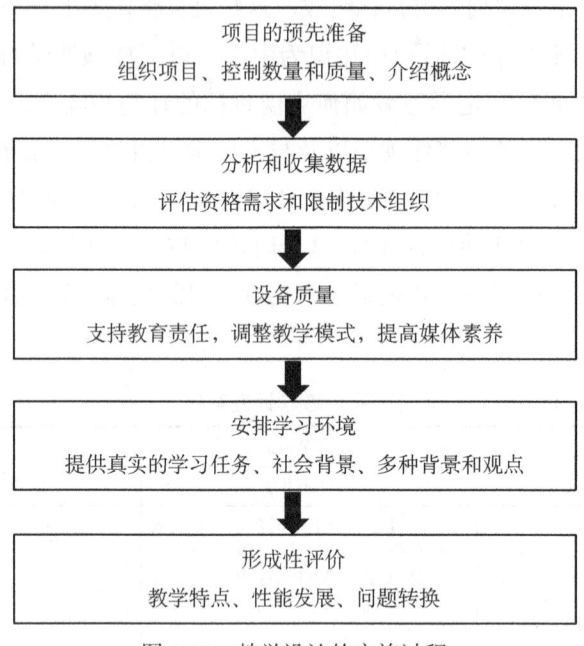

```
┌─────────────────────────────────┐
│         项目的预先准备            │
│  组织项目、控制数量和质量、介绍概念 │
└─────────────────────────────────┘
                │
                ▼
┌─────────────────────────────────┐
│         分析和收集数据            │
│     评估资格需求和限制技术组织     │
└─────────────────────────────────┘
                │
                ▼
┌─────────────────────────────────┐
│           设备质量                │
│ 支持教育责任、调整教学模式、提高媒体素养 │
└─────────────────────────────────┘
                │
                ▼
┌─────────────────────────────────┐
│         安排学习环境              │
│ 提供真实的学习任务、社会背景、多种背景和观点 │
└─────────────────────────────────┘
                │
                ▼
┌─────────────────────────────────┐
│          形成性评价               │
│   教学特点、性能发展、问题转换     │
└─────────────────────────────────┘
```

图 4-10　教学设计的实施过程

形成性评价作为教学过程的一部分，能够解释教学系统如何工作、学习环境中是否还有其他因素在起作用。形成性评价需要大量的时间和精力，这可能是进行评价的一大障碍。但是可以通过更好的设计和开发来提高获得可靠结果的可能性，以发挥形成性评价的作用。

大多数教学设计模式和 ADDIE 模式认为，在教学设计的最后，总结性评价是十分有必要的。因此，总结评价也可以被称为事后评价。与形成性评价相比，它更注重结果，而不是过程。因此，总结性评价的目的是衡量教学效果，例如在是否达到教学设计开始阶段制定的教学目标，是否增加了知识、提高了技能。但有时总结性评价也能收获很多意想不到的结果和相应的改进策略。

自引入 ADDIE 以来，该模式已经发展成最受欢迎的教学设计框架，并被用于许多大型组织。根据查普曼（C. Chapman）对几家公司进行的一项研究发现，教学设计师在从事培训开发的同时，也要执行不同的任务。[①]查普曼还报告了一个大型项目的教学发展的百分比，包括为美国空军开发的 21 门课程（图 4-11）。

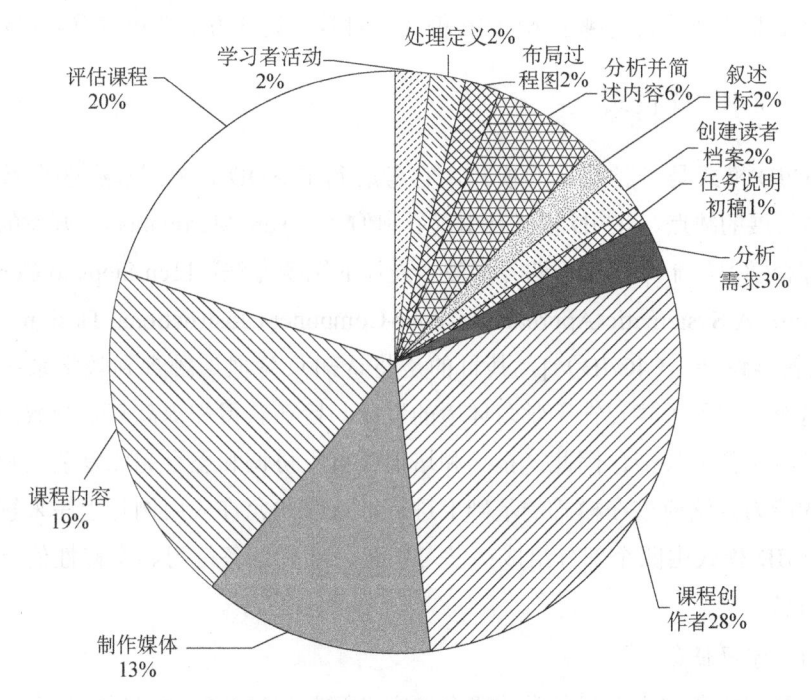

图 4-11　ADDIE 框架在实际中的应用

资料来源：Mohammed A. E-learning and ADDIE model. In E-Learn：World Conference on E-Learning in Corporate, Government, Healthcare, and Higher Education Association for the Advancement of Computing in Education（AACE），2009：38-42.

　　ADDIE 本身并不是一个教学设计模式，而是一个统称，因为几乎所有教学设计模式都与 ADDIE 相对应。尽管 ADDIE 框架很流行，但它在概念上仍然存在一些缺点。例如，它的迭代性不足以满足复杂问题的需求，因为 ADDIE 的操作步骤或多或少有些僵硬，可能只适用于静态环境。因此，ADDIE 在操作过程中只允许少量错误的发生。在可以被视为 ADDIE 原型的迪克–凯瑞模式中，必须满足三个条件：①必须完成所有规定的活动；②必须先完成一个活动，然后再转换到下一个活动；③必须十分准确地完成每个活动。

[①] Kasowitz A.Tools for automating instructional design. ERIC Digest. Syracuse：ERIC Clearinghouse on Information and Technology，1998.

在编写教学材料之前，教学设计者必须了解所有要求。ADDIE 最大的弱点是它仅仅是在加涅传统的教学模式中进行推断而开发出来的，因此它不能融合教育心理学的新发展。与当下流行的学习理论的结合是新教学设计、新模式的一个主要特征，它超越了 ADDIE 框架，对教学设计方法改革有重要启示。

（三）4C/ID 模式

4C/ID 模式是一种较新的模式，它考虑到了 ADDIE 模式没有融合教育心理学新发展的缺点。4C/ID 模式是由冯曼利伯（J. Van Merriënboer）开发的，就是《综合学习的十个步骤：四元素教学设计的系统方法》[Ten Steps to Complex Learning: A Systematic Approach to Four-Component Instructional Design，简称"四元教学设计"（4C/ID）]，其目的是将认知负荷理论融合到教学系统设计中。这个模式的关注点在于学习环境的设计，旨在获得和提高复杂领域的认知能力和特定任务技能。因此，指导和培训侧重于协调和整合完成复杂认知任务所需的能力。这应该在模式的基础上进行，该模式允许应用例行程序来解决任务。4C/ID 模式由四个部分组成：学习任务、部分任务练习、支持性信息和程序性信息。[①]

（1）学习任务

冯曼利伯通过引入任务类的概念来定义简单到复杂的学习任务类别。特定任务类别中的学习任务在某种意义上是等价的，即任务可以基于相同的广义知识（如心理模型、认知策略或其他认知模式）来执行。一个更复杂的任务类比前一个更简单的任务类需要更多的知识。因此，学习环境应该提供涵盖整个学习过程的具体任务。

（2）部分任务练习

部分任务练习以学习任务从简单到复杂的顺序为中心，通过重复练习来支持认知技能的程序化。冯曼利伯建议从相对简单的学习任务开始，再慢慢完成复杂的任务。按照"部分—整体"的方法，应该将复杂的过程分解成更简单的部分，分别进行培训，然后逐渐合并到整个任务中。部分任务排序法被认为是

[①] 盛群力, 马兰. 面向完整任务教学, 设计复杂学习过程——冯曼利伯论四元培训与教学设计模式. 远程教育杂志, 2010（4）: 51-61.

防止认知过载的有效方法，因为与部分任务相关的负荷应该低于与整个任务相关的负荷。这种渐进式技能发展的方法类似于认知学徒阶段使用的整体优于局部原则和瑞格卢斯的精化理论。

（3）支持性信息

4C/ID 模式的重点是对可用模式的细化。该模式的核心问题是如何通过构建相关的心理表征来支持学习者完成学习任务。冯曼利伯认为，支持性信息在其相关的任务出现之前便应该明确呈现出来，对于随后的任务，只应提供额外的支持性信息，以避免认知负荷的增加。同样，由于学习者可能已经知道冗余的信息，因此应避免重复先前任务的支持性信息。这一论证与认知负荷理论的核心假设相符合。

（4）程序性信息

程序性信息是为学习者提供指导，并帮助他们精确地完成学习任务。与支持性信息相比，程序性信息的目的在于开发自动化模式。冯曼利伯认为，专家之所以能够有效地执行重复性任务，是因为他们会自动激活那些将问题的特定特征与解决问题的特定过程联系起来的模式。因此，与教学设计模式的第四个部分相关的核心问题是如何帮助初学者自动化模式来实现学习任务的周期性。当学习者在学习任务过程中需要帮助时，程序性信息发挥了重大作用。当然，随着学习者在执行重复性学习任务中获得专业知识，程序性信息的呈现应该逐渐消失，图 4-12 描述了 4C/ID 模式的这四个组成部分的一致性。

（四）基于认知负荷理论的模式

20 世纪 80 年代，钱德勒（A. Chandler）和斯韦勒（J. Sweller）提出认知负荷理论（Cognitive Load Theory，CLT），该理论在教育心理学领域获得了很高的地位。尽管认知负荷理论强调学习的认知理论，但该理论可以追溯到 20 世纪 60 年代，当时强调信息科学、程序化教学和学习与教学的控制论原理。

认知负荷理论假设人类的认知结构由工作记忆和长时记忆组成，其中，工作记忆也可称为短时记忆。认知负荷理论将学习理解为信息处理。信息处理的复杂性和难度都依赖于完成认知任务所需的努力。显然，认知任务的需求和复杂性是由外部决定的，但是它们更多地依赖学习者完成这些任务的能力。因

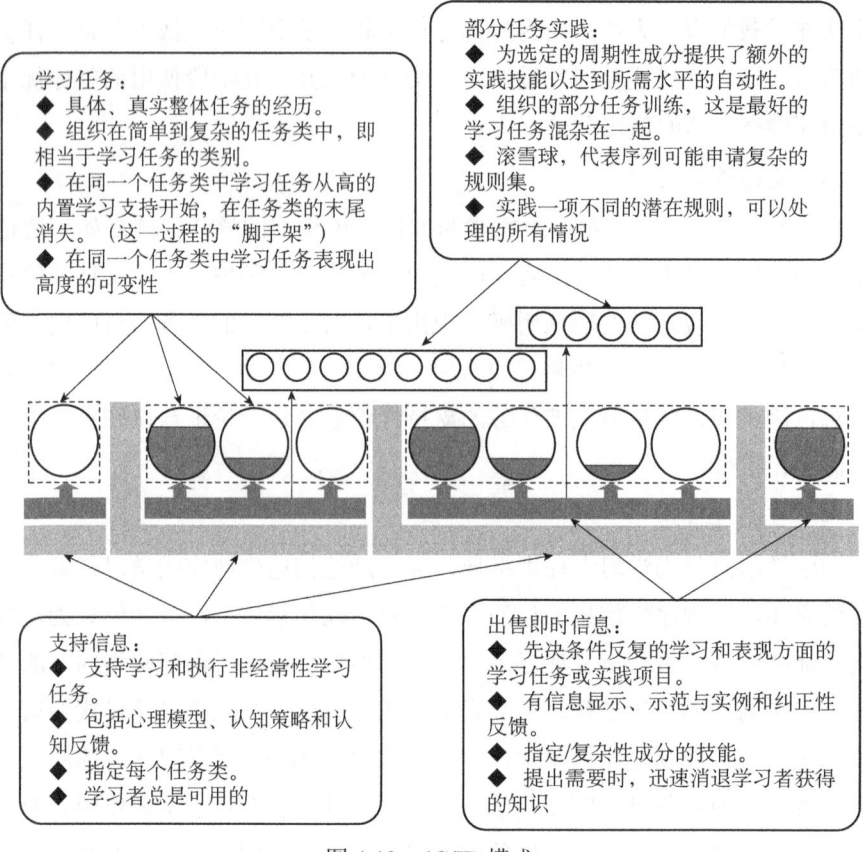

学习任务：
◆ 具体、真实整体任务的经历。
◆ 组织在简单到复杂的任务类中，即相当于学习任务的类别。
◆ 在同一个任务类中学习任务从高的内置学习支持开始，在任务类的末尾消失。（这一过程的"脚手架"）
◆ 在同一个任务类中学习任务表现出高度的可变性

部分任务实践：
◆ 为选定的周期性成分提供了额外的实践技能以达到所需水平的自动性。
◆ 组织的部分任务训练，这是最好的学习任务混杂在一起。
◆ 滚雪球，代表序列可能申请复杂的规则集。
◆ 实践一项不同的潜在规则，可以处理的所有情况

支持信息：
◆ 支持学习和执行非经常性学习任务。
◆ 包括心理模型、认知策略和认知反馈。
◆ 指定每个任务类。
◆ 学习者总是可用的

出售即时信息：
◆ 先决条件反复的学习和表现方面的学习任务或实践项目。
◆ 有信息显示、示范与实例和纠正性反馈。
◆ 指定/复杂性成分的技能。
◆ 提出需要时，迅速消退学习者获得的知识

图 4-12 4C/ID 模式

资料来源：盛群力，马兰. 面向完整任务教学，设计复杂学习过程——冯曼利伯论四元培训与教学设计模式. 远程教育研究，2010（4）：51-61.

此，任务的难度取决于完成任务所需的认知努力，也取决于学习环境和学习资源。认知负荷理论认为工作量取决于一个人与一项任务的交互，所以同一个任务可能给不同的人带来不同的负荷。这意味着认知负担不仅针对特定任务，还针对个人。

由于信息有许多相互作用的因素，当学习任务对一个人来说太复杂时，就会发生超负荷。认知负荷理论将认知负荷分成三种类型：内部认知负荷、外部认知负荷和相关认知负荷。元素间交互形成的负荷被称为内部认知负荷，它取决于所要学习的材料的本质与学习者专业知识之间的交互，教学设计者不能对它产生直接影响；外部认知负荷是超越内部认知负荷的额外负荷，它主要是由

设计不当的教学引起的；相关认知负荷是指与促进图式构建和图式自动化过程相关的负荷。认知负荷理论的核心目标之一是使教学材料易于被学习。图 4-13 呈现了减少 4C/ID 模式中认知负荷的各种策略。例如，工作实例就是学习辅助工具，它提供了任务的原型解决方案，从而替代了认知模式。

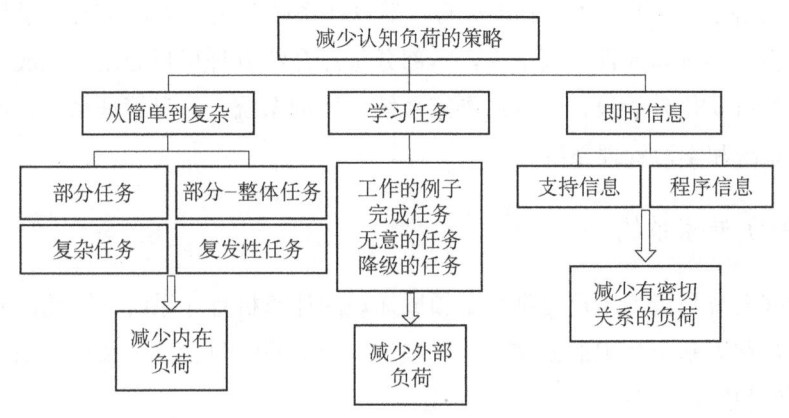

图 4-13　在 4C/ID 模式中减少认知负荷的策略

另一个认知负荷理论的假设指出，当信息以不同的格式（如文本、图片等）呈现时，学习会变得更加困难。在这种情况下，学习者必须整合这些格式才能理解教学内容。换句话说，以不同格式同时呈现信息需要付出额外的精力，并引发"注意力分散效应"。为了避免这种影响，一些学者，例如艾瑞（S. Errey）等建议将信息以相同的格式呈现。然而，这种论点与音频视频冗余研究的结果相矛盾，并对学习结果产生负面影响。

尽管 4C/ID 模式旨在改进复杂的学习，但它并不属于像美林（M. D. Merrill）所认为的面向问题模式。它采用教学和指导的方式，因为它是"输入—过程—输出"的过程，因此必须在学习环境的设计和开发之前对其进行精确指定。通过教学活动（如在自由的学习环境中）进行的最低限度的指导和调节被认为是无效的。根据古斯塔夫森和布兰奇的分类，4C/ID 模式是一种面向类的教学设计模式，因为支持性信息和即时信息的分配需要教师之间的交互决策。与传统的教学设计模式的客观观点一致，4C/ID 模式主要基于以下假设：对于有效的教学来说，设计和开发适当的认知任务是十分必要的，这些认知任务通过指导学习过程实现教学目标。

四、教学技术系统

为了避免混淆，在学习本章内容之前要先明确"基于技术的教学设计方法"与"基于技术的教学设计系统"并不相同。基于技术的教学设计方法指利用技术改善学习环境，"基于技术的教学设计系统"则指可以帮助教学设计人员开发教学系统和课件。接下来，本部分重点介绍五种可指导用户完成教学设计过程的自动化教学设计工具：专家系统、咨询系统、信息管理系统、电子绩效支持系统和学习管理系统。

（一）专家系统

专家系统是指为用户提供特定领域知识的计算机程序系统。因此，专家系统有时被称为基于知识的系统。一般来说，专家系统包含三个部分：知识库、推理引擎和用户界面。

知识库包含与任务领域相关的所有陈述性和程序性知识，任务领域被认为是专家系统设计工作的专业领域。知识库不仅包含关于任务领域的事实，还包含使用过程知识有效操作的规则。其中，事实和规则是通过询问相关专家得到的。这种专家知识必须以计算机能够处理的方式来建模或表示。

专家系统的第二部分涉及由推理引擎完成的推理，该推理引擎是一种计算机程序，使用推理规则从已知事实中推断出新的事实。推理引擎解释和评估知识库中的事实，以便为用户提出的问题提供答案。当推论引擎检查生产规则时，如果用户提供的信息满足生产规则中的条件，就执行操作。

用户和计算机之间的交互主要在用户界面中完成。这些互动的目的是双重的：一方面，它们允许从用户端对专家系统进行有效的操作和控制；另一方面，专家系统提供反馈信息，以帮助用户做出决策（图4-14）。

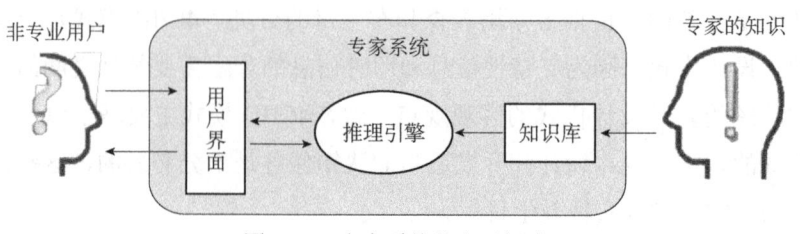

图4-14 专家系统的主要组成

专家系统的基本工作流程是，非专业用户通过用户界面回答系统的提问，推理引擎将用户输入的信息与知识库中各个规则的条件进行匹配，并把被匹配规则的结论存放到综合数据库中。最后，专家系统将得出最终结论呈现给用户。

总体来说，专家系统是一个基于知识的系统，它利用人类专家提供的专门知识，模拟人类专家的思维过程，解决对人类专家都相当困难的问题。

（二）咨询系统

迪沙泰尔（P. C. Duchastel）于1990年提出教学设计咨询系统模式，该咨询系统在结构上类似于专家系统，但与专家系统不同的是，它能够充分发挥教学设计人员的主动性和创造性，为其提供建议和指导。总的来说，咨询系统的目的是辅助或训练教学设计人员完成给定的任务，使设计人员能在开发过程中对学习理论、教学理论进行学习。电子性能支持系统和学习管理系统。

咨询系统一般包括以下三个部分：教学设计知识库、用户界面、语意识别及查询器。知识库作为教学设计决策和建议生成的重要依据和数据来源，主要用来存储所有与教学设计有关的数据信息，从而组成整个咨询系统的基础数据库部分。用户界面是咨询系统中的人机交互、操作逻辑和界面美观的整体设计。语意识别及查询器是咨询系统所特有的一个组件，它能够将用户的请求进行语意识别，将其翻译成程序可执行的代码，并与后台知识库建立连接，然后查找到相关信息。其实现过程中应用到的语义识别、模糊查询、精确查询等多种机制，是教学设计咨询系统实现的一个难点。

（三）信息管理系统

信息管理系统是对信息进行管理的系统。教学设计自动化在该领域的运用就是将教学设计过程中的相关信息，如学习者特征、知识库、知识内容的多媒体表现形式、不同的教学学习策略、参考案例等进行管理，允许用户以多种形式进行检索，并以多种方式呈现。信息管理系统应支持多记录、多代码转换的全屏幕编辑、卡片式修改、多条件查询、各类数据的排序和统计、不规则数据打印、数据共享等功能。信息管理系统的系统设计应遵循面向用户的原则，为其提供多级下拉菜单或上弹菜单及按钮菜单，并配以各种背景图案和背景音乐，以达到较为友好的人机界面，力争加强人机交流、减缓劳动强度。

美国学习研究协会（Institute for Research on Learming）开发的教学设计环境（Instructional Design Environment，IDE）就是一个信息管理式教学设计自动化工具。IDE 是建立在关系数据库管理系统之上的超媒体系统，可帮助分析、组织、设计和开发用于培训的教学材料。IDE 提供了用于教学设计的基础结构和框架，以及用于支持培训材料开发的工具。它将计算机辅助系统和知识呈现策略的功能组合到一个系统中。因此，IDE 为课程的内容以及表达课程设计原理的方法提供了量身定制的表达形式。

IDE 体系结构包含 IDE 和 IDE 解释器（IDE-Interpreter）两个主要部分（图 4-15）。整个知识库以地图形式表示（即分层超文本网络）。IDE 解释器是整个 IDE 体系的核心，包括四个组成部分：①教学问题解决部分。教学问题解决者创建计划以达到教学目标，该计划主要以有效的教育策略为基础。②教学单元选择器。选择适合当前教学情况的教学单元。③教学单元应用程序。为学生提供教学单元，并处理学生存储的答案。④学生模型更新程序。MOS-Update 处理并更新学生模型（MOS）。

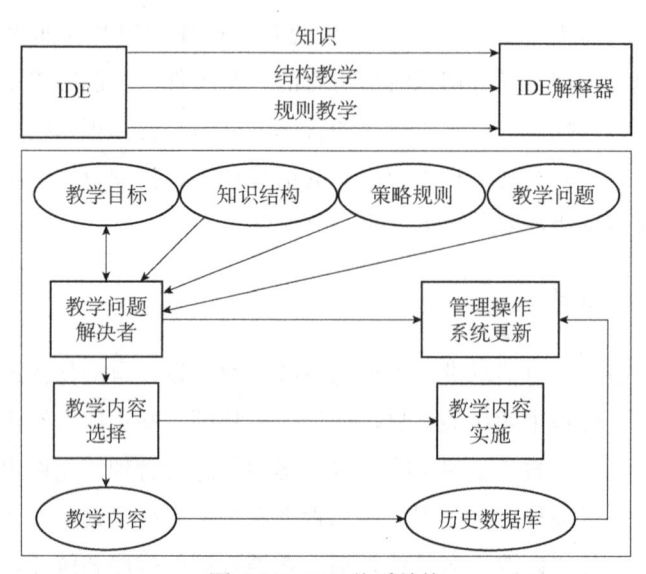

图 4-15　IDE 体系结构

资料来源：Russell D M，Moran T P，Jordan D S. The instructional design environment. In J. J. Psotka，L. D. Massey，S. A. Mutter（eds.），Intelligent Tutoring Systems：Lesson Learned. Mahwah：Lawrence Erlbaum Associates，1988：203-228.

IDE 解释器使用三个不同的知识库：①知识结构，包括两个主要类型的节点，即知识元素和教学单位；②学生历史记录列表库，用来存储学生最近的学生活动；③知识库，该知识库与"学生模型"一起运行，以了解学生的理解力并根据历史记录列表选择下一个教学单元。

（四）电子绩效支持系统

绩效技术是一种改进人的绩效水平的多学科方法，其目的是通过对绩效进行分析、设计、实施、管理和评价解决人的绩效提高过程中存在的问题，以改善个体和组织的行为，最终提高绩效水平。电子绩效支持系统（electronic performance support system，EPSS）于 20 世纪 90 年代出现，并在教学设计与发展领域得到了重视和应用。简言之，电子绩效支持系统为用户提供信息、指导和学习体验。EPSS 通常由四个部分组成：咨询部分、信息部分、培训部分、用户界面。

过去，为了支持设计任务，相关专业人员开发了不同的电子绩效支持系统，使设计过程能够通过提供更多的创造性时间来实现更多的创新解决方案。然而，可用工具的数量和种类带来了高度的复杂性，它们的衔接成为需要解决的重要问题。接下来将以两个电子绩效支持系统为例说明这一点：设计边界（Designer's Edge™）和说教精灵工作室（L'Atelier de Genie Didactique，AGD），后者是为虚拟学习中心的设计师提供计算机支持的系统。

1. Designer's Edge™

Designer's Edge™ 这个商业电子绩效支持系统是由艾伦通信公司（Allen Communication）开发的。它是一个任务驱动的应用程序，主要用于指导用户完成教学设计的整个过程，强调分析、设计和评估基于技术的培训。Designer's Edge™ 的主要界面基于概念 ID 模型。教学设计步骤是嵌入式的，在使用 Designer's Edge™ 时可以轻松导航并易于使用（图 4-16）。

Designer's Edge™ 的开发人员认为提高教学设计软件成功率有三个必要条件：①整个教学设计过程必须是可视化的，并利用当前的图形用户界面标准；②EPSS 的应用必须加快教学开发过程；③必须为没有接受过教学设计培训的个人提供指导。

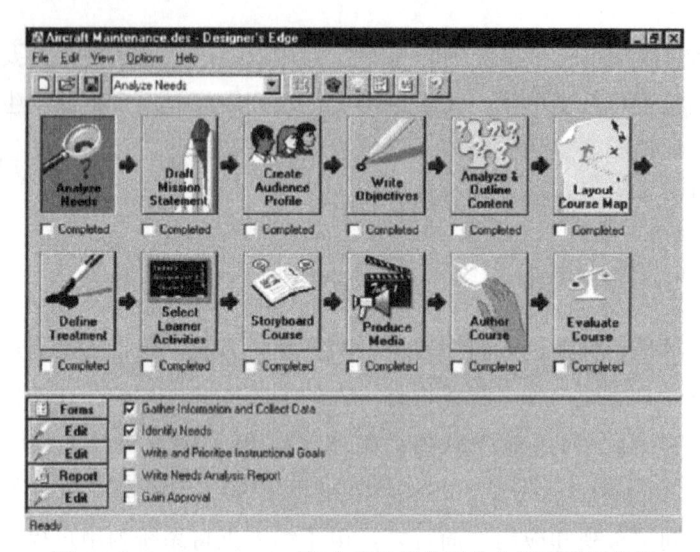

图 4-16 Designer's Edge™ 内置教学设计的主界面模型截图

图 4-17 展示了 Designer's Edge™ 如何支持用户管理目标、内容和指导性策略的规范。课程地图作为课程设计的"高级组织者",帮助用户进行可视化设计过程。所有设计元素都是面向用户的,这使得用户可以很容易地移动地图的各个部分。

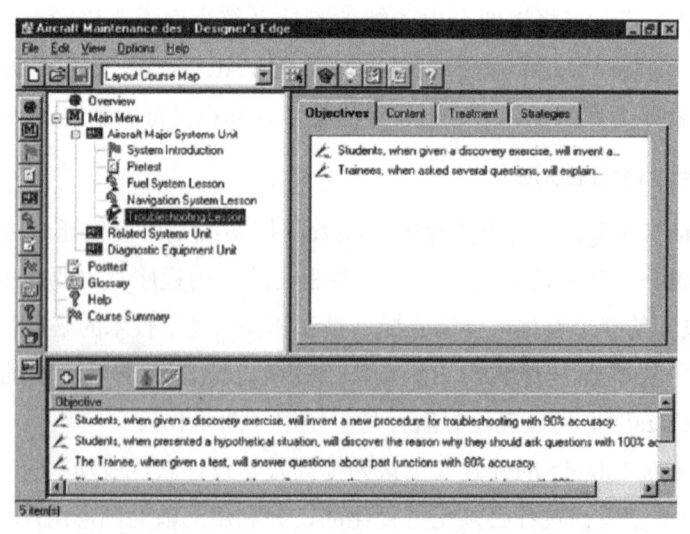

图 4-17 Designer's Edge™ 内置 ID 的主界面模型截图

Designer's Edge™ 的核心目标在于加快教学设计的速度,并使其系统化。

因此，Designer's Edge™ 包括在开发的关键时刻重新访问数据的规定。例如，在起草情节提要时，设计人员可以立即访问课程目标、内容、方法和策略信息，还可以访问所用媒体元素的有关信息。

从教学设计的角度来看，值得注意的是，Designer's Edge™ 与传统的教学设计模式相对应，这使得教学设计专家可以很容易地与之进行合作。另一个特点是，这种 EPSS 不适合个人独自使用，因此，它在一定程度上促进了基于项目的协作式课程的开发。

2. AGD

蒙特利尔大学的 AGD 强调参与者的协作，并将其作为在线学习和远程教育教学设计的主要特征。AGD 的创始人帕克特（T. Paquette）将学习环境的概念置于虚拟学习中心的核心，在虚拟学习中心中，不同的参与者扮演不同的角色，并依赖于各种资源、文档、通信和生产工具。

AGD 的中心放置了一个信息通信技术平台，自动化教学设计在该平台发挥作用。帕克特及其同事使用虚拟学习中心的 Explor@implementation 进行操作。这个电子绩效支持系统是一个基于网络的系统，它帮助设计者为远程学习建立一个学习环境。

（五）学习管理系统

学习管理系统的主要目的是为学生提供在线课程并支持他们的学习进度，但学习管理系统并不适合创建课程内容。但这可以在内容管理系统的帮助下实现，内容管理系统提供了一个多用户平台，支持教学设计者和主题专家通过学习管理系统提供的电子学习场景开发、管理和交付内容。通常，内容可以以各种格式呈现，如文本、图片、视频、音频、动画、模拟等。使用内容管理系统的关键优势有两方面：用户不需要会相关的编程技能；他们可以重复使用创建的内容，从而减少开发工作。

在学习管理系统中，内容和信息是在由教师和教师组织的数据库中进行管理的。有时，学习管理系统也被称为"学习平台"。学习管理系统主要有以下功能。

1）参与者资料的管理（设计师、学生、导师等）。

2）课程数据（内容、截止日期）和用户（注册）的管理。
3）分配工具来支持课程、内容、学习任务和反馈的开发。
4）同步和异步通信工具的应用（聊天室、论坛、留言等）。
5）评估和评价工具的应用。

由于学习管理系统允许对学生数据进行管理，许多大学都倾向于投入大量资金来开发和实现自己的学习管理系统。鉴于学习管理系统的数量众多，本文主要关注两个流行的系统 Blackboard 和 Moodle。Blackboard（http://www.blackboard.com/）是一个在北美广泛使用的商业学习管理系统，而 Moodle（http://www.moodle.org/）是一个开源系统，它在许多国家被使用，并可转换成许多不同的语言。Moodle 使用 Web 服务器和 PHP 作为平台，数据库通过 MySQL 进行管理。表 4-7 概述了 Moodle 的模块和资源。

表 4-7　Moodle 的模块和资源

任务	功能
作业	教师可以根据学生的在线意见向学生提供书面反馈或成绩
聊天	允许进行实时同步讨论
选择	教师提出的问题，有多种答案可供选择
文件	上传下载的文件（例如文本文件、电子表格、幻灯片、声音、图形或视频等）
论坛	允许学生和教师进行异步讨论
词汇表	创建并保留该列表
日志	该模块使学生能够对特定的主题进行反思。这些条目可以随着时间的推移进行编辑和修改
标签	允许教师向课程内容区域添加文本或指令
课堂	用有趣和灵活的方式来传递内容、评分和提问
测试	允许教师设计一套测试
共享组件引用模式（SCORM）	作为课程的一部分，上传并实现了 SCORM 软件包
调查	规范调查以收集学生的数据
Wiki	用简单的标记语言共同编写文档
研讨会	学生可以通过多种方式评价彼此的项目

学习管理系统包含一套创作工具，支持教育机构（如中小学和大学）在线课程的设计和开发。通常，它所提供的拖放工具不需要使用者具有计算机编程的技能，通过单击即可生成教学单元、学习任务或词汇表等，并且可以对特定

对象进行实质性调整。其他工具，如所见即所得的社论，可熟练生成 Html 文件，并轻松地将图形和插图添加并调整到特定的学习单元。但是，学习管理系统内更高级别的课程开发需要事先对目标群体进行全面分析。根据分析结果，可以应用学习管理系统的不同模块。实际上，创作工具能够使用户集成图片、电影、动画、模拟和交互式应用程序，从而形成多媒体学习环境。

通常情况下，电子学习课程的教学设计需要参与者的专业知识，如教学设计专家、主题专家、作者、程序员等。学习管理系统领域内的创作工具声称可以生成不需要编程技能的学习环境。创作系统仅仅是一个应用软件，可以用来创建在线课程，而不需要编程。因此，可以根据软件开发的概念来区分创作工具：基于框架的开发、基于时间线的开发、基于流程图的开发。

本 章 小 结

一直以来，教学设计模式随着教学理念的改变发生了多种改变，但不论怎样变化，教学设计过程都必须清楚地解决四个基本问题：一是学习者的特点是什么；二是教学的目标是什么；三是教学资源和教学策略是什么；四是怎样评价和修改。对这四个基本问题的处理和展开不同，就形成了众多的教学设计过程模式。本章主要介绍了教学设计的经典模式、教学设计的现代模式、教学设计的基本模式和教学技术系统等不同类型的教学设计模式。

第五章

基于问题的教学设计

虽然大多数教育者将问题解决视为学习者最为重要的学习成果，但是用于教学设计问题解决和旨在吸引学习者的教学设计处方还很少。本章区分了良构问题和非良构问题：良构问题是收敛性解决方案的约束性问题，这些解决方案需要在良构的参数内应用有限数量的规则和原理；非良构问题拥有多个解决方案、解决路径、可操作参数，并且对解决方案所需的概念、规则和原则，如何组织以及最佳解决方案都不确定。本章提出基于问题的教学设计流程，期待为教学设计理论和实践方法提供一些新的见解。

一、概念界定与内涵解析

（一）概念界定

1. 问题的定义

英国物理学家麦克斯韦（J. C. Maxwell）认为"问题是成为一切真正知识进展的前奏"[1]。杜威（J. Dewey）指出"情境逻辑"是人们解决问题的基础。困难情境是人们进行思考、实践的前提，摆脱这种困境的过程就是问题解决的过程。他提出了问题解决的流程，包含以下五个步骤：问题情境、问题设定、形成假设、推论、验证假设。[2]波普尔（K. R. Popper）强调，科学始于问题，即问题是推动事物发展的主要因素。他构想出科学发展的模式：问题—试探性理论—试误—新问题，指的是人们遇到问题后，不断提出假设、策略来尝试进行问题求解，并用实践验证假设和策略以排除错误，实现问题解决，但又产生新的问题。[3]近年来仍有学者探究"问题学"观点，如刘敏和董华认为科学问题是特殊情境的产物，情境和实践判断决定了科学问题的提出方式及解答方向。[4]

基本上，问题可以被描述为三个部分：①一个给定的初始状态 $s\alpha$；②一个理想的最终状态 $s\omega$；③$s\alpha$ 和 $s\omega$ 之间的障碍。问题的出现表明一个人不知道如何从状态 $s\alpha$ 到状态 $s\omega$，例如，如何用稻草制造金子。换句话说，如果一个人知道实现理想的最终状态的必要步骤，那就没有问题，而是要完成一项任务。本章将问题区分为良构问题和非良构问题，其中，良构问题在初始状态和最终状态都是指定的，按照给定的操作流程就可以解决。相反，如果是非良构问

---

[1] 林定夷. 科学哲学：以问题为导向的科学方法论导论. 广州：中山大学出版社，2009：54.
[2] 约翰·杜威. 评价理论. 冯平，余泽娜，等译. 上海：上海译文出版社，2007：143.
[3] 卡尔·波普尔. 客观知识：一个进化论的研究. 舒炜光，卓如飞，周柏乔，等译. 上海：上海译文出版社，1987：298.
[4] 刘敏，董华. 问题蕴含与情境关涉——杜威探究理论的科学实践哲学意义. 自然辩证法研究，2019（7）：28-33.

题，既不能指定最终状态，也不能保证所应用的操作能实现解决方案；既不能清晰地描述最终状态，也不能指定问题解决所需的步骤。非良构问题可以通过可用的声明性和程序性知识解决，能否成功取决于对一个人的先验知识和应用有效操作的能力。

通常认为教学中的"问题"是教师为学生精心设计的学习困境，用以激发学生的积极性、迎合他们的求知欲，具有情境化、启发性等特点。

2. 基于问题的教学设计的定义

基于问题的教学设计的思想渊源可以追溯到中国古代孔子的启发式教学和西方苏格拉底的谈话教学法。20世纪以后，受实用主义哲学的影响，一些学者相继提出"做中学"思想、问题教学思想等。近年来，围绕以问题为中心、问题导向式等的研究越来越多，从医学领域扩展到教育领域，并在中小学得到广泛应用。对于基于问题的教学设计，有学者探索了良构问题和非良构问题的教学设计模式，认为基于良构问题的教学设计理论基础为信息加工学习理论，而基于非良构问题的教学设计理论基础为建构主义和情境学习理论。[①]马志强用案例研究的方法，分析问题解决活动中学习者进行知识建构的会话特征、具体过程和互动结构等。[②]张彦晓和梁彦庆认为，需要针对来源于生活的非良构问题展开课堂讨论，并对该问题进行分析，随后让学生分组合作搜索相关的资料，通过整理和研究所获取的资料，得出最终的问题解决方案。[③]王健和赵国生认为，基于问题的教学设计中，教师处于主导地位，给学生呈现情境化知识，关键是让"问题"指导学生学习，最大限度地调动学生的主动性，让学生在分析、探究过程中培养发现问题、解决问题和自主学习的能力。[④]

基于问题的教学设计需要教师精心设计一系列有效教学问题，将知识学习放置到真实的、有意义的问题情境中，让学生以小组合作的形式分析问题、解决问题，以达到培养学生问题解决能力和高级思维能力的目的。通过解决复杂的实际生活中的问题，学生求知欲得到满足，他们能够积极思考，通过自主探

---

① Jonassen D H，钟志贤，谢榕琴. 基于良构和劣构问题求解的教学设计模式（下）. 电化教育研究，2003（11）：61-66.
② 马志强. 问题解决学习活动中知识建构的过程与规律研究. 电化教育研究，2013（1）：26-31.
③ 张彦晓，梁彦庆. PBL 模式在高中地理教学中的应用. 教学与管理，2015（9）：115-117.
④ 王健，赵国生. 基于问题的教学模式在研究生教学中的探索——以"信息系统安全工程"教学改革为例. 黑龙江高教研究，2016（11）：91-94.

究和小组协作尝试解决问题，最终建构宽广、丰富的知识。

（二）内涵解析

在传统教学模式中，重点是给学生灌输知识，学生被动接受知识，往往难以获得分析问题、解决问题的能力。基于问题的教学设计与之大不相同，它以问题为核心，以教师为主导，强调以学生为中心，为学生设置真实的任务情境，激发学生的主观能动性，让问题指导学生进行分析、探究，从而培养学生的高级思维能力、问题分析和解决能力。

1. 以问题为核心

问题是教师精心设计的学习困难，于学生而言，它既是挑战，也是动机。毫无疑问，"问题"在基于问题的教学设计中处于关键地位，同时也是其重要内涵描述。好的问题能够充分调动学生的积极性和主观能动性，还可以启发学生持续思考和自我探究。作为教学的起点和核心，如何进行有效问题的设计至关重要。付煜认为问题的设计需要循序渐进，结合学生的认知发展规律和教学内容、教学目标等，同时要选取具有"范例性"特征的事实，这样能为下一步掌握概念学习打下更好的基础。[1]宋健健认为需要教师准确把握教学目标和学生的认知特点，以及掌握最近发展区理论，从而设计出满足学生学习需求的问题，这些问题驱使学生展开探究，并且环环相扣。[2]因此，设计的问题需要有吸引力和针对性，应该遵循以下设计标准：①问题要有探究性。基于最近发展区理论，所设计的问题有一定的难度，但学生经过学习能够克服障碍，达到教师所期望的水平。②问题具有现实意义。学生在问题解决过程中能够将该问题与现实生活联系起来，体会到问题背后的知识价值。③问题具有拓展性。一方面指学生通过问题解决能够拓展出新的问题并进一步思考，另一方面指学生思维的迁移和拓展。④问题能够促进合作交流。问题能够加强学生与学生、学生与老师之间的交流，使学生在这种交流互动中不断进步。

---

[1] 付煜. 一种有效设计问题的策略："问题连续体". 教学与管理，2013（33）：18-21.
[2] 宋健健. 小学数学教学中有效问题链的设计. 教学与管理，2017（20）：46-48.

2. 创设真实任务情境

真实的任务情境即问题情境，创设真实的任务情境是实现有效教学的途径之一。此处的任务情境来源于真实的生活或者学生关注的热点。合理的教学情境不仅能够促进学生的知识学习，还能够提高学生的问题解决能力。任务的背景要尽可能利用、创设、贴近真实的生活环境，让学生在课堂中尽量接触到现实的信息，最终使学生在实现问题解决后产生极佳的成功体验。创设真实的任务情境意味着教师需要将与学生生活相关的、学生感兴趣的热点，以及具有重大意义的社会热点等真实情境与知识点相结合，学生能够在学习过程中，通过调查分析、合作探究、实践反思等步骤，最终促进学生知识的自我建构。[1]创设真实的任务情境的目的在于：①情境使学生置身于现实生活背景下，教师鼓励、引导学生进行思考和实践，以解决问题，将课程知识与现实问题相结合；②学生完成任务后，教师根据学生的完成情况进一步启发学生思考、探究深层次的知识，让学生自己发现、总结问题背后隐藏的知识，并能够将其迁移到现实生活中。

3. 以学生为中心

不同于传统的教学设计，基于问题的教学设计以学生为中心，学生是课堂的主体，教师占主导地位，其显著的优点是给予学生一定的自主空间。教师作为课堂的辅助者、指导者，仅为学生提供学习资源，这让学生获得了极大的自由，学生能够自主探究问题并在问题解决中深入思考，教师启发学生提出新问题，以培养学生的思维能力和创新能力。例如，教师在信息技术教学中可设置如下问题："生活中还有哪些地方需要使用密码？""同学们在生活中有哪些防止信息泄露的方法？""通过本节课的学习，你有哪些收获？"这些问题的设置不仅让学生回顾信息安全的相关知识，还让学生学会思考。因此，在知识学习中，学生承担越来越重的责任，从完全依赖教师逐渐转变为独立地进行学习，这种转变将对学生以后的学习和生活产生持续、深远的影响。此外，基于问题的教学设计的学习形式是以学习小组为单位，这种分组学习形式增加了学生与同伴之间的互动交流，相较于独立学习，往往会产生更好的学习效果。

---

[1] 谭景凤，于波. 问题情境的性质及其教育意义. 教学与管理，2016（25）：1-4.

（三）总结

这一部分界定了问题和基于问题的教学设计的概念，概述了基于问题的教学设计的内涵，并重点阐述其特点，包括以问题为核心、创设真实任务情景和以学习者为中心。

二、基于问题的教学设计流程

尽管问题设计的角度和方式可以有多种形式，但是针对教学活动需要有一个系统化的问题设计思路，从而引导教师关注整个问题设计和实施的过程，这是一个从具体到抽象、从现象到本质、从特殊到一般的过程。设计问题的目的是帮助学生理解知识的基本概念，掌握学科知识内容，培养分析和解决问题的能力，发展学生的想象力、创造力。[①]

基于问题的教学模式过程中，以问题为主线。在该模式的指导下，学习过程有特殊性，能够满足现阶段教育改革的要求，对学生学习能力、思维能力、分析问题解决问题的能力的提高有很大帮助，具有很高的应用价值。任何教学模式在实施过程中都有流程与步骤，基于问题的教学模式也不无例外。基于问题的教学模式不同于传统的教学模式，通过查阅大量文献资料，综合归纳可以总结该模式的教学流程大体可分为以下环节。

（一）基于良构问题的教学设计流程

基于良构问题的教学设计流程包含其他教学设计模式所包含的大部分教学要素，具体内容体现在以下六个步骤中。

1. 回顾必要的概念、规则和原理

面对良构问题，学生需要识别、选择和应用相关领域的信息。在问题解决课程开始前，教师需要检查学生是否掌握问题解决所需的概念、规则和原理，并将其作为概念和规则课程进行呈现。此外，教师可以通过预先测试来了解学生对问题要素的掌握情况，或者在问题解决课程中对其进行帮助。

---

① 国家教育研究计划小组办公室. 教育部重点课题"教育信息化环境中的学生高级思维能力训练"研究成果述评. 当代教育论坛，2006（8）：5-9.

2. 提出问题域的概念或因果模型

教师若想帮助学习者解决问题，提供问题域的图形组织者是一种行之有效的方法。这些图可以采用不同的形式，其中概念模型是最佳的研究形式。[①]通常一个好的概念模型包含问题中存在的所有可视化的重要部分、状态或行为，以及这些要素之间的关系，且这些关系在细节和熟悉度层面上易于被学生掌握。梅耶（R. E. Mayer）在 BASIC 计算机语言、摄像机、数据库系统、物理和其他方面的问题解决过程中提供了概念模型，并认为教师提供具体的概念模型可以帮助学习者提高概念记忆，减少逐字记忆，并促进问题解决的迁移。

教师需要在课前或课中提出概念模型，该模型必须与它们所表示的事件和对象相对应。好的概念模型对学习者来说是直观的、透明的，并且使用适合学习者的词汇和概念。概念模型不仅能够增强学习者对研究内容的心智模型，还能够明确表示问题解决所需的结构知识。事实上，相较于能力倾向（通过标准化考试分数进行衡量）预测或者通过一组类似问题的表现进行预测，结构知识预测问题解决能力显然强得多。学习者与专家相似的基本认知结构对问题解决能力具有高度预测性。因此，能将知识库中的重要概念连接起来的认知结构对于理解问题域是很重要的，这对于构建有意义的问题表征是必不可少的。这些概念图体现了重要的结构知识，帮助学习者在特定问题域构建适当的问题表征。

许多结构知识的概念图也可以体现问题表征的过程。因果关系图是概念模型的另一种表示方法，它有利于解决良构问题。因果关系图显示了观察到的和未观察到的变量之间的因果关系和相关关系。在因果关系图中，以图形的方式将变量之间的相互作用显示出来。学习者掌握问题属性之间的因果关系，有利于寻找问题的解决方案。概念模型体现问题域的知识，因果关系图则更能体现问题解决的过程。

3. 开发问题解决范例

开发问题解决范例的目的在于模拟问题解决流程，需要由经验丰富的人员描述问题解决的步骤和方法，以及呈现问题解决过程中的思维过程。示例能够帮助学生构建有意义的问题解决模式，还可以帮助学生用相似的解决方案对问

---

① Mayer R E. Models for understanding. Review of Educational Research，1989（1）：43-64.

题进行归类，并运用类比法构造新的解决方案。[1]大量研究表明，有效学习两个示例比解决几个良构问题更能提高学生的问题解决能力。[2]但是开发问题解决示例困难重重，因为学生想要实现问题的最初状态到最终状态的转变，就要时刻注意问题状态的差异。然而，由于学生需要将注意力分散在多个信息源上（如问题陈述、图表和公式）并要对其加以整合，这常常会增加学生的认知负荷，最终导致问题解决示例无效。[3]因此，开发问题解决示例应该为学生建立如何构建问题表征的模型。

虽然问题解决示例已经是新手有效学习的方法，但是学生从问题解决示例中被动获得的问题解决能力是否能被迁移仍然令人质疑。此外，问题解决示例存在相对被动性导致的动机问题，即习惯于被明确的指导和有直接方向的学生可能不会设定自己的问题目标，也不太可能朝着这个目标努力。

4. 关注当前实践问题

学生可以从示例中获得相关领域的概念和了解其问题情境。但是，仅仅依靠问题解决示例往往无法充分整合开发和测试解决方案，而学生通过有意义的实践就可以实现这一点。问题模式的发展相当迅速，但是学生在解决问题时往往无法游刃有余，唯有通过大量的精心设计的实践才能克服这一障碍。[4]有意义的实践根据一个程序化的步骤让学生重复实践，最终把握问题模式的程序。因此，将问题解决示例与有意义的实践相结合有利于推进问题模式的发展，进而产生新的问题，由此形成下一轮循环。

一般来说，教师采用测试的形式让学生熟悉实践训练，例如，如果对学生进行单词问题测试，那么在实践时，教师也需要为学生提供单词问题。这需要教师把所有问题元素都呈现给学生，并让学生知道问题元素在哪里以及如何找到这些元素。此外，为了增强实践的有效性，教师需要保留部分问题元素，以检测学生对问题元素的掌握程度。如果学生没有意识到部分问题元素的丢失，就无法把握正确问题方向，并因此遭受很多挫折。

---

[1] Anderson J R，Farrell R，Sauers R. Learning to program in LISP. Cognitive Science，1984（8）：87-129.

[2] Cooper G，Sweller J. Effects of schema acquisition and rule automation on mathematical problem-solving transfer. Journal of Educational Psychology，1987（4）：347-362.

[3] Ward M，Sweller J. Structuring effective worked examples. Cognition and instruction，1990（1）：1-39.

[4] Cooper G，Sweller J. Effects of schema acquisition and rule automation on mathematical problem-solving transfer. Journal of Educational Psychology，1987（4）：347-362.

5. 提供问题解决方案支架

学生能够正确认识问题后，教师需要提供支持，以帮助学生探索解决问题的途径。这些支持包括以下策略：第一，提供类比问题。类比问题呈现了相似的问题解决方案，填补了学生缺失的经验和问题空间，有效帮助学生将以前的问题映射到新的问题上。第二，提供问题分解的策略或建议。这种方法需要教师先将问题分解为子问题，然后提供一些建议或问题解决模板来解决这些子问题。第三，反馈的作用不可小觑，教师需要对学生问题解决方案给予反馈，需要注意的是，反馈不单单是评判学生的问题解决方案正误或提供正确的答案，而是需要反馈学生的问题解决过程哪一步出现错误。

因此，为学生提供学习的支架非常必要，这帮助了处于最近发展区的学生成功完成问题。不过，支架并不是一直存在于课堂的，教师需要根据学生的情况及时撤掉相关的支架。

6. 反思问题状态和问题解决方案

问题求解所带来的认知负荷常常干扰适当的问题模式的习得，这启发学生思考最初的问题状态，进而帮助学生习得问题模式。学生要特别关注问题的情境和条件以及问题是如何被阐述的。然后，学生要反思在问题解决过程中尝试的最佳和最差的问题解决方案，甚至学生可以创建表或数据库来记录问题类型和问题解决方案，快速找到问题解决所需的信息，加快将自己转变为成熟的问题解决者。

（二）基于非良构问题的教学设计流程

基于非良构问题的教学设计，教师需要遵循以下流程。

1. 明确问题背景

明确问题背景主要有两方面原因：一方面，非良构问题自身对问题背景存在较大依赖，同时教师需要创建任务情境，所以对问题背景的分析非常关键。分析问题背景时需要思考：这个问题领域的本质是什么？背景又施加了哪些限制？在这个领域中解决了什么样的问题？同样重要的是，影响问题背景的约束条件是什么。另一方面，全面了解问题背景对问题解决至关重要。如果没有丰富的领域知识，即使先前解决问题所获得的技能也不能迁移到其他领域，因为学习者不会将其他领域的结构转移到这个领域。

应用活动理论是分析问题背景的有效策略，该理论认为活动能够满足学生的认识需要，进而达成学习目标。因此，活动理论强调了学生主体意识的作用和工具、符号系统等在活动中发挥的中介作用。学生的活动不单指行为，其学习目标或者意图、使用的语言和工具等都需要被分析。

2. 引入问题约束条件

对于非良构问题，很少有明确的问题解决方案，因而必须明确其具有的问题约束条件和需求。成功的问题解决方案通常要在规定的时间和预算内实现，以满足客户的需求，且在一定的环境中被推荐。此外，人们还会对问题解决方案的有效性抱有期待。因此，确定学生需求并在一定条件下约束他们的问题解决方案很有必要。

3. 选择和开发教学案例

了解学生的技能需求之后，教师需要选择应用这些技能的案例。案例是基于问题的教学设计的核心，案例在一定程度上影响着教学质量。教师要选择和开发恰当、有效、常见的案例，以确保案例具有典型性，关键是这些案例发生在真实的情境中，并蕴含一些教育道理。某一领域的从业人员往往最了解该领域内待解决的问题的案例，因此，对于案例的来源，教师可以从这些人员入手，选择相关性和典型性强的案例。同时，案例中的问题要具有趣味性、挑战性和可被解决的特点。对这些问题的评估，不仅要考虑现实性包括现实中是否会遇到这些问题、是否会存在不同的解决方案和对方案的不同看法，还要考虑评估不同的解决方案有效的标准是什么。

学生可以采用因果分析法探究问题产生的原因和问题解决方案。因果分析法基于因果建模理论，采用图示的方法，逐层深入排查，为学生提供诊断和解决问题的认知模型，尝试寻找所有可能的问题解决方案。

4. 构建知识库

教师引入教学案例后，学生对问题情境往往持有不同的观点和看法，并需要通过叙述别人的问题解决经验、呈现报告、提供证据和信息来阐明这些观点。综合多个视角有利于探究非良构问题的本质，学生要以技术报告、录像说明、经验分享等形式呈现所搜集的信息，从而使自己了解和协调对问题解决方案的不同看法。在这个过程中，学生需要确定：该问题领域中的利益相关方有哪些？他们对该问题有哪些看法？他们的经验能否支持自己对该问题的看法？还有哪些信息能够支持对问题情境的不同看法？学生可以通过调查相关人员的故事、搜集数据、呈现技术报告和搜索网络资源等方式来收集信息，以佐证对问题情境的不同看法。教师应授人以渔，不是为学生提供大量信息，而是为学生提供结构化的知识库，帮助他们搜集有效信息。教师可以采用认知弹性理论进行教学。认知弹性理论是一种阐明多重观点的教学模型，该理论关注非良构问题的本质，让学生以多种方式重建自己的认知。学生需要比较案例之间的异同来构建有用的知识结构。

5. 进行假设论证

非良构问题本质上是辩证的，其中两个或多个对立的问题概念（不同的问题空间）被用来支持不同的论点，其基础是对立的假设。对学生来说，能够清楚地阐述不同的假设来佐证他们的问题解决方案十分关键，其论证将展示他们对问题领域的掌握程度。学生提出有说服力的论据支撑发散思维（反思判断），不仅体现了对问题解决过程的认知和元认知，而且涉及问题解决过程的认知本质和对不同解决方案的真实性认识。

在教学中，教师需要让学生对已知和未知的信息进行反思判断，这一过程促使学生思考已知的内容有哪些，或者帮助学生模拟问题解决方案。值得注意的是，学生需要从不同问题解决者的视角出发，模拟不同问题解决者的问题解决方案。教师可以为学生提供论证模板来模拟解决问题，学生提出的论点能够反映其问题解决能力。如果教师打算为学生提供辅导或提示，就要为学生提供一系列反思性问题，如学生如何确定自己对问题情境的判断是正确的。通过这些探索，学生最终能够聚焦最佳观点。

6. 评估问题解决方案的可行性

由于良构问题解决方案通常是统一的、明确的，教师可以将其评估为对或错，而非良构问题解决方案是发散的、或然性的，因此，相比于评估良构问题解决方案，对非良构问题解决方案的评估显然难得多。教师既要评估学生的问题解决过程,也要评估最终提出的问题解决方案。第一,评估学生解决问题的过程。学生考虑到重要的观点了吗?学生对提议的解决方案的论证有没有说服力?学生是否有效地反映了自己的领域知识?学生提供了什么证据来证明他们在解决问题时对该领域进行了深入思考?第二,评估学生提出的问题解决方案。在传统课堂环境中,学生尝试多种问题解决方案很不现实,因此只能退而求其次,只要评估学生提出的解决方案及其论据即可。教师通常根据问题解决方案是否可行来进行评估,要思考以下问题:问题是被解决了吗?问题消失了吗?问题是在约束性条件下被解决的吗?学生能否阐明问题为什么能被解决、是如何被解决的?如果没被解决又是什么导致的?

(三)基于问题的通用教学设计

为了有效地设计良构与非良构问题求解的教学,使学生积极参与其中,在此总结出基于问题的通用教学设计

1. 创设情境,提出问题

问题是基于问题的教学设计的起点,教师需要结合生活实际和学生的经验创设一个真实的任务情境。教师根据实际生活问题、学生的认知水平、学习基础等提出问题,也可以将学生感兴趣的问题纳入课堂,还可以将在教学指导学生学习过程中发现的问题作为来源。教师基于最邻近发展区理论提出问题,所设计的问题既不能太简单也不能太难,应该让学生感受到探究过程性,需要结合已有的学习经验对问题进行分析及进一步探索,最终形成问题解决方案。

2. 分组学习,分析问题

基于问题的教学设计所采用的学习形式通常是以小组为学习单位进行学习。教师划分学习小组,明确每个小组的任务。每个学习小组确定好自己的任务目标后,制定完成任务的进度计划。还要对小组内成员进行合理化的分工,明确每个成员的任务,安排好小组成员之间的合作方法,确保每个成员的研究结果可以共享。在分组后,学生在教师的指导下围绕提出的问题,通过查阅收集材料、分析内容和信息筛选来进行自我学习。各组设置小组长负责协调组内各成员,把控任务完成进度。

3. 合作探究，解决问题

各小组尽可能地获取所需的信息资料，教师在这一过程中负责指导学生搜集资料，帮助学生对问题进行探究。随后，各小组整合组内成员所搜集到的资料，成员之间进行多次交流讨论，探究问题解决的方法，并对解决方案进行讨论。这个阶段需要各小组思考如何将搜集到的资料与自己的知识经验相结合，最终提出有效的解决方案。

4. 小组汇报，评价反思

各小组汇报自己的成果，这能够反馈学生在任务完成过程中独立思考、互动交流、整体协调的能力，有利于学生进行评价和反思。依据教学目标，教师从任务完成情况对学生的学习及汇报进行合理评价。评价方式以过程性评价为主，以结果性评价为辅，主要包括教师评价和学生评价。

（四）小结

基于良构问题的教学设计方案较为明确、固定，大致遵循教学设计常用的 ADDIE 模型即按照分析、设计、开发、实施和评价来进行。基于非良构问题的教学设计方案是在建构主义和情境认知方法的基础上发展起来的，强调情境的重要性。但是教学设计问题是复杂的，良构问题和非良构问题并不是独立的，两者存在于一个系统中，依据上述流程可以总结基于问题的教学设计流程为：创设情境，提出问题；分组学习，分析问题；合作探究，解决问题；小组汇报，评价反思。

三、典型案例分析

（一）"绿色植物的水分代谢"生物课的教学设计

1. 案例概述

本案例以建构主义学习理论为指导，遵循生物学科的特点及学生的认知规律，结合教学实际，在教学中变通地使用教学模式；在使学生掌握生物学基础知识和基本技能的同时，培养学生的问题意识和创新精神。本案例重点在于让学生理解渗透吸水的原理。质壁分离和复原的实验难点是分析渗透原理，成熟的植物细胞是一个渗透系统。

（1）步骤一：创设情境，提出问题

教师在课前选取完整、新鲜的小型草本植物体，分别放入盛有清水和30%蔗糖溶液的烧杯或广口瓶中，在清水中的植物体直立挺拔，在蔗糖液中的植物体则缺水萎蔫。教师把实验装置摆放在实验桌上，供学生观察。启发学生思考：植物是如何吸水的？植物体的水分代谢都受哪些因素的影响？教师让学生阅读课文及有关资料。教师在指导学生观察正常和水分亏缺植物出现的萎蔫现象的基础上，指出植物体只有在水分代谢平衡的基础上，才能维持正常的生活。水分缺乏或过多对农业生产影响很大，因此研究植物水分代谢是农业生产的理论课题。

（2）步骤二：分组学习，分析问题

教师划分学习小组，学习小组通常由4—6人组成。它是课堂教学与学习的主要组织形式。学习小组应是结构化、社会化的小组，其成员要有分工，如组长、记录员、报告人等，各自完成不同的职责，共同负责小组的学习。各小组提出实验假设，以清单的形式列出：对于本实验自己已经知道了什么？还需知道什么？设计出具体的实验步骤。在小组简短讨论后，教师指出实验处理方法。学生了解在高浓度蔗糖液中的植物出现萎蔫的现象后，教师进一步提出在蔗糖液中的植物体为什么会缺水萎蔫，即植物体是由细胞构成的，植物体吸水是细胞吸水的结果，并提问细胞在清水和30%的蔗糖液会发生什么现象。

（3）步骤三：合作探究，解决问题

教师引入质壁分离和复原的实验，作为辅导者、点拨者，对学生的疑难问题进行适当指导。为了获得较好的观察效果，教师在实验准备和指导学生实验过程中，要明确提出注意事项。学生在教师的指导下以小组为单位做实验验证假设。在学生获得细胞在高浓度的蔗糖液中会失水、在清水中会吸水的感性认识的基础上，教师提出环境溶液的浓度为什么会影响细胞的吸水，细胞的哪些结构特点和吸水有关，并借助与细胞相似的渗透模型来分析。由此引出渗透模型，教师再次引导学生进行观察、分析。学生应用新知识解决问题，在获得感性认识的基础上进一步理解渗透的原理。

（4）步骤四：小组汇报，评价反思

学生在查阅相关资料和以上的分析基础上，了解到渗透作用是指水分子透过半透膜的扩散，发生渗透作用的条件是半透膜的存在，膜两侧具有浓度差水分渗透的趋势使水分子由浓度高的一侧向低的一侧渗透。教师引导学生进行总结，解释细胞渗透吸水原理。成熟植物细胞具有发生渗透作用的条件——有半透膜原生质层。膜内外有溶液即细胞液和环境溶液。当细胞液大于环境溶液的浓度时，细胞会从环境中吸水，反之，细胞会失水。

教师从五个方面对学生进行评价：能力提高、知识获得、合作情况、学习态度、最终的实验结果。根据各项指标的得分计算出学生的最终得分。学生在总结评价的基础上，根据细胞吸水原理，联系日常生活与此有关的内容，如果有时间，对自然情况下影响细胞液和环境溶液浓度的因素进行适当分析。

2. 案例评析

（1）激发学生求知欲

当学生处于教师精心创设的问题情境中时，其原有的认知结构会与新情境、新问题之间产生矛盾冲突，使其原有认知平衡被打破，从而激发学生产生新的同化和顺应的欲望，并由此达到新的平衡。因此，学生有了解决问题或"主题"的欲望，会积极投入情境中，从而激发生物学学习兴趣。

（2）提升学生思维能力

有关在培养学生思维能力方面的效果，主要涉及推理方法、推理方向和推理过程。在推理方法方面，传统教学的学生在解决问题时是以记忆为基础的，在本案例中，学生则倾向于以分析为基础解决问题，后者解决问题的准确性更高。在推理的方向方面，与传统教学下的学生相比，本案例更多地采用了与专家类似的假设驱动的推理策略，学生所做的假设分析具有更高的准确性，而且在解释问题时更多地用到了所学到的知识。这说明学生更善于融会贯通，能够对所学的知识形成协调一致的表征和精细化的解释。

（二）小学数学"分数乘整数"课的教学设计

1. 案例概述

"分数乘整数"一节的教学内容，知识较简单，需要采用新颖且生活化的

案例，不能让学生只停留在分数整数的表面计算，而要领会学习数学的乐趣和奥秘。教师设计案例时，不仅涉及分数的概念、分数的意义，还涉及分数与现实生活的联系。

（1）步骤一：创设情境，提出问题

教师要找准学生的兴趣点，创设问题情境，激发其学习动机；突出乘法的解题思路，从而引入本课分数乘整数的主题。我国人多地少的矛盾日益突出，所以应控制人口的增长，并保护好耕地。据统计，2015年世界人均耕地面积为3200平方米，我国人均耕地面积仅占世界人均耕地面积的2/5。教师提问："你能提出什么问题？""谁愿意帮老师解决这个问题？"

（2）步骤二：分组学习，分析问题

教师将学生划分小组，每个小组6人，并指定一名组长，以培养学生团队协作能力。各小组确定任务目标：从题目里知道了哪些信息？需要解决的问题是什么？进一步分析待解决的问题包括：第一，要解决我国人均耕地面积是多少平方米，就要分析其中的条件和问题。怎样分析呢？（用线段图分析数量关系）第二，如何表示我国人均耕地面积？第三，从线段图中能够知道什么？第四，会算吗？为什么要这样算？还有其他方法吗？第五，我国人均耕地面积减少的原因是什么？在问题情境中再找问题，能够锻炼学生分析问题的能力，激发学生的学习兴趣，在不断解决问题的同时激发学生的探索欲。

（3）步骤三：合作探究，解决问题

教师将问题具体化到每个学生，学生通过查阅书籍或上网的方式获取答案，交流过程中若发现新的问题，则继续交流讨论，总结分数乘整数的计算方法，最终达到解决问题的目的。这样做的目的在于培养学生分析、归纳信息的能力，通过具体实例加深学生对分数乘整数的理解。

（4）步骤四：小组汇报，评价反思

各组选派一名学生代表，以表格的形式对提出的问题进行汇报。学生通过交流对新知识的学习达成共识，并构建新知。小组在展示学习成果过程中，教师对学习过程的各个步骤做出评价并评定等级。最后，学生进行自评、互评，填写评价报告。实时评价过程能激发学生能动性，让学生产生学习压力和动力。

2. 案例评析

本案例基于问题的教学设计已经充分考虑到六年级学生已经具备的学习特点、认知发展、个性发展特征。教师通过设计非良构问题激活学生内在的认知结构，在分析信息、提取信息、综合信息的基础上解决各种现实问题，提高学生应用能力，符合六年级学生认知发展的一般规律，有助于学生创新能力的培养。

（三）小结

综上，本部分基于问题的分类，提供了两个基于问题的教学设计典型案例包括"绿色植物的水分代谢"生物课的教学设计和小学数学"分数乘整数"课的教学设计。实际的课堂教学案例的呈现体现了基于问题的教学设计对课堂教学的指导作用。

四、基于问题的教学设计应用前景

2016年，核心素养研究课题组发布的《中国学生发展核心素养》指出，问题解决是"实践创新"核心素养的重要因素，关键在于善于发现问题和提出问题，有解决问题的兴趣和热情，能依据特定情境和具体条件，选择制定合理解决方案。[①] 伴随课程改革的深入和素质教育的全面推进，我国教育更加注重培养学生的问题意识和问题解决能力。新时代，教育必须转变传统的灌输式知识传授，转向让学生掌握学习的技能，教师必须积极探索适应社会发展的人才培养模式。基于问题的教学设计培养学生问题解决意识、发现问题、分析问题和解决问题的能力，既有利于促进学生核心素养的形成，也有利于传统教学模式的转变。近年来，基于问题的教学设计在国内期刊上出现的频率越来越高，它常常被众多教师有意识或无意识地应用到教学中，能够有效促进师生之间的交流，激发学生的求知欲，学生对问题解决过程所获得的知识记忆也更加深刻。基于问题的教学设计不仅为课堂教学设计提供了一个可以参照的问题解决过程，还具有一定的指导意义和实用价值，而且为教学设计研究提供了一个可参照的思维模式。在此总结了基于问题的教学设计应用前景的两方面的特征。

---

① 核心素养研究课题组. 中国学生发展核心素养. 中国教育学刊，2016（10）：1-3.

（一）应用领域广泛

基于问题的教学设计已经从医学领域扩展到其他领域，例如高等教育和中小学教育领域，涵盖了思想政治理论课、大学英语课、财会专业课、高中物理、初中生物、小学科学等课程中。由于教育领域应用的探索和研究系统性、连续性、整合性不强，教师对基于问题的教学设计理念和模式上展开进一步探索，以有效推进我国教育改革，例如 STEM 教育。

STEM 强调要加强学生学习和现实生活之间的联系，让教育立足于生活，从现实生活中的问题出发。注重"做中学"和"学中做"，的教学理念，开展基于真实问题情景下的探索式学习。STEM 教育认为知识蕴含在真实的问题情境中，教师为学生创设情景，学生利用多门学科知识积极探索，培养发现、分析和解决问题的能力。学生使用先进的学习工具，通过自主、协作和创造性地应用多门学科知识，解决实际问题，提高能力。此外，在学习过程中，教师还要为学生创设不同的问题情境，通过在多种情景下的迁移运用，培养了学生发散思维和创新思维，进一步巩固和深化所学知识，达到深度学习的层次。STEM 教育整个教学活动应该以问题为中心，进行从"激活旧知""展示新知""应用新知"到"整合贯通"四个阶段循环往复的学习阶段。[1]

（二）应用效果良好

与传统的教学设计相比，基于问题的教学设计不仅对教师、学生有着重要意义，教学氛围等都有极大的影响。

1. 对学生发展的影响

以问题为核心、创设真实任务情境、以学习者为中心的教学设计促使学生在学习基本知识的同时，加深对问题的思考，加强对学生的创新能力和思维能力的培养。因此，基于问题的教学设计是打开学生高级思维大门的钥匙，开启了学生积极思考和探索之旅。在教学中，教师灵活地设计问题、提出问题，学生分析问题、探究问题并解决问题，这有利于提升学生的高级思维能力和加快学生知识建构进程。此外，基于问题的教学设计还能够改善学生的学习态度。

---

[1] 秦瑾若，傅钢善. STEM 教育：基于真实问题情景的跨学科式教育. 中国电化教育，2017（4）：67-74.

在问题解决过程中，学生独立搜集、归纳和整合材料，通过分组协作形成解决方案、作业汇报等方式得到更多任务，改变了学生被动接受知识的局面，从而调动了学生的学习热情和主观能动性。

2. 对教师发展的影响

一方面，教师个人专业素养得到显著提升。基于问题的教学设计，除了对教师的知识水平有较高要求，还要求教师具备一定的课堂管控能力。教师不仅要有良好的教学能力，还要发展教学机智，包括问题设计、课堂组织管理、把控教学进度等。最终，教师的业务能力得以提升。另一方面，在师生互动中实现了教学相长。传统课堂中，师生互动较少，基于问题的教学设计给予师生双方更多的交流机会，师生互相学习。学生会产生意料之外的想法，使教师的认识跟着学生的思维和认识的变化发生转变。这一过程，教师要接受学生的观点，勇于承认自己的缺点，这样做不仅能够实现业务水平和思维能力的提升，还能够促使师生间的关系更加融洽。

3. 对教学氛围的影响

基于问题的教学设计提供了一个师生双方平等交流、自由讨论的场域，教师和学生能够处在平等的位置，这为学生提供了一个自由、自主的学习空间，营造了一种轻松、自由的学习氛围。这种课堂环境不仅能够促使学生主动学习、积极交流、大胆思考，还能够让学生平等地获取来自老师和同学的信息。基于真实情境的问题设计，不仅能够增加学生对当前内容的关注度，也能够增强学生对知识点的理解，使课堂氛围较为轻松、活跃。

（三）小结

本部分简要概括了基于问题的教学设计的应用前景，主要表现在两个方面：第一，应用领域广泛，已经扩展到中小学教育领域，并且继续对教学设计的模式和理念进行研究；第二，应用效果良好，从学生层面、教师层面、课堂氛围层面简要概括基于问题教学设计的重大意义。

本 章 小 结

我国教育理论界的研究者逐渐重视基于问题的教学设计,出现了不少理论介绍性和实践探索性的研究成果。本章对问题以及基于问题教学设计分别进行了概念界定,并对后者展开内涵解析;随后,根据问题的类型,介绍了良构问题和非良构问题的教学设计流程,从中总结出问题的通用教学设计流程;接着,简要介绍了应用该流程的两个典型案例,即"绿色植物的水分代谢"生物课的教学设计和小学数学"分数乘整数"课的教学设计;最后,分析基于问题的教学设计的应用前景,作为一种具有一定理论基础和实践成果支持的教学方法,它将在教育领域继续保持旺盛的生命力。

第六章

基于研究的教学设计

　　教学设计是根据教授者、学习者、管理者、设计者的需求制定切实可行的教学和实践方案，因此，众多学者对教学设计进行了不同方向和目标的研究。本章着重阐述基于研究的教学设计的相关内容和未来设想，通过阐明概念及内涵，从不同模式的教学设计流程分析基于研究的教学设计，列举评析典型事例并陈述未来的应用前景，使读者全面了解基于研究的教学设计。

一、概念界定与内涵解析

（一）概念界定

基于研究的教学设计是针对传统的教学设计来说的一种替代式教学策略，其目的是综合运用学习理论、设计理论、教学理论等使学生将原来的"空瓶"式知识转化为"倾入式"知识，完善教学效果。

1. 从教学设计的系统特征角度

瓦勒（V. Walle）认为，教学通过选定一组关键主题，利用相关理论更彻底地教授这些主题，并提供深入和系统的相关内容，刺激知识的可吸收。[①]

麦克劳德（C. McLoed）认为，基于研究的教学设计应体现连贯性和层次性，运用连贯的教学策略将新的概念和技能与之前学过的材料联系起来，形成必要的复合技能。[②]

贾扬塞（M. Jayanthi）等提出，基于研究的教学设计应根据实践情况，提供明确和系统的指导，为学生提供清晰的教师演示、搭建指导、指导实践、学术反馈和累积复习。[③]

2. 从教学设计的设计原则角度，明确基于研究的教学设计是系统科学的

查德（S. C. Chard）等通过研究学生的上课情况分析得出，基于研究的教学设计需要显式和系统的教学，包括明确和系统的教学、数学思想的可视化表

[①] What is Instructional Design?（5 Examples+Overview）. https://onlinedegrees.sandiego.edu/what-is-instructional-design-examples/.（2020-05-29）[2022-07-28].

[②] McLoed C. 7 Principles of Universal Design for Learning. https://www.itsligo.ie/wp-content/uploads/2021/02/7-Principles-of-Universal-Design-for-Learning.pdf.（2018-03-12）[2022-07-28].

[③] Jayanthi M，Gersten R，Baker S. Mathematics Instruction for Students with Learning Disabilities or Difficulty Learning Mathematics：A Guide for Teachers. https://files.eric.ed.gov/fulltext/ED521882.pdf. [2022-07-28].

达、学生用语言表达其思维过程的机会,以及精心挑选和排列的教学实例。[1]

3. 从教学设计的实际意义的角度

吉填德拉（M. Jitendra）、西尔伯特（D. Silbert）等认为,基于研究的教学设计可以促进教学创新。研究型课堂需要基于研究的教学设计,这样的课堂是以问题为导向、以学生为主体、为学生发展服务的。教学设计必须对学生具有适度的挑战性并以学生的实际参与性为衡量标准。[2]

基于研究的教学设计的定义包括十个方面的要素。

第一,理论依据。该教学设计基于建构主义的基本假设——教师进行教学时,帮助学习者建构知识框架或学习者通过帮助其他人达到意义建构,教学的目的是学生能够建构理解。奥斯特瓦尔德（F. W. Ostwald）描述了知识建构螺旋模式的过程（图6-1）。

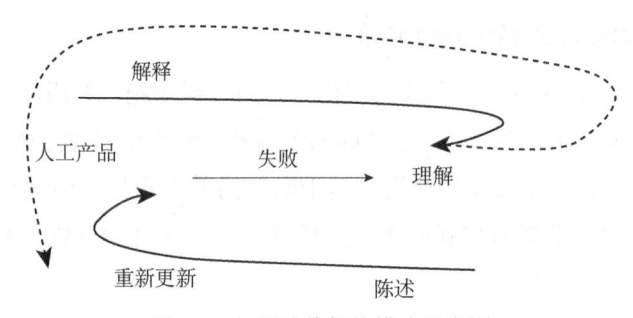

图 6-1 知识建构螺旋模式示意图

阿伯拉罕森（D. Abrahamson）和维伦斯基（U. Wilensky）运用该理论中的"理解–行动"和"设计实验"的理念,由此创建出学习设计活动框架（图6-2）[3]。

第二,专业知识。基于研究的教学设计不仅要考虑专家提供的事实信息,还涉及学生的思考过程的性质变化。

第三,知识观。后实证主义认为,知识应该是需要建构的,也就是说需要根据社交和情境进行意义建构,而不像实证主义说的那样——知识是绝对的。毫无疑问,基于研究的教学设计依据后实证主义进行设计。

---

[1] 转引自 Mager R. Preparing Instructional Objectives. London：Center for Effective Performance，1984.

[2] 转引自陈建忠. 基于研究型教学设计的《国际金融》教学实践研究.中国高等教育评论，2019，11（1）：67-79.

[3] 转引自 Nouri J，Spikol D，Cerratto-Pargman T. A learning activity design framework for supporting mobile learning. Designs for Learning，2016（8）：1-12.

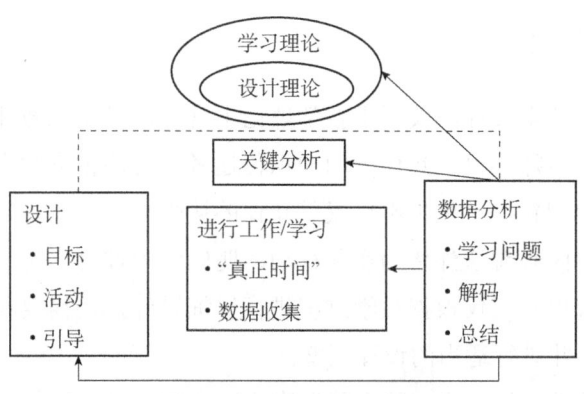

图 6-2　学习设计活动框架

第四，学科性质。基于研究的教学设计要求教师不仅教授量化的学科内容，还要掌握定性的学科知识。只有教师全方位地教授学科内容和原则，学生才能得到全面和谐的发展。

第五，学校的角色。学校不仅培育学生能够良好地适应社会和工作场合，而且还要培养他们独立思考的能力，以丰富他们的个人生活。

第六，学生。以前的教学设计只是以相同的方式让学生学习相同的内容，以达到学科要求，基于研究的教学设计主张个性化教学，不同学生以不同方式进行学习，但最终都能达到学科目标。

第七，教师角色。教师由原先的教授者变为现在的指导者，根据学生遇到的不同问题给予适当的帮助，且并不是一直提供协助，而是当学生渐渐能够自己解决问题时逐渐取消帮助，直至完全由学生自我实现目标。

第八，多样性。基于研究的教学设计要求教师学会适应学生，了解学生的需求，以便提高自己的教学。

第九，期望的结果。改变原先学生只是快速、准确地完成学科内容，且内容具有重复性的局面，学生需要完全了解学科的性质和内容，并能够将所学内容迁移至新的情境中，做到学以致用。

第十，科学素养。基于研究的教学设计要求不管是教师还是学生，都必须将科学方法或规则应用于问题中，并且该问题是令人深思或让人感兴趣的，所得问题的答案也是符合科学方法和结果的。换句话说，科学素养是贯穿于教学设计全过程的。

（二）内涵解析

基于研究的教学设计不仅要求教学理论丰富，而且要求教师具备相应的教学储备和意识。教师不仅仅是传统的知识传递者，更能根据学生的学习情况有意识地进行课程创新，学生也不仅仅是知识的接受者。同时，教师进行教学时能够有意识地将内心想法外化为实际行动，明确学习理念、态度、目标及其价值。教学设计者也不仅仅根据教学过程进行详细设计，还需要积极与相关的参与者进行探讨，并进行适当的设计调整。

与传统的教学设计相比，基于研究的教学设计更加注重十个方面的提升。

第一，交互性。教师进行教学时必须与学生积极交流讨论，同时学生可以根据实际情况改变元认知，重新组建自己的知识体系框架。

第二，教学决策的变化。在传统教学中，教学决策都是由教师主导，学生只是被动地接受，当然不排除一些先导者已经开始考虑学生的想法，但归根结底仍是教师做最终决定。基于研究的教学设计注重双向决策，既考虑教师的观点，又兼顾学生的意见，即教学决策由教师和学生共同决策。

第三，知识来源。在传统课堂中，教师直接向学生灌输来自专家证实的理论或成果，很少考虑学生是否融会贯通，将其转化为自己的知识。基于研究的教学设计注重学生是否形成自己的知识体系，是否学会迁移，是否能够将理论转为实践。

第四，学习成果判定。在传统教学中，学生学业是否成功凭借预设标准来判定。基于研究的教学设计主要看学生个人的自我进步程度，充分考虑了学生的学习参与度和满意度。

第五，学习模式。在传统教学中，学习模式要么是个人主义的，要么是竞争性的，这潜意识地将学习者的学习动机狭窄化，不利于学生的全面发展。基于研究的教学设计充分考虑到这一点，采用合作学习模式，让学生在合作的学习环境中学会学习、合作和自我完善。

第六，学习动机。由于教学设计基于师生互动，具有研究性，这无疑增强了学生的内部动机，其学习的出发点是为了自我提升，与传统教学中的外部动机相比，更加促进学生的进步和发展。

第七，成果评估机制。传统教学中，往往只考虑学生对于知识的掌握程度，最简单的就是运用测验来考查学生的学习情况。基于研究的教学设计更注重学生的进步情况，基于学生自我提高的程度进行评估。

第八，学习内容。传统教学中，往往只传授科学知识技能、必备的原则理论等偏学术性知识。基于研究的教学设计除了教授这些理论知识外，还兼顾学生的学习、反思和解决问题的技能，可以说全面考虑学生的德智体美劳发展。

第九，教学设计。传统的教学设计以知识驱动，设计者基于学科体系的理解来设计。基于研究的教学设计受学生驱动，设计者必须根据学生对学科学习的理解程度进行系统设计，同时兼顾师生的认知体系的差异和联系。

第十，问题解决形式。传统的教学设计中，解决问题过于公式化，提出的问题通常在教科书上有明确的答案，且与学生之前看到的题目类似，这不利于学生形成创造性的思维。基于研究的教学设计提出的问题具有创造性，学生才是问题的解决者，每个问题都可以有成百上千的解答，而且问题都是未知的，都是根据情境随机提出或设想出来的，也就是说问题的答案是开放性的。

基于研究的教学设计最重要的是创设学习环境，良好的学习环境有助于学生将学习理论应用于实践中。它以分布式知识单元（distributed resource unit，DRU）合作研究项目为基础——"模拟交互来理解心智模式"，且必须遵循DRU合作研究项目的设计原则。

1）学生应该能够应用基于模式的模拟程序，并做出规避风险的决策。
2）学生很容易在正确的时间用自然语言与学习系统进行互动。
3）系统化的方法负责诊断学习进度，使其更高效、更准确。
4）学生从诊断中得到持续的反馈，以塑造或调整他们的心智模式。
5）学习环境与学生的相关特征相匹配。
6）在其他部件的控制下，系统可以系统、有控制地替换每个部件。
7）系统易于使用的前提是不需要高级编程或改变整个系统。

基于这些原则，综合学习环境包含的元素如图6-3所示。依据以模式为导向的学习内容，此环境以基于模式的推理为中心，将其与模拟程序联系起来，以支持决策。其他部件适用于界面交流、学习诊断、进步反馈以及学习的社会组织。

第一，界面通过会话代理的形式实现——学生使用实时文本对话及即时通信进行交流，咨询并回答问题。该界面存储了不同类型内容的知识模板，如概念、程序、原则等。

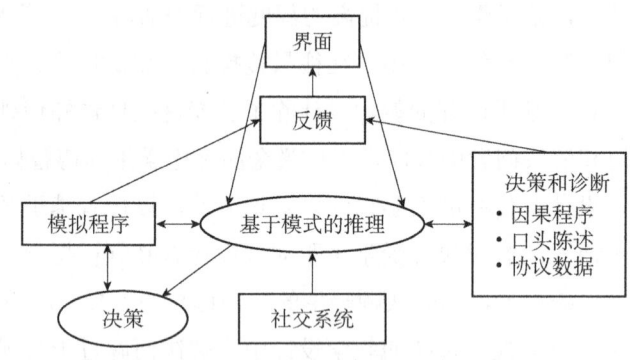

图 6-3　DRU 合作研究项目中学习环境的体系结构

第二，界面与环境的反馈部件密切相关。反馈指时间的反馈（即时与延迟），对复杂任务中学习进展（即时、连续或汇总）的反馈和表示方式（文本、图片、声音或视频）的反馈。在学习过程中，适当的反馈有助于对学生进步的诊断。

第三，界面设计需考虑个人学习过程的评估和诊断。比如，智能辅导诊断系统采用覆盖方式，使知识与专家模式相匹配。然而，一个主要问题是专家模式组织松散，没有系统化方法。因此，系统可以采用一些评估程序，如协议分析、因果关系图、概念图等。

第四，学习环境必须嵌入社交系统。根据给定的情况，学习环境作用于个人或小组学习。使用综合环境的中心思想是每个人都可以替代环境的任一部分，控制其他成分的保留。所以，基于研究的教学设计是可变化、可协商、可提升的。

（三）理论依据

基于研究的教学设计最重要的问题是：哪一种学习理论或哪一些学习理论可以解释构建学习环境的理论依据？要回答这个问题并不容易，因为迄今为止还没有一致的答案，也就是说有不同符合学习环境的组成和结构的学习理论。

尚克（R. C. Schank）的"目标导向脚本"，以脚本和案例推理为基础。[①]

[①] Schank R C. Goal-based scenarios: A radical look at education. Journal of the Learning Sciences，1994（4）：429-453.

综合方法是针对持续的（心智）模式的开发和修改，因此称为"基于模式的学习和教学"。[①]与之相关的教学方法参考了基于模式的学习认知理论，也从其他研究中得到发展，主要的是科洛德纳（J. Kolodner）和其他学者提出的基于设计的学习理论。[②]基于这些理论，皮尔纳-达默（Pirnay-Dummer）将理论设计应用于设计实验中得到三种案例：①"封闭设计"，即一种理论描述一种设计；②"封闭理论"，即理论在设计中产生了严格的假设，没有任何一个成分不包含在应用之中；③"理论与设计的交集"，即设计和应用只能在一定程度上用理论来描述。皮尔纳-达默认为，在传统的学习和教学研究中第三种案例最常见，而典型的基于研究的教学设计可能遵循第二个案例。有学者由此总结了这一特点，如表6-1所示。[③]

表 6-1 基于设计的研究特征

特点	解释
实用性	基于设计的研究完善理论和实践； 理论的价值在于可以指导哪些原则并改进实践到何种程度
基础性	在相关的研究、理论和实践中，设计以理论为导向且基础稳固； 设计在真实的环境中进行，设计过程基于设计的研究进行
交互性 迭代性 灵活性	设计者参与设计过程，并与参与者一起工作； 过程围绕着分析、设计、实现和重新设计的迭代； 初始计划通常不够详细，因此设计者在必要时进行更改
整合性	混合研究方法使正在进行的研究的可信度最大化； 随着新的需求和问题的出现以及研究重点的变化，研究方法在不同的阶段会有所不同； 在开发阶段必须有目的地保持严格的态度且自觉遵守规则
情境性	记录研究过程、研究结果和最初计划的更改； 研究成果与设计过程和设置有关； 生成的设计原则的内容和深度各不相同，需要已生成的原则指导

二、基于研究的教学设计流程

基于研究的教学设计是灵活多样的，因此其教学设计具有不同的设计模型。

[①] Shute V J, Jeong A C, Spector J M, et al. Model-based methods for assessment, learning, and instruction: Innovative educational technology at Florida State University. Educational Media and Technology Yearbook，2009（34）：61-79.

[②] Doerr H M, Syracuse U. A modeling perspective on students' mathematical reasoning about data. Journal for Research in Mathematics Education，2003，34（2）：110-136.

[③] Wang F, Hannafin M J. Design-based research and technology-enhanced learning environments. Educational Technology Research and Development，2005，4（53）：5-23.

（一）专家学者的教学设计

1. 模式导向学习和教学

模式导向学习和教学有着悠久的历史，其实现教学的认识论基础有所不同。传统上，模式导向学习被广泛应用于数学、物理和地理教育领域，认识论上遵循实用主义，基于心理模式理论的方法则遵循建构主义教学设计观。但这两种方法都遵循基本假设，即模式由外部环境构建，如教学设置和学生与精心设计的学习环境互动。

从教育的角度来看，有一中心问题：如何通过教学改进模式导向学习？按照塔克（D. Tucker）提出的探究性教学的统一体观点（图6-4）[1]，三范式可以区分模式导向学习和教学：①在传统的直接教学范围内接受有意义学习；②引导发现学习；③自发的探究性学习。

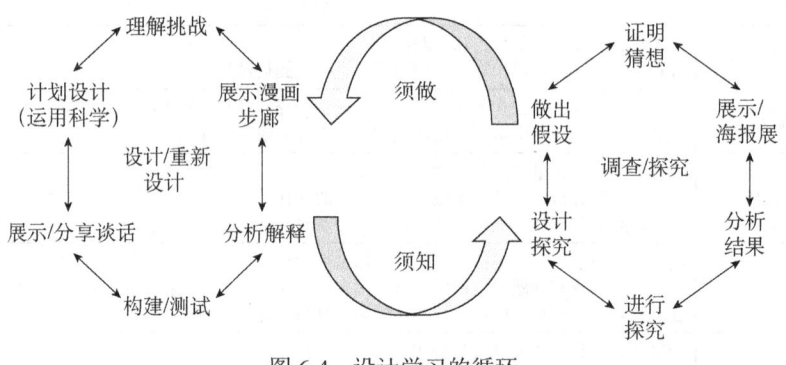

图6-4 设计学习的循环

因此，以课堂为导向的学习模式往往更倾向于传统的直接教学。列耳（R. Lehrer）和萨佰尔（L. Schauble）提出，精心编排课堂不仅对学生要求高，对教师也是——如果没有教师的帮助，学生可能无法维持延伸的推理链，这些推理链将问题、材料或观测计划、数据收集方案和活动、数据结构和表示形式以及结论链接起来。除非教师提供适当的媒介，否则图示得不到评论、评估和修改。[2]因此，教师必须营造符合建构模式要求的学习环境，更重要的是，他们

---

[1] 转引自 Krajcik J，McNeill K L，Reiser B J. Learning-goals-driven design model: Developing curriculum materials that align with national standards and incorporate project-based pedagogy. Science Education，2008（1）：1-32.

[2] Lehrer R，Schauble L.Developing model-based reasoning in mathematics and science.Journal of Applied Developmental Psychology，2000（1）：39-48.

必须指导建模过程。

尽管本质上认识论基础不同，但在课堂上，教师精心准备和设计的学习环境在不同程度上限制了学生的学习过程。因此，梅耶（R. E. Mayer）认为，接受模式指导的学生需要建立适合他们年龄特点的心智模式，并使用这些模式提出创造性解决方案来迁移性地解决问题。因此，许多研究集中在使教学过程的概念模式内化。数以百计的研究表明，在学习之前或学习过程中向学生提供与模式相关的信息，有助于他们理解建模。[①]

第一，埃特默尔（P. A. Ertmer）等认为，课程需要给予学生充分的时间进行自我学习和问题解决。建模不仅仅是课程的附加活动，更应该是课程的重新制定，通过分析、实验和模拟过程，优先考虑学生构建的知识框架。[②]这一观点与研究者的论证一致，他们强调学生在数学、物理、生物和地理等学科领域的探究性学习活动中构建模式的重要性。埃特默尔等区分了使用问题解决的模式和修正问题解决模式。使用问题解决的模式要求将模式和策略应用于一类问题，用现有知识来解决，这与上面描述的基于模式的问题解决方法相对应。修正问题解决模式需要创建一个新模式，该模式必须一步一步进行修改，直到它符合给定的问题为止。在心智模式理论的术语中，这一问题解决过程对应着"充实"和"反证法"的基本机制。伯克利（P. B. Buckley）描述了心智模式形成和修正的过程（图6-5）[③]。

第二，因为某些任务要求使用心智模式，这也就要求多方面或多层次的集成系统或情境，将先验知识整合到新信息中。当心智模式用于完成任务时，需对其实用性进行评估。如果心智模式是有用的，它将得到强化并重复使用。如果心理模式的实用性远远不够，则放弃该模式，运用另一种模式，或者进行修改再去评估。修改包括对模式的某一元素进行修改，或精化该模式——添加元素以便更好地完成任务，当然，添加的元素可能是动态系统。理想情况下，模式导向学习产生的心智模式具有丰富性、层次性、关联性且可延伸，有助于学

[①] 王俊杰，黄国华，莫永华. 从认知主义到建构主义的范式转换——加涅与梅耶的信息加工模式对比. 远程教育杂志，2008（2）：49-51，64.

[②] Ertmer P A, Paul A, Molly L, et al. Examining teachers' beliefs about the role of technology in the elementary classroom.Journal of research on Computing in Education，1999（1）：54-72.

[③] Buckley P B, Gillman C B. Comparisons of digits and dot patterns. Journal of Experimental Psychology，1974（6）：1131-1136.

图 6-5　心智模式导向学习

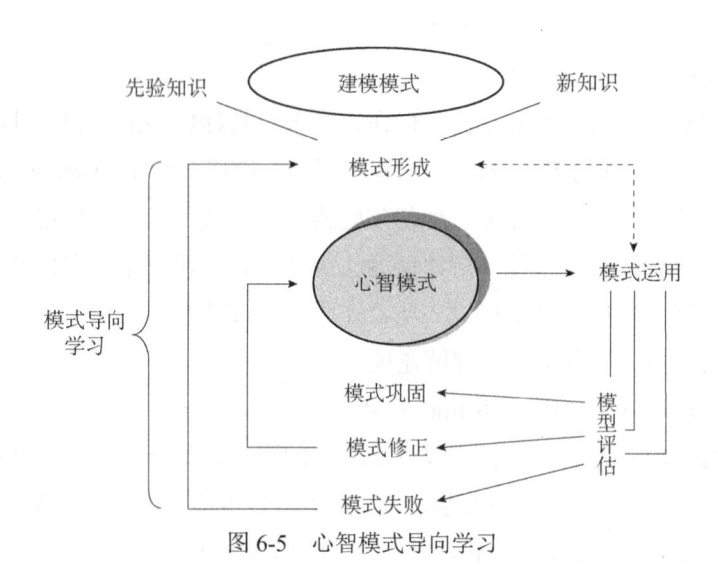

生理解世界。

第三，斯图尔特（D. Stewart）等认为，模式的形成和修正过程始于概念冲突。为了了解世界（如物理现象），学生根据对过去经验的了解，建构他们自己的朴素概念（最初的心智模式）。当他们遇到新问题，就试图用初始思维来解决此问题。尝试失败后使学生产生对先入之见的质疑，这被称为认知冲突，这有利于他们形成更合适的观念。且学生应该在"研究小组"学习，以修正他们的最初模式并解释观察到的异常现象。[①]因此，结构主义教学方法考虑到需建立和使用模式来解决问题，虽然解决问题时通常伴有错误发生。相对地，维姆萨特（A. R. Wimsatt）认为，建立模式的好处是学习者能从失败中吸取教训，能利用实验或启发式工具进行分析，将错误归因于某部分、某方面、某假设或该模式的子元素。[②]如果学习者能做到这一点，那么这种"渐进工程"可以修改问题部件来改进模式。群体信息的社会加工不仅有助于共享心智模式，而且有助于提高学生的元认知能力。有学者描述了元认知能力在建模中的作用（图 6-6）[③]。

---

① Buckley B C. Interactive multimedia and model-based learning in biology. International Journal of Science Education，2000（9）：895-935.

② 转引自 Gary G，Kwiecinski W A. Wimsatt：Dedication and biography. American Journal of Anatomy，1987（4）：309-311.

③ Constantinou C P，Nicolaou C T，Papaevripidou M. A framework for modeling-based learning，teaching，and assessment. In A. U. zu Belzen，D. Kruger，J. van Driel（eds），Towards a Competence-Based View on Models and Modeling in Science Education. Cham：Springer，2019：39-58.

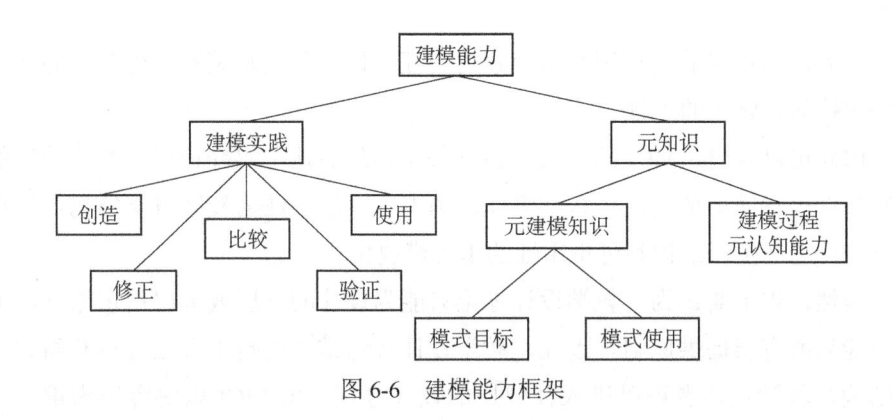

```
                    建模能力
                   /        \
              建模实践        元知识
             / |  \          /    \
          创造 比较 使用   元建模知识  建模过程
          /  \                      元认知能力
        修正  验证                   
                         /      \
                      模式目标   模式使用
```

图 6-6　建模能力框架

正如前文所述，建构主义方法采用折中的教学设计方法，而且这些方法比起设计来说，更重视面向模式的学习理论基础。因此，基于模式的研究性学习不存在独特、全面的 ID 模式。

吉本斯（A. S. Gibbons）提出的以模式为中心的教学方法似乎更适合作为学习环境设计的一般原则。吉本斯指出，以模式为中心的指导（model-centric instruction，MCI）与赛尔（N. M. Seel）的心智模式理论相对应，学生是通过构建心智模式来应对认知挑战，从而产生主观判断。[①]这可以通过有效设计学习环境来解决，在这种环境中，学生在某种程度上只关注与给定问题相关的信息。

其一，MCI 的设计层次结构与教学功能一一对应。每个设计层都有其典型的特征目标、搭建结构、设计过程、设计表达、施工工具以及结构布置的规定原则。

其二，根据模式组织内容层，区分出三种类型：环境模式、因果系统模式、人类行为模式。教学内容并不是整合事实、主题或任务，而是整合与整个模式相关的内容。

其三，关于战略层，吉本斯强调问题的解决，这本质上包括在学习过程中动态调整学习模式，使问题既可以作为已知例子被提出，也可作为学习者要完成的例子被提出。

其四，控制层包括一系列安排，目的是最大限度地使学习者与模式和教学材料进行交互。这一层应增强学习者的动力、参与度、教师的有效指导以及学习者的自我指导和自我评价能力。

---

① Gibbons A S. Model-centered instruction. Journal of Structural Learning and Intelligent Systems，2001（4）：511-540.

其五，信息层的信息源来自模式的交互、指导和控制策略、外部资源（如提供支持问题解决的工具）。

由此可以看出，MCI 的方法不包含关于信息表达、媒介使用、数据管理的限制条件——简单地说，什么都可以。基本上，层次法需校准每层结构，旨在提高设计的产生、维护和可重用性的垂直模块化。

当然，吉本斯认为，教学设计理论只能为设计的一层或多层提供原则，但是不能为所有层提供原则。因此，教学设计者通常采用折中方法选择和组织每层结构，教学设计者可以进入任何层的设计过程。但 MCI 以内容层为重点，并制定了七项规范原则。

1）经验。学习者应该尽可能获得与一种或多种模式交互的机会，这些模式与环境、系统或专家行为有关，并且特别重视复杂系统的模拟过程。值得注意的是，学习者可以基于计算机的形式或非计算机的形式与模式进行交互。

2）问题解决。与仿真系统或模式交互，应专注于用相应的模式来解决选定问题，学习者、同伴或专家都可以提出解决方案。

3）改变。模式不是世界的复制品，相反，它们必然会简化和改变原来的面貌。因此设计者必须决定改变程度来匹配学习者的先验知识和目标。

4）排序。要解决的问题按照示例性解决方案的顺序进行精心设计。

5）目标取向。教学目标明确，即教学过程指向能够解决具体问题的教学目标。

6）资源。学习资源包含多种信息源和资料，与教学目标和学习者的先验知识相匹配。

7）教学增强。在解决问题过程中，应以动态的、专门的、有设计的教学辅助形式给予学习者支持。

由于 MCI 是用一系列原则指导设计者选择和安排设计结构，因此被称为设计理论。

类似地，格拉弗梅耶尔（K. P. E. Gravemeijer）的方法认为，所谓的新模式在学生个体学习中起核心作用。[①]这种新模式与数学学习相关，不仅包含某些探究性方法，鼓励学生开发自己的模式，而且支持教师建议的学习轨迹。因

---

① Gravemeijer K P E. Developing realistic mathematics education. Doctoral Dissertation. Utrecht Universournalf, 1994.

此，设计者为课堂设计发展路线，学生以一种非正式的方式模拟情境（情境模式），使非正式建模活动"数学化"，以创建推理的数学模式。因为教学活动旨在鼓励学生独立思考，所以教学顺序分为一系列步骤，这些步骤旨在逐步使学生远离给定材料，并通过提高学习任务的复杂性来提高学生思考的复杂性。建模过程是创建和修正情境模式的过程，以使学生更好地理解任务、改进决策。MCI 与传统教学相矛盾的一点是：MCI 从说明开始，逐步指导，搭建脚手架，因此，以模式为导向的学习与教学方法更具归纳性，通过具体观察、案例研究引入主题，鼓励学生寻找解决复杂问题的方案。

2. 发现学习

通常在刚开始学习时，探究定向的环境设计就将挑战作为主题；然后，教师指导探究过程，观察学生在讨论小组讨论问题和互动时的反应。显然，探究性教学把学习的责任放在学生身上。因此，发现学习要求学生自己决定学习内容、学习过程和学习评估。威尔森（C. D. Wilson）由此确定了五种可以使发现学习更有效的教学策略。[1]

1）学习活动的设计应与复杂任务或问题相关。

2）脚手架支持学习者的探究过程。教师逐渐拆除脚手架，以便学生培养责任感，成为问题的解决者。

3）设计者设计挑战为真实任务，易于学生进行迁移学习。

4）学生反思学习内容和技能，运用启发式方法解决问题。

5）允许并鼓励学生在不同情境中检验解决方案。

该策略与认知学徒制的"发现"一致，同时也包括威尔森提到的其他策略。同样地，埃德尔森（D. C. Edelson）确定了支持发现学习的四种指导原则[2]：①问题化。学习者在解决问题时，经历了先验知识的局限性，并认识到知识的差距。这种经历可以激发学习者的好奇心和求知欲。②要求。作为前一步的结果，学习者需要额外的知识来面对挑战。③发现并改进。为学习者提供

---

[1] Wilson C D, Taylor J A, Kowalski S M, et al. The relative effects and equity of inquiry-based and commonplace science teaching on students' knowledge, reasoning, and argumentation. Journal of Research in Science Teaching, 2010（3）：276-301.

[2] Edelson D C, Gordin D N, Pea R D. Addressing the challenges of inquiry-based learning through technology and curriculum design. Journal of the Learning Sciences, 1999（3-4）：391-450.

回答问题的机会,确保学习者发现新原则并完善已有的概念。④应用。学习者应用新知识进行其他挑战。这可能需要重新组织新获得的说明性和程序性知识,也可以加强这些知识,并丰富与其他知识的联系。

第一,大多数专家同意在发现学习中,学生很大程度需要自学,主动了解概念和原则。教师鼓励学生自行实验,遵循自我发现原则。当然,学生可以进行个人学习,也可以与他人进行合作学习,重点在于自我学习,因为只有少数研究关注群体发现学习。看来,"小组发现体验"是一种教育实践教学方法,比如面向过程的指导型探究学习法(process-oriented guided inquiry learning,POGIL),学生以小组形式在课堂或实验室中进行教学模块的学习,这些教学模块为学生提供信息或数据,然后教师提出问题,引导学生解决问题。如果学生需要帮助,教师就作为协助者参与学生的学习。

第二,以小组为单位解决问题的教学策略能有效提高发现学习的效率。在课堂中培养探究能力的一个简单策略就是为学生提供多种机会,让他们进行拓展性的探索学习。简单地说,足够的练习可以增加成功的概率,用中国成语来说就是"水滴石穿"。因此,更先进的教学策略是基于类比的引导发现学习。

第三,格林(S. M. Glynn)的类比教学模式应用于探究导向的教学和指导发现学习时遵循两个原则:一个是教师必须选择与目标概念有许多共同特征的进行适当类比。根据经验法则,原始和目标之间共享的特征越多,类比的效果就越好。另一个是教师必须事先核实学生是否形成固定的错误观念。格林为科学教学中类比设计制定了一些指导方针。[①]

1)设计人员必须识别目标领域的特征。如果目标相对简单直接,则没必要进行详细类比;若目标领域很复杂,或难以使系统的多个交互部分可视化,则有必要进行详细类比。

2)设计师必须考虑到类比的特性。当然,如果学生已经熟悉类比,教师就不需要从头开始教,而要激发学生回忆。因此,适当的模拟可以增加它与目标领域共享的特性。

3)设计者应遵循类比教学模式的步骤:①引入目标概念;②建议好的类比,提醒学生已知内容;③识别类比和目标的相关特性;④连接(映射)类似

---

① Glynn S M. The teaching with analogies model. Science and Children,2007,44(8):52-55.

的特性；⑤指出类比在哪里失效；⑥对目标领域得出结论。遵循这些步骤有助于学生将相关知识从模拟领域转移到目标领域，并得出有效的结论。

4）设计者将复杂类比的特征与相关的知识结构联系起来。由于学科领域知识有所不同，设计者应链接各种相关、准确、有意义、真实的资源。

5）设计者使用可视化或动漫化的类比来抓住学生的兴趣，促进学生理解，通过描述时间或因果序列以及阶段的转变，帮助学生实现可视化动态过程。

6）设计者应提供互动模拟的行为。将诸如问题、建议和反馈的行为合并成超链接、数据库驱动的网站，收集学生的信息，进行数据呈现并进行评估。

格林的类比教学模式使用基于计算机的建模和仿真工具。兰德里希纳（F. Landriscina）提供了设计和使用模式的实用指南，以及支持学习和提高表现的模拟操作。[①]兰德里希纳清楚说明了模拟操作以心智模式的应用为前提，心智模式为用户提供了模拟系统和用于推理的模式，以模拟系统的迁移。然后，模拟系统可以显示替代情况的效果和行动过程。

显然，基于类比的学习与推理在人工智能领域中发挥着重要作用。例如巴塔（S. Bhatta）等在类比设计中开发了基于模式的方法，培养创新和创造力。[②]该方法假设创新的类比设计包括从过去设计设备的经验中进行推理，以理解这些设备如何工作。有趣的是，这些作者还建议在基于经验的设计中使用心智模式来约束基于类比的学习。确切地说，这种方法与教学设计无关，而与案例推理"智能"框架的设计有关。事实上，巴塔等的类比设计方法与探究性教学设计相关。类比设计是人工智能工具，其理想目标是通过基于模拟的任务导向学习（依靠精心设计的学习任务和学习者的特定学科知识）进行探究约束、问题重构和模式修正。因此，类比设计的核心是学习任务的教学设计，鼓励学生建构设备设计（电学领域），实施基于类比的学习，检索已知领域的知识。

史密斯（P. L. Smith）等强调概念引导，他们对在为期两周的课程干预之前和之后的不同领域之间进行类比，探究学生的能力。该研究发现，概念引导

---

① Landriscina F. Simulation and learning: the role of mental models. Journal of E-Learning and Knowledge Society, 2009（2）: 23-32.

② Bhatta S, Goel A K, Prabhakar S. Innovation in analogical design: A model-based approach. In J. S. Gero, F. Sudweeks（eds）, Artificial Intelligence in Design'94. Berlin: Springer, 1994: 57-74

包括多步骤的映射过程，利用课堂对话、问题解决和指导来促进课堂有效互动。[1]

最后，赛尔等于 2003 年实现了在多媒体学习环境中进行发现学习。基本上，该项目符合布朗（R. Brown）的设计实验和布鲁纳（J. S. Bruner）的指导发现理念。根据研究表明：学生没有自发地设定发现学习的批判性标准；学习环境通过支架提供指导，以便从可用的信息资源中提取关键概念和结构。[2]因此，针对发现学习活动，学习环境设计符合一般原则（表 6-2）。

表 6-2　模拟学习环境的设计原则

设计原则	学习活动
多种表现形式：学生使用多媒体技术来表现和交流	构建元知识：学习环境提供反思的机会，以探究学习和解决问题。此外，元认知能力有待提高
情境稳定：学习发生在情境中包括心智模式的建构	逐步发展脚手架：在命题和图解的基础上，建立问题空间的模式，建模的主要功能是简化和想象
语义深层结构的解释：新手往往只关注问题的表面特征，因此无法理解其深层结构。三种程序有助于深刻理解抽象概念的识别、展示如何应用基于案例的知识、深层结构的可视化，如通过因果图或概念图	认知实验：心智模式理论的核心概念是仿真，适合三种方法，即思维实验、找出自创模式之间的差异以及植入新概念
搭建脚手架：为学生提供各种学习辅助工具，基本上，这种帮助是结果导向或过程导向	概念网络：通过描述不同环境中的案例和问题之间的概念关联来识别不同领域之间的类比
类比网络：针对域内和域间的类比，引出同一域内不同问题案例的关联以及不同域内相似案例的关联	

该学习环境包含几个支持自我发现学习的"工具"：①在问题空间中，学习者要求用已知模式来解释现象，已知模式基于类比推理，这意味着学生需要建立两个模式——来源域和目标域。②模式工具包（MoBuKi）引入导师来传授模式构建和类比推理的知识。它包括四个类比推理阶段：学生首先建立初始但不完整的源域模式，然后构建探索性的目标域模式，比较两个模式，最后评估它们之间的相似性。此外，模式工具包还解释模式的特点和功能。③信息档案包括来自不同领域的模式文档、图片和录音，特别是关于要学习的课程单元。④工具包（如幻灯片）允许绘图和记录所使用的内容。⑤课程单元包含特定领域的信息。此外，学习环境也应用了格林的类比教学模式原则。除了这些普遍和不具体的原则外，参与式教学设计方法具体规定了学习任务的设计、选

[1] Smith P L，Ragan T J. The impact of R.M. Gagne's work on instructional theory. In R. C. Richey（ed.），The Legacy of Robert M. Gagne.Syracuse. New York：RIC Clearinghouse on Information and Technology，2000：129-163.

[2] 王美岚，王琳. 布鲁纳的发现学习及其启示. 当代教育科学，2005（21）：42，45.

择和排序,并通过支持性信息、材料、工具和调整后的学习辅助手段对学生进行指导。图 6-7 参照了赛尔的模式工具包和格林的类比教学模式的教学原则。

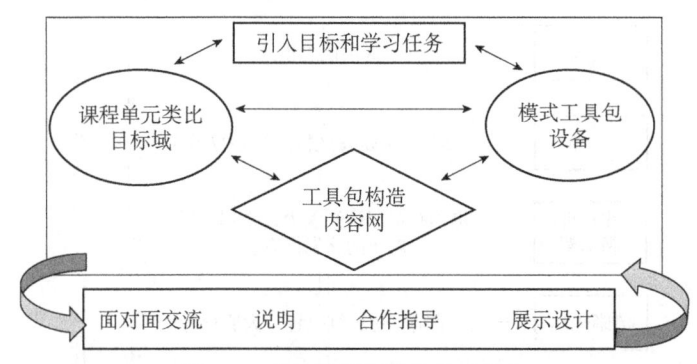

图 6-7 类比教学环境的组成部分

3. 认知学徒制

认知学徒制为探究性教学提供了很好的范例,设计学习更符合开放式的探究性学习。一般来说,这种方法的引入归功于柯林斯（A. Collins）等,它提出了学习环境设计的总体框架,这种教学模式可以追溯到传统的学徒制,但也融入了学校教育的元素。认知学徒制是一种使思维可视化的教学模式。在传统的学徒制中,教师通常容易观察到学习任务的过程。而在认知学徒制中,个人需要有意识地使思想外化,让它可见,无论是在阅读、写作还是问题解决方面。学生了解教师的思想,教师了解学生的思想,这是认知学徒制区别于传统学徒制的最重要的一点。在传统的学徒制中,专家展示如何完成执行任务,然后帮助学徒完成任务。同样,在认知学徒阶段,教师作为学科专家,为学生提供预先设计的概念模式,鼓励他们模仿诠释。此外,这种教学方式详细规定了在每个学习序列中学习者必须要做的事情以达到学习目标。柯林斯等认为有效的学习环境应具备内容、方法、序列和社会性 4 个维度,以及 18 个特征。[①]

第一个维度包含学科领域知识、启发性知识、控制策略和学习策略。显然,术语"内容"不是在传统意义上表示主题内容,而是在心理意义上。因此,学习者应该区分学科领域的陈述性知识和启发性知识。此外,柯林斯等强调控制和学习策略,这两种策略旨在提高元认知能力。

---

① 何鹰,周盾白. 认知学徒制教学模式在建筑设备识图课程中的应用. 科教文汇（下旬刊）,2021（11）: 150-153.

第二个维度包含建模、指导、搭建和拆除脚手架、清晰表达、反思、探究[①]（图 6-8）。

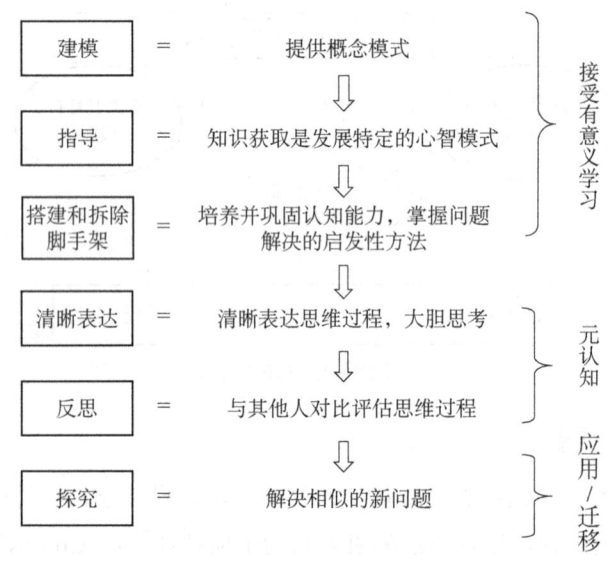

```
建模        = 提供概念模式              ⎫
                   ↓                      ⎬ 接受有意义学习
指导        = 知识获取是发展特定的心智模式 ⎪
                   ↓                      ⎭
搭建和拆除    = 培养并巩固认知能力，掌握问题
脚手架         解决的启发性方法
                   ↓
清晰表达    = 清晰表达思维过程，大胆思考  ⎫
                   ↓                      ⎬ 元认知
反思        = 与其他人对比评估思维过程    ⎭
                   ↓
探究        = 解决相似的新问题           } 应用/迁移
```

图 6-8　认知学徒制第二个维度

1）建模。专家解释要学习内容的概念模式，学生采用这种概念模式解决问题。

2）指导。教学过程中，学生受指导老师的监督和指导。这种指导不同于一般指导，侧重于特定任务的指导。赛尔等的研究指导还包括结果导向的支持。

3）搭建和拆除脚手架。搭建脚手架时，教师采用解决问题的启发式教学法。其中一种方法是将复杂问题分解为子问题，并在子问题之间建立类比。搭建脚手架的中心目标是使学生能够应用自己的启发性思维解决问题。之后，教师减弱指导，直至拆除脚手架。

4）清晰表达和反思。清晰表达发生在大胆处理问题并进行思考时，反思是将学生应用的问题解决程序与专家模式进行比较。柯林斯等认为这两种方法都有助于反思和学习的元认知控制。在教室里，复述程序有助于学生进行清晰表达和反思。此过程基于学科领域知识，伙伴之间进行沟通、交互，其中一人

---

① 焦豪妍，马丽，刘浩. 分析认知学徒制在美国健康学科教育中的实践现状. 现代职业教育，2021（47）：34-35.

扮演老师的角色，负责向其他人解释复杂系统的状态、功能和转换。

5）探究。这是认知学徒制的最后一步，学生必须学会迁移、巩固新概念，并区别对待非适应性环境。

第三维度是根据日益复杂和多样化的原则，在培训特定技能之前，对学习任务进行排序（图6-9）。

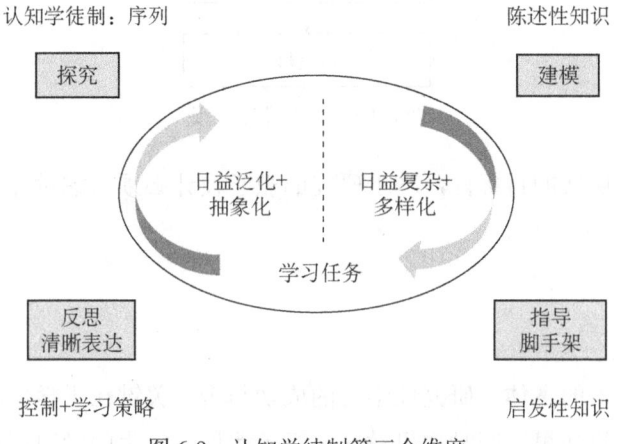

图 6-9 认知学徒制第三个维度

第四维度社会性涉及情景学习、社会性交互、专家实践文化、内部动机激发、合作和竞争。

运用认知学徒法的专家将这些方法作为教学设计的"构件"，对其有效性进行评估和运用。因此，一些研究采用选定的方法，如建模和指导，在课堂交流过程中建模、指导和反思的方法。凯西（C. Casey）按照理论提出的序列，研究认知学徒制的各种方法。总的来说，认知学徒法可以作为探究性学习的一种教学策略。[①]

（二）基于研究的教学设计流程

本章采用的研究性教学设计依据魏薇的教学设计流程进行设计，基于研究的教学设计包含三种层次：①总体设计，确定教学的总体目标和学习者的最终学习成果；②具体操作系统设计，确定学习者的操作技能和认知水平，确

---

① Casey C. Incorporating cognitive apprenticeship in multi-media. Educational Technology Research and Development，1996（1）：71-84.

定学习内容的选择和教学事件；③反馈设计，确定反思讨论的过程和结果（图 6-10）①。

```
┌─────────────────┐
│    总体设计      │←┐
└────────┬────────┘ │
         ↓          │
┌─────────────────┐ │
│  具体操作系统设计 │←┤
└────────┬────────┘ │
         ↓          │
┌─────────────────┐ │
│    反馈设计      │─┘
└─────────────────┘
```

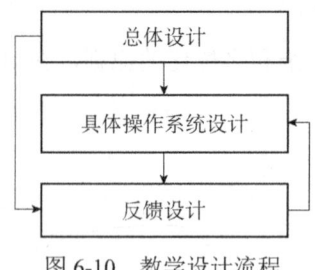

图 6-10　教学设计流程

根据三种层次的目标性，基于研究的教学设计必须考虑设计的依据、目标以及反馈评价。

1. 依据

（1）学生

学生是学习的主体，研究性学习的成功与否，关键在于学生对所学知识的掌握程度和反思效果，同时如果教学缺乏活泼性，学生的学习积极性也会有所下降，这不利于学生的学习动机和学习态度的提高。此外，学生的认知结构有所差异，因此教师在进行教学时应充分考虑所有学生的认知水平，使教学设计得更加合理和完善。不同个体表现出的好奇心有所不同，因此，如何利用教学资源和外部刺激激发学生对新知识的求知欲和深入学习的欲望，是教学设计必须考虑的。基于研究的教学设计针对传统教学的弊端，针对学生的发展需要和教育的未来可行性，考虑学生的生理和心理情况，充分考虑学生的发展实际，这样才有利于培养德智体美劳全面发展的人。

（2）学习资源

教学，说到底是教与学共同起作用的过程。随着网络的迅速发展，教师教授和学生学习都必然需要借助外部资源来促进知识的传递与获取，这就涉及资源的充足度和效率，时间的长短、内容的主客观、反馈的好坏都影响着教学的实施。基于研究的教学设计必须考虑学生学习的深度、广度和效度，尽可能利用一切优质学习资源辅助教学，一是促进教学的成功，二是使资源最大限度地

---

① 魏薇. 研究性学习的教学设计研究. 华中师范大学，2004.

被利用。

（3）学习条件

基于研究的教学设计除了需要完善的学习资源和学习主体的积极性外，还要考虑学习的环境、时间、空间和效率，良好的学习氛围不仅有助于学生领悟和吸收知识，而且促进教师深入教学。另外，还要考虑学生的实际操作能力，因此需要多方位、多层次的实验活动，从而培养学生的动手能力和思考能力，同时，教师能够及时反馈教学情况，并提升自我专业水平。

2. 目标

基于研究的教学设计要求教学具备总目标和操作性目标，以系统化、层次化地设计教学流程。两种目标的内涵本质大致相同：①学会学习，体验参与实践的经历，大胆探索；②培养责任意识和合作意识，做到对自己、对他人负责；③形成科学态度和情感，善于利用理性思维分析事物的可行性；④具备问题意识，善于提出问题并研究解决问题，做到自我探究、自我研究、自我领悟。因此，目标的设计并不能简单地依据师生关系，而应具备全局意识，综合学习条件、学习环境及学习结果，做到目标可操作、可利用。

（1）总目标

教学总目标并不是随意决定的，它需要从纵向和横向方面进行考虑。首先，教学目标要站在对总体课程知识的分析上，把握教学内容的整体关系，理清所教内容的前后联系和区别，做到不脱轨，不越轨，承前启后。其次，应该理解所教内容在整个知识体系框架中的作用和地位，既不能忽视教学内容的科学性和合理性，也不能忽视教学内容的逻辑结构和编排。最后，通过横纵向的分析和比较，系统阐明学生在教学过程中获得的知识技能以及情感态度，使学生深刻理解所学规律的特点和内涵本质。

（2）操作性目标

操作性目标是根据学习内容设计的，因此学习内容必须符合学生的知识体系和认知结构。学习内容以理论性为主，但适当情况下应运用实验说明解释，以促进学生对知识的深入理解和剖析。同时，学习内容不应局限于所学学科的内容框架，应放眼现实世界，与实际情况相联，做到理论与实际相结合，融会贯通，加深理解。因此，教师应以教科书为主，联系实际生活，向学生提出问题，让其自由讨论，适时帮助他们，并得到最终结果。只有这样，操作性目标才可观察、可测量，促进学生认知、情感和动作技能的提高。同时，操作性目标的实现也需考虑学生的学习兴趣、学习态度以及学习能力，尽可能照顾到全体学生的学习情况，使其既具有获得知识的满足感和成就感，又保持对知识的求知欲和好奇心。

3. 反馈评价

为了确定学生掌握所学知识的程度，教师应对学生进行适当的测试和考查，包括口头形式和书面形式。对于学生在教授过程中可能遇到的困惑和问题，教师需提供必备的资料和讲解，以促进他们的知识迁移，并鼓励学生就提出的问题大胆质疑和思考，渐渐形成科学的精神和态度。通过教师的提问和测试，一方面，学生能够查漏补缺，加深对知识的理解；另一方面，能够将问题迁移至其他情境中，将理论付诸实践。

三、典型案例分析

（一）典型案例

1. 教学背景

本小节引用初三代数第十四章统计初步第二节，它是上节平均数的连续。这节课主要让学生清楚、熟悉平均数、中位数的区别，并将知识点引用到具体事例中，实现融会贯通。

虽然学生已经掌握平均数是反映一组数据的集中趋势的特征数，但特征数不仅有平均数，还有中位数、众数等。因此，教师需要为学生提供足够典型的生活事例，必要时还要提供相关的学习工具和资料。本节重难点是：了解平均数、中位数的区别和联系；了解偶数个数据的中位数的求法。

2. 教学目标

1) 认知目标。①复习巩固之前学过的反映一组数据的集中趋势的不同特征数，从不同角度灵活运用这些特征数获得不同的认知结果；②认识平均数、中位数、众数等，并借助典型案例得到这些特征数的差异和联系；③通过练习和大量数据分析，自我感悟；④在大量的练习和感悟后，发挥举一反三的能力，表达自己对于这些特征数的想法和思考。

2）能力目标。①主动复习并预习不同类型的特征数，通过教学资源和工具来扩展学习资源，以培养和提高自主学习能力和反思能力；②通过多媒体展示、数据对比等鼓励学生大胆质疑和回答问题，充分发展学生的学习主体地位，培养他们的发散思维和创造性思维；③通过小组讨论、提问质疑、教师协助等多种形式，提高学生对于新知识的掌握程度，培养和提高学生的逻辑思维能力和团队协作能力。

3）情感目标。①利用不同类型的教学形式激发学生的求知欲和好奇心，培养学生的数学兴趣；②教师在教学过程中提供情感帮助，有利于培养学生的自信心，易于其获得成功体验；③通过自主学习和质疑，灵活运用学习资源，养成独立思考、自主发现探索的习惯，形成发散性思维和创造性思维；④通过与不同的数字打交道，培养学生的逻辑思维能力，并形成科学的态度。

3. 教学策略

本节采用多种教学策略，其中主要采用归纳策略和启发式策略。尽管课堂上以教师为主导，但同时考虑到学生的主体地位，做到以学生为中心，让学生学会主动学习、主动探究、主动思考，从而找出问题答案，教师在其中起到"脚手架"的作用。教师通过具体事例慢慢得到一般概念和原理，并向学生呈现形成概念和定理的过程，便于学生掌握科学方法，并加深对所学知识的理解。

教学目标是了解中位数和与平均数的差别和联系，因此，教师通过不同情境的相关案例来陈述该内容，并有目的地指导学生学会进行区分并加深理解，以进一步提高学生的数字能力和发散思维。

4. 教学过程

基于问题的情境教学过程如下。

1）情境创设，激发兴趣。一开始上课时，假设学生是即将应聘某一岗位的求职者，在与领导交谈时想要了解工资的情况，领导将不同岗位的工资表呈现出来。通过该案例，先让学生复习平均数的求法和科学原理，然后利用课件辅助教学，激发学生学习兴趣，从而巩固学生对特征数的理解。

2）多媒体教学，师生互动。由于初中生仍主要以视听觉来接收知识，因此教师采用多媒体教学增加感性知识，并开展小组交流讨论，进行师生互动沟通，加强学生的理性认识。学生初步了解中位数的概念后，教师应马上用其他典型案例加深学生对中位数的理解；并且强调中位数与平均数的区别和联系，让学生自我感悟，形成自己的认知结构。

3）随堂测试，总结反思。学生根据小组讨论结果和师生互动得到对中位数、平均数的最终理解，教师"趁热打铁"，进行随堂检验，得到对于所学知识的即时反馈。教师利用案例和练习启发学生思考，发散思维，以促进学生创新思维的发展（图 6-11）。

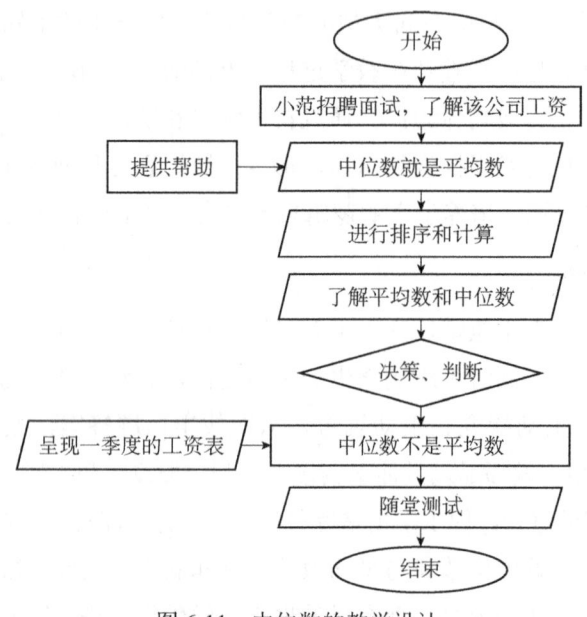

图 6-11 中位数的教学设计

（二）案例评析

1. 教学目标分析

第一，教学目标。教学目标是对学习者进行教学后应该表现出来的可见行为的具体的、明确的表述，并且能够利用现有的技术手段进行衡量。根据布鲁姆的教学目标分类法，本节将教学目标划分为识记、理解、应用、分析和综合五个层次，并根据内容的重难点不同来确定具体的教学目标。

第二，教学总目标。数学是研究数量、结构、变化、空间以及信息等概念的一门学科，其目标是学生通过学习数学获得创造性思维和发散思维，并形成逻辑思维能力和科学的态度。

2. 学生特征分析

学生特征分析主要是为了了解学生的学习风格和学习准备情况，以促进教学活动能够更加有效地进行，便于师生相互促进。

教师通过口头表扬等外部动机激励学生的学习态度和积极性，并注重学生的内部动机的刺激，鼓励学生学有所成、将理论转化为实践。学生根据对平均数和中位数的比较获得自己的感悟和体会，灵活运用这两种特征数，并学会迁移到各种不同的情境中，学会自我学习、主动学习、探究学习，将教师的授课内容不断向广度和深度方向开展。

同时，学生在教学活动中逐渐形成自己的兴趣，激发学习热情，有针对性地根据自身特点进行探索学习，并适时借助教师的协助。由于现在的教学资源、学习资源丰富多样，学生根据自己的学习能力进行预习复习巩固。教师对学生关于当前概念的原有认知结构进行测定并结合平时的学习表现、学习能力进行细致分类，将学生分为若干个学习小组，有助于他们得到多方面发展，并发挥学生的学习主动性。

3. 教学内容分析

教师对于中位数的讲授并不是简单地按照课件内容进行，而是提供各种富有创造性的问题，激发学生启发式思考。设疑能够最大限度地鼓励学生主动学习，积极思考和探索。学生不仅认真听讲，而且手脑并用，必要时还需要动口。

数学联系千变万化，因此，学生需要了解像中位数和平均数这些特征数的概念和联系，把握其性质。并且由于其结构复杂，学生要善于抓住典型，善于归纳和总结，掌握规律，发散思维，由此及彼，把书读厚，再把书读薄。

4. 教学策略分析

第一，传统教学与多媒体教学灵活运用。在本节课中，虽然主要形式仍是传统教学，但是教师灵活运用各种形式的多媒体进行教学，让学生既获得了知识，又使整个教学过程显得不是那么单调乏味，且利于学生对所学知识的融会贯通，也有利于教师改进教学。黑板、投影仪等教学工具有机整合，做到了优势互补，既考虑了教学的复杂性，又兼顾了学生的学习风格。

第二，体现了以学为中心的思想。教师进行教学时发挥学生的主体地位，同时不忽视教师的主导作用，让学生做学习的主人，进行自我学习、合作学习。这样，由原来的"要求学生学"变成"学生自己想要学"，变枯燥乏味为生动有趣。根据问题情境，学生提出自己的想法并进行验证，以矫正原先的观念，加深对新知识的理解。教师在课堂结束前进行课堂测验并及时反馈，完成学生的意义建构，使学生能举一反三，将理论转化为实践。

第三，情境创设，有效互动。教师进行教学时并不是简单地进行知识灌输，而是通过创设情境，积极建构情境性学习环境，以吸引学生的注意力。当学生出现认知矛盾时，教师给予适当的反馈和建议，使学生突破认知，完成新的认知。无论是师生之间还是生生之间，都进行及时、有效的互动交流，学生提高了对知识的掌握程度，教师改善了教学效果，从而达到教学目标。

四、基于研究的教学设计应用前景

（一）以用户为中心的教学设计和开发

几年前，设计专业人士开始研究参与式设计，关注基于计算机的系统设计的用户参与条件。最初，参与式设计被称为"合作设计"，因为它涉及参与设计过程的所有利益相关者，旨在确保设计产品满足用户需要。参与式设计符合以用户为中心的设计方法：基于用户的需求和兴趣，强调产品的可用性和可理解性。这种方法通过快速原型设计，试图将用户"带回到画面中"，而不是作为产品接受者，因为用户积极参与产品开发，所以该设计可以在实践中发挥作用。近年来，参与式（或合作）设计方法也被引入教学设计领域，以用户为中心的教学设计在整个设计过程（从分析到评估）中融入学生的观点。然而，在明确学生如何才能最好地参与教学设计过程方面，相关文献仍然模糊不清。很明显，建构主义 ID 模式为教学设计提供了指导方针，强调递归、非线性和反思性的设计过程。

1. 以用户为中心的设计和开发的特点

学生是设计产品的接受者和使用者，参与式设计假设最终用户积极参与设计过程的每一步和相关决策。通常，参与式设计与快速原型设计有关。然而，文献分析表明，参与式设计只是以用户为中心的设计和开发（user-centered design，UCD）的典型方法，UCD 还包含其他方法，如用户友好型设计、合作探究、用户设计以及 R2D2 模式。UCD 的这些方法一致同意：计划只是过程的开始，但主要任务不符合计划；相反，它影响整个项目生命周期的变化。

用户参与 UCD 设计至关重要，所以用户积极参与整个设计过程，而不只是在开始或形成性评价的测试阶段简单咨询。教学设计者应尽早与潜在的最终用户接触，然后持续关注他们对设计的需求。

2. 创建设计空间

设计者负责为特定的设计问题创建设计空间。他们探索设计空间，在添加或消除想法的同时扩展或收缩它。这个过程是迭代的，设计者不会从一个粗略的想法开始，然后不断地添加细节，直到得到最终的解决方案。相反，设计者以设计问题开始，利用一系列约束，产生一系列想法来形成初始的设计空间。然后，与用户一起探索设计空间，选择某个特定的设计方向去实现。这样做虽然结束了部分设计空间，但开辟了可探索的新维度。设计者沿着这些维度产生额外的想法，探索扩展的设计空间，然后做出新的设计选择。

首先，有效的设计空间操作需要使用各种设计工具和技术。除了最常用的工具如问卷、访谈和文档分析外，以用户为中心的设计和开发（user-centered design and developing，UCDD）还需要任务分析、原型设计、参与者的角色扮演、与专家或实践者的个人互动、互联网和虚拟现实的使用等。基本上，目标用户在设计和开发学习环境中扮演重要的角色。卡罗尔（P. Carroll）等将参与式设计作为相互学习的过程，其中所有参与者（教学设计者、导师、教师、学生、行政人员）都参与其中的设计决策。显然，在涉众之间的交互、设计过程的长度、范围和控制方面，可能存在不同级别的用户参与（表 6-3）[①]。

表 6-3 用户参与 UCDD 的级别

比较项	弱参与	强参与
交互	间接	直接
长度	短	长
范围	小	大
控制	非常有限	非常广泛

---

① 转引自 Baek E O，Cagiltay K，Boling E，et al. User-centered design and development. In J. M. Spector (ed.)，Handbook of Research on Educational Communications and Technology. London：Routledge，2007：659-670.

马格里阿伦（S. G. Magliaro）等列举了学习者（最终用户）参与度相对较低的例子，他们将参与式设计定义为设计师和教师之间的协作，而没有将学生作为参与者。[①]

其次，由于其出现在计算机系统开发领域，UCDD 在教学设计中的许多应用都与学习媒介的参与式设计有关，这些应用与科学、技术、工程和数学教育（STEM）的理念有关。例如，卡罗尔举例说明了参与式设计如何应用于虚拟学校的设计，以支持初中和高中物理科学的协作学习。[②]这个名为 LiNC（网络化社区学习）的 5 年项目被视为 UCDD 的里程碑，它为参与者的角色转换提供了令人印象深刻的见解。关于参与式设计的参考对象，海伦彻爱多尔（T. Holocher-Ertl）等提供的 STEM 教育以及柯林斯等的探索性研究的都有涉及。[③]总的来说，通过设计、建模、实验和学生参与问题解决和协作的方式，STEM 教育注重反思（课堂上已有内容）和修改，因此它符合参与式设计要求。

"如果学校了解学生知道、重视、关心什么，那我们就需要知道学生到底是谁。为此，我们需要倾听，注意他们向我们展示的关于他们自己和他们的观点……学生的表达帮助我们理解作为学习者他们需要和重视什么。"根据这一教育理念，柯林斯等提供了设计者、教师和学生参与式设计的课堂会议，以提高课程质量。会议由三个部分组成：集思广益，总结以前的经验；讨论当前的教育实践的积极和消极方面；讨论可能的想法和活动，以改善即将到来的课程。该探究性研究结果显示，参与式设计在教室的实用性上，至少在课堂气氛上是舒适的。于是，肯尼（R. F. Kenny）等讨论了一些行之有效的教学技巧，以帮助实施探究性课堂。他们认为在数学或科学课堂上，参与式学习经验可以实现最佳互动。[④]

然而，关于课堂参与式设计的研究仍处于起步阶段；但在高等教育领域，

---

① Magliaro S G, Shambaugh R N. Teachers' personal models of instructional design. In J. Brophy, S. Pinnegar (eds.), Learning from Research on Teaching: Perspective, Methodology, and Representation. Bingley: Emerald Group Publishing Limited, 2005: 101-134.

② Carroll L. Virtual Learning Program Guidelines. Melbourne: TCA, 2020.

③ Holocher-Ertl T, Kieslinger B, Fabian C M. Participatory methods and their implications in collaborative workplace learning. In J. Herrington, B. Hunter (eds.), Proceedings of World Conference on Educational Multimedia, Hypermedia and Telecommunications (ED-MEDIA) 2010, 2010: 7-15.

④ Kenny R F, Wirth J. Implementing participatory, constructivist learning experiences through best practices in live interactive performance. Journal of Effective Teaching, 2009 (1): 34-47.

参与式设计研究似乎很繁荣。基于对作为终端用户的学生需求分析，他们创建了新的网站信息结构，并测试其可用性，由此说明了以用户为中心的设计的适用性。与信息通信技术在高等教育中的应用密切相关的还有卢奥尤斯（S. Luojus）和薇姬（O. Vilkki）[①]的研究。在这两项研究中，参与式设计让最终用户参与整个设计和开发过程，提高了学习分析的质量，改善了作为高等教育中信息通信技术研究起点的实验室活动。而沃伯顿（S. Warburton）等认为，参与式研讨会是一种有效的方法，促进教学信息和通信技术的使用。[②]在这种研讨会上，参与者（包括最终用户）可以共享经验并创建设计模式来应对高等教育ICT中所面临的教学挑战。

最后，这些研究侧重于通过参与性设计提高信息和通信技术的可用性，而高等教育领域的其他研究侧重于课程改革或改进以问题和项目为基础的学习。例如，波尔泽沙（D. Balzhiser）等采用参与式设计方法，研究为职场专业写作、媒体新闻和公共关系领域的专业人士量身定制的跨学科硕士学位课程。[③]鉴于案例研究的结果，作者认为参与式设计对于研究生课程的发展很有价值。另外，戴蒙德（S. K. Dymond）等采用参与式方法创建了包容性的高中科学课程。[④]

更具体地说，有学者专注课程再设计过程，以改进大学课堂的协作项目学习。课程的再设计采用了参与式设计策略，在每一阶段最终用户参与其中。[⑤]在情境学习理论的指导下，教师和学生共同设计，为了重新审视现有的协作式项目学习模式，并根据认知学徒法及其模块内容、方法、顺序和社会学进行修正。改后的模式允许学生自己定义项目，并为学生提供更多的机会来反思自己的学习策略和表现。基于定量和定性数据的评估表明，协同项目学习有了显著

[①] Luojus S，Vilkki O. Living lab activities as the starting point for developing ICT studies in higher education. The International HETL Review，2013（Special Issue）：14-27.

[②] Warburton S，Mor Y，Kohls C，et al. Assessment driven course design: A pattern validation workshop. Munich：Presented at 8th Biennial Conference of EARLI SIG 1：Assessment & Evaluation，2016.

[③] Balzhiser D，Sawyer P，Womack-Smith S，et al. Participatory design research for curriculum development of graduate programs for workplace professionals. Book Review Editor，2008：79.

[④] Dymond S K，Renzaglia A，Rosenstein A，et al. Using a participatory action research approach to create a universally designed inclusive high school science course: A case study. Research and Practice for Persons with Severe Disabilities，2006（4）：293-308.

[⑤] Dong J，Qin X，Chen P. Enhancing collaborative project-based learning using participatory design approach. 2014 IEEE Frontiers in Education Conference（FIE）Proceedings，2014：1-4.

改进。本书还提供了高等教育中参与式设计的另一个例证，由托伦斯（G. E. Torrens）和牛顿（H. Newton）[1]提供（表6-4）。在这个项目中，本科生、研究生与特殊学校的学生一起参与设计活动，该活动的重点是评估个人对新辅助技术产品的需求和期望。这一案例研究作为特定模块的一部分，教授本科生如何为残疾人设计产品，并使设计产品更具包容性。

表 6-4　托伦斯和牛顿研究的参与式设计活动的顺序

任务	特殊学校/学院	高校
现场参观1：采访和观察	讨论需求	1.半结构化访谈 2.设计规范 3.根据已确定的需求和期望勾画概念
现场参观2：协同设计，完善草图概念	选择概念设计并对设计规范提出建议	4.确定最喜欢的概念设计，结合学生的额外信息 5.细化的概念设计纳入额外信息
现场参观3： 1.设计选择 2."龙穴演示"	1.从三种设计中选择一种 2.展示设计 3.学生根据设计过程进行课堂设计练习	6.学生选择说明录音 7.支持学生演示 8.评析学生的选择和偏好
反思方法	课堂论文调查	在线调查

　　学生在访谈和观察后进行小组讨论。展示观察过程的视频或图片，为学生提供讨论的思路提示，同时指定小组代表做笔记；学生根据提示标记自己的偏好。围绕小组成员中一名学生在其实地考察期间所确定的目标和愿望，小组展开讨论、集思广益，最后形成书面或口头总结，这样，就确保每个学生都能参与有关活动。

　　如果定量数据不足，则难以进行合理探讨。托伦斯和牛顿得出结论案例研究中采用的参与式设计方法对所有参与者来说都是有效、非凡的体验。这种参与式设计的设置很大程度上与设计学习（UCDD 的典型代表）相对应。

　　当然，并不是所有实现参与式设计的描述都像托伦斯和牛顿那样详细。通常情况下设计描述仍然相当笼统，并且不涉及设计过程的细节，这个缺口可以通过威利斯（R. Willis）的 R2D2 设计模式弥补。

---

[1] Torrens G E, Newton H. Getting the most from working with higher education: A review of methods used within a participatory design activity involving KS3 special school pupils and undergraduate and post-graduate industrial design students. Design and Technology Education, 2013（1）: 58-71.

（二）以递归反思为主题的设计和开发

20 世纪 90 年代，威利斯开发的 R2D2 模式被认为是参与式 UCDD 的原型，因为整个设计和开发过程是由利益相关者团队（教师、学生、学科专家和教学设计者）完成的。UCDD 过程不断改进，并逐渐接近团队认为的可接受的产品。因此，教学系统的设计和开发过程是递归和反思性过程。

总的来说，R2D2 模式基于以下几种建构主义假设。

1）设计和开发过程是递归、非线性的，有时甚至是混乱的。

2）教学计划是动态、可进化的，需要教师反思和师生协作。

3）联合设计者团队从总体目标出发，然后在设计和开发过程中制定特定目标。

4）没有（也没必要有）教学设计专家。

5）教学注重学生在有意义环境中学习，即教学通常促进最终用户理解。

6）形成性评价是至关重要的。

7）主观数据（学生目标和动机）在很大程度上影响设计过程和产品。

R2D2 模式与传统的客观主义教学设计模式形成鲜明对比。威利斯创造了术语"焦点"来表示教学设计的主要组成部分；R2D2 模式区分出三个焦点：定义（任务和概念分析）、设计与发展、传播。从本质上讲，焦点便于组织学习者对学习的想法。共同设计者则继续做所有必要的工作，将教学思想付诸实践。UCDD 认为，学习者从开始就在设计团队中。

传统的 ID 模式包括前端分析、学习者分析、任务分析、概念分析以及明确的教学目标，R2D2 模式的第一个焦点包含学习者分析，在协作设计和开发过程中逐步发展教学目标。第二个焦点包含四个方面：选择材料和格式、选择开发环境、第一种原型设计、选择形成性评价策略。根据 UCDD 的理念，R2D2 模式包括学生选拔和专家评估。第三个焦点侧重于教学系统最终构成及实践应用。与传统的 ID 模式相比，R2D2 模式并不注重总结性评价。

因为 R2D2 模式是递归和迭代的，所以开发过程不需要从某一点开始，但设计和开发过程需要不断进行批判性反思和修正，直到找到满意的解决方案。这个过程可能是多余的，但特定的设计问题需要重复处理，以便逐渐变得清晰，学习环境也会同步发展。不同于采用完整假设计划步骤的传统 ID 模式，

R2D2 模式采用快速成型法。使用 R2D2 模式时，教师简短评估需求和总体目标后，创建产品原型，然后对原型进行测试、修改，直到得到满意的最终产品。图 6-12 说明了这一过程。

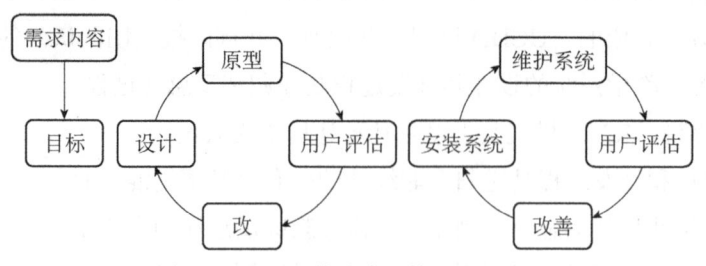

图 6-12　R2D2 模式中的快速原型设计

博林（E. Boling）等将在 UCDD 期间创建的原型称为设计案例，即有意生成的人工制品。该设计案例可能是商业产品、建筑或教室的图片，但它必须全面，设计者必须将想法贯穿整个设计过程直至付诸实践。快速原型法在教学设计中的应用假设为：因为学习环境的开发和设计复杂，所以需要付出努力来解决。[①]

（三）以快速原型为内容的设计和开发

20 世纪 80 年代后期，快速原型设计作为迭代、快节奏的开发方法被引入计算机辅助设计软件和计算机控制制造系统领域，它能够快速生成、分析、制造、测试。它的基本思想是创造事物最初、典型的模式，并从中发展或复制出更精细的形式。不同领域都采用快速成型法，例如教学设计将整个教学课程或项目做成样本。

有关教学设计的快速原型设计的文献中有两种观点。有人认为快速原型设计只是作为形成性评价的一种替代方法，也有人认为这是一种新的教学设计法范例。这两种观点"半斤八两"，因为快速原型设计的关键是在设计—利用—修改的循环中开发学习环境，并贯穿整个项目。这个周期是迭代的，即不断改进产品，直到得到满意的解决方案。与传统的 ID 模式按线性顺序工作相反，快速原型设计过程是迭代过程（图 6-13）。

---

① Baek E O，Cagiltay K，Boling E，et al. User-centered design and development. In J. M. Spector（ed.），Handbook of Research on Educational Communications and Technology. London：Routledge，2007：659-670.

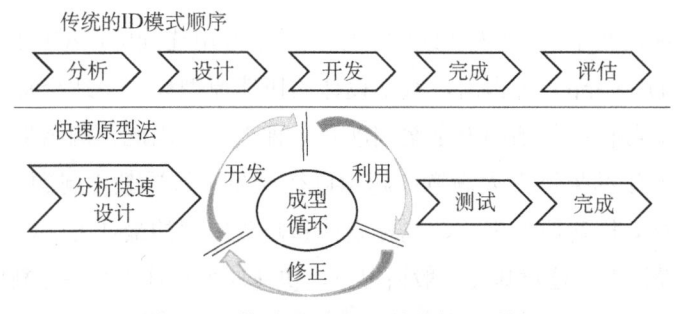

图 6-13　快速原型法 vs 传统的 ID 模式

首先，快速原型设计快速构建一系列的模式，为设计者提供早期反馈，以满足用户需求。原型是学习模式或"演示产品投影外观的外壳"。依据心智模式理论，最终产品往往不完整。快速原型设计的计划不是预先确定既定目标，而是在整个过程中不断发展，因此出现或多或少的不确定性、独特性和价值冲突。快速原型设计允许设计者从低保真模式开始，并随着时间的推移转变到越来越高保真的版本。基本上，可以开发两种原型：水平原型和垂直原型。水平原型虽有广泛的特性，但不会全部实现，而垂直原型只实现了模拟模式中的一小部分特性。因此，水平原型适合理解更广泛的系统关系，以显示能力范围，这种原型适用于课程和讲座的中期教学计划。垂直原型适合不能很好理解的系统某个特征，弥补水平原型未涉及部分，达到两者互补。因此，它是短期规划具体教学材料和方案的首选。

快速原型设计"方案"与博林和弗里克（W. Frick）讨论的整体原型相对应。这种原型是"水平"原型和"垂直"原型的混合，"水平"原型代表所有元素，但没有细节，而"垂直"原型代表用户可能选择具备详细功能的元素。例如，与网站设计相关的整体原型包含整个网站的顶层来举例说明它的主要特性，如文档、搜索功能、不同的演示格式（地图、表格、表单、列表等）。事实上，快速原型设计是技术导向教学设计的首选。通常，这些应用使用垂直原型。然而，快速原型法不仅适用于技术导向教学设计，而且已广泛应用于课堂教学的设计与开发，特别是在高等教育领域。科里斯（K. F. Collis）和德罗西耶（J. Desrosier）研究快速（水平）原型，尤其德罗西耶研究了加利福尼亚大学圣克鲁斯分校如何成功地使用快速原型设计来制定整个新课程，历时 37 周。快速原型设计更适合技术型教学设计，不适合一般的教学应用（如讲课、研讨会和大规模教学），因为传统的课堂教学不应用连续的原型周期。[1]因此，特里普（S. D. Tripp）等指出，教学设计的快速原型模式不适合每种案例，但在某些情况下可行：复杂的教学案例涉及多种因素，因此预测结果有问题；传统教学设计方法结果不令人满意；超越以往经验来解决教学问题。[2]使用快速原型法需要有效构建原型工具、选择设计和修改原型的最佳方法，首先是经验丰富的教学设计者。这意味着一般情况下，快速原型设计不太适合新手设计。

特里普、比邱耳麦（B. Bichelmeyer）研究最多的就是快速原型设计，并提出高等教育领域的教学设计的快速原型模式。在这个模式中，需求评估和内容分析确定目标，原型构建、使用和实现都是在明显重叠的阶段进行。

其次，教学设计可以参考该模式，但也需要有所补充。例如，弗里克（W. Frick）添加了重要的前端和后端。尽管扩展了原始模式，但文献表明快速原型设计应力求尽早实现原型，以减少时间和成本，而不是依据指导设计原则开始，设计者依据终端制造产品。初始产品经过反复使用和修改重新构建，直到满足期望值，这不可避免会失败。因此，快速响应是成功的关键。德罗西耶认为快速响应是必要的，修改的基础基于最终用户与产品的交互。在教育培训领域，学习者是最终用户，满足 UCDD 或交互设计。快速原型法的另一驱动原则为"所见即所得"（what you see is what you get，WYSIWIG）地输出。

最后，在教学设计领域，快速原型设计是参与式 UCDD 的最佳范例，强调以用户为中心，让用户参与教学合计过程。设计学习法说明了这种应用。相应地，梅尔（D. Meier）——"加速学习快速教学设计"的作者，赞同参与式设计，让学习者自己掌握学习，确保在学习群体中学习。梅尔的模式结合加速学习技术，努力设计有更多实践、反馈和经验的学习环境。

1. 快速教学设计阶段

梅尔的快速教学设计模式旨在创造开放式的设计过程，基于活动，包含四个阶段：准备、表达、实践和实施。

1）准备：引起学习者的兴趣。其包括：①讨论学习目标和益处；②提高学习者的好奇心；③消除任何妨碍学习的障碍。

---

[1] 转引自宋建清. 设计研究视角下外语课程的快速设计方法模型. 现代教育技术，2013，23（4）：81-85.

[2] Tripp S D, Bichelmeyer B. Rapid prototyping: An alternative instructional design strategy. Educational Technology Research and Development，1990（1）：31-44.

2）表达：学习者对新知识和技能的初次接触。其包括：①展示真实现象的例子；②互动演示；③选择学习风格；④发现活动；⑤进行问题解决的练习。

3）实践：确保学习者整合新知识和技能。其包括：①呈现动手实验活动，提供反馈，促进反思，再试验，完善实践；②使用学习游戏；③促进个人反思和交流；④进行大量的技能练习。

4）实施：将新知识和技能应用实际情况。其包括：①在学习中应用知识和技能；②建立支持系统，加强在职学习；③奖励成功运用新技能的人；④为整合和应用新技能提供时间。

此外，梅尔建议在教学中使用 30/70 规则，即 30%或更短时间教师或媒介展示，70%或更多时间学习者实践、参加综合活动。

2. 应用

快速原型设计是一种压缩时间的设计技术，广泛应用于交互式学习环境。高等教育领域若干案例研究表明，快速原型设计可以短时间内生产学术产品，也可以满足创新教育问题的需求，如混合学习。到目前为止，快速原型设计与参与式设计有关，两者的关键在于如何将个人学习融入参与式学习（特别是跨越距离和时间的大型项目），以及如何协调参与式设计。菲舍尔（G Fischer）等提出以行为反思作为设计模式，来确定"群体记忆"如何与个体学习相联系，从而使设计更有效，避免出现问题，并在过程中学习新事物。[1]为了满足这些要求，作者建议整合行为与反思还有建构与论证。这种情况必须与设计者进行"协调"，使小组交互易于理解、处理。

一般而言，快速原型模式与参与性设计密切相关。然而，它并不局限于 UCDD 特定领域，也可以结合传统的教学设计方法。因此，麦森伯克（G. Miesenboeck）将原型方法应用于日常设计以及创造性设计中。麦森伯克认为，常规设计可以被看作持续的原型-实例改进，基本原则是使用概念模式作为设计原型，收集日常设计所需的所有知识。常规设计的基本前提是已存在或保存的原型可用、可检索和可选择。[2]图 6-14 描述了用原型方法对基于模式的

---

[1] Fischer G, Scharff E. Learning technologies in support of self-directed learning. Journal of Interactive Media in Education，1998（2）：1-32.

[2] Gero J. Design prototypes: A knowledge representation schema for design. AI magazine，1990（4）：26-36.

常规设计的解释。

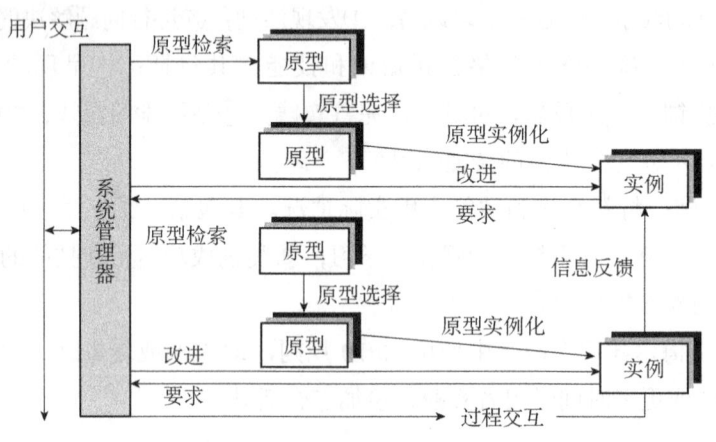

图 6-14 通过原型—实例细化的常规设计

根据图式理论，原型—实例细化发生在可检索概念模式的累积、调优或重组过程中。特里普、比邱耳麦对快速原型法的理解与对其他原型法的理解不同。特里普、比邱耳麦的原型理解符合吉罗（J. Giraud）的创意设计概念，是新一代的原型。大多数情况下，更改旧原型可以生成新原型；然而，偶尔会生成没有先例的设计原型。在这种情况下，情境的作用与设计者对情境的感知起着重要作用。

以用户为中心的设计和快速原型设计是教学设计要求很高的方法，得到最终设计产品来之不易。虽然皮斯库里齐（G. M. Piskurich）想要展示如何快速完成教学设计，但他仍需超过 500 页的篇幅来提供"教学设计过程中所有步骤的简明指南"。因为快速原型设计以基本的知识和能力为前提，包括原型的创建、迭代测试和修改，所以它不能由教学设计新手来完成。如果有足够的专门知识，它就是最有效的方法，特别是在以技术为基础的教学方面。最后，快速原型设计不是建构主义教学设计方法，而是与传统的 ID 模式结合使用。因此，有些作者如卡拉著吉（Y. Karagiorgi）、西米（L. Symeou）[①]、皮斯库里齐建议快速原型设计应该作为模式使用，以插入传统的教学设计中而不是替代它。根据 ADDIE 维度，皮斯库里齐认为快速原型设计是"持续的过程，每周

---

① Karagiorgi Y, Symeou L. Translating constructivism into instructional design: Potential and limitations. Journal of Educational Technology & Society, 2005（1）: 17-27.

添加和评估新要素,直至最终拥有完整的程序"[1]。在我国台湾地区,文藻外语学院教师发展中心运用 3P 教学模式[2],即演示(presentation)—操练(practice)—成果(production)。在教学过程中教师通过对语言知识的呈现和操练让学生掌握,然后再让学生在控制或半控制之下进行假设交际,从而达到语言的输出,形成学习成果。将快速原型模式和 ADDIE 维度整合到教学材料的螺旋模式如图 6-15 所示。

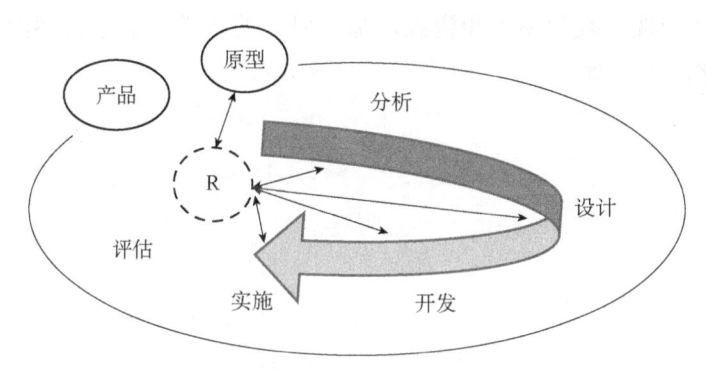

图 6-15　文藻外语学院教师发展中心 3P 教学设计模式

该模式包含三个主要结果:快速原型、原型、最终产品。该项目首先生成快速原型,应用 ADDIE 维度得到原型,反馈到 ADDIE 的每个阶段,直到最终产品生成。

本 章 小 结

本章主要通过分析一些专家学者的文献得到关于基于研究的教学设计的相关理论研究和实践依据。除了结合专家对于基于研究的教学设计的概念理解和实践结论外,本章重点介绍了利用学习理论、教学理论等理论设计的相关教学设计流程,为教学设计的流程提供了新的依据和理论基础,使其规范化和合理化。此外,本章提供了典型案例的具体实施过程来支撑基于研究的教学设计的理论依据,使理论更具科学性和有效性,也为其以后的设计和开发提供模板和

---

[1] Piskurich G M. Rapid Instructional Design:Learning ID Fast and Right. San Francisco:Pfeiffer,2006.

[2] Sreehari P. Communicative language teaching:Possibilities and problems. English Language Teaching,2012(5):87-93.

基础。基于研究的教学设计是近年兴起的教学设计之一，具有很大的应用前景。根据目标导向不同，基于研究的教学设计的应用前景也呈现不同方向发展的趋势，本章主要列举了三种不同方向的教学设计应用前景。虽然目前的研究仍处于发展阶段，但未来基于研究的教学设计将是教学设计中独树一帜的，教师应该制定合理、科学的教学目标，运用充分完善的教学资源，设计安排真实可靠的教学内容，通过多样化的教学评价体系，了解具有针对性的教学效果。只有充分结合现实教学环境和资源，基于研究的教学设计才会逐渐扩大影响力，使更多的人受益。

第七章

基于证据的教学设计

教育研究是否为政府提出的问题提供答案，以便制定教育政策？教育研究是否为教育专业人员的工作提供明确的指导？是否带有倾向性与政治动机？英国教育与就业部门（Department for Education and Employment）、教育标准办公室（Office for Standards in Education，OFSTED）质疑教育研究，以证据为基础的教学受到推动。随着西方教育科学化运动与有效教学运动的兴起与推进，基于证据的教学逐渐成为世界各国关注的话题，成为学者研究的热点。本章将对基于证据的教学设计进行探讨，阐述基于证据的教学设计流程、典型案例与应用前景。

一、概念界定与内涵解析

基于证据的思想来源于医学，最初基于证据是教授医学的一种方法，不久扩展到医学实践，后来又拓展到其他领域，这些领域大部分与健康有关，包括护理、职业治疗等，其思想更是被更广泛的领域采纳，如教育、社会工作等。基于证据的教学在循证医学的影响下诞生，其核心是基于证据实施教学，强调教学过程的理性化、科学化与可视化。

（一）概念界定

国内外许多学者从自己的研究视角对"基于证据的教学"进行了界定，典型的基于证据的教学定义有以下几种。

国外对基于证据的教学研究起源于英国，1996年，剑桥大学教授哈格里夫斯（D. H. Hargreaves）首次提出"基于证据的教学"（evidence-based education）这一概念，呼吁教育研究的转型，使教育实践能够转变为以证据为基础的实践，对教育研究和教育实践双重转型的呼吁是基于证据的教学理念的核心。[1]

美国教育部教育研究与改进前秘书怀特赫斯特（G. J. Whitehurst）认为，基于证据的教学指在决定如何提供指导时，将专业智慧与现有最佳经验证据相结合。[2]

弗斯（J. Firth）认为，基于证据的教学是由直觉和/或经验指导的教学实践的替代方案，即各种研究应用于教学决策。基于证据的教学旨在根据过去的研究结果务实地解决这些问题，有时也被称为"什么有效"的方法。[3]

---

[1] Hargreaves D H. Teaching as a research-based profession: possibilities and prospects. Teacher Training Agency Annual lecture，1996.

[2] Whitehurst G J. Evidence-based education. Student Achievement and School Accountability Conference，October 2002. https://www2.ed.gov/admins/lead/account/sasaconference02.html.（2002-10-01）[2022-07-26].

[3] Firth J. What Is Evidence-Based Education? https://www.jonathanfirth.co.uk/blog/evidence.（2020-04-10）[2022-07-26].

作为基于证据教学的倡导者，戴维斯（P. Davies）认为，以证据为基础的工作有两种水平。第一种水平是使用现有的世界各地的教育及相关学科的文献和研究证据，也就是说，教育工作者需要对证据进行搜索、选择、分析。第二种水平是在缺乏证据、证据不足与不确定的地方建立可信的证据，教育研究与教育实践能不断产生新的证据，以获得持续发展。[①]

荷兰学者认为，基于证据的研究是将最佳证据用于教学决策和教学实践的哲学，既强调教学决策和教学行为之前的测量与评估，又突出基于证据对教学的积极干预和改进。[②]

国内对基于证据的教学也略有研究，一些学者根据不同侧重点对基于证据的教学的概念下定义。例如，茹秀芳认为，基于证据的教学是指教学时以满足学生的学习愿望为教学的出发点和归宿，同时应用当前所能获得的最好的教学研究证据，结合教师个人的专业素养和教学经验以及学生的独特个性和实际情况进行的教学。[③]

任维平和刘颖认为，基于证据的教学是慎重、准确和明智地应用当前所能获得的最好教学研究依据，同时结合教师个人专业技能和多年教学经验，考虑学生的价值和愿望，将三者完美地结合，制定出教学方案。[④]

基于证据的教学，又称循证教学，更强调教师的实践基础和经验积累，更重视学生的学习兴趣与需求。

（二）内涵解析

有效的教学证据需要包括教师经验、专业智慧与教学证据三方面的指引，教师经验与教学证据可以帮助了解哪些教学策略是有效的、是能够提高学生的学业成绩的，哪些方法耗费最少的资源、使用最短的时间，效果却最为显著；专业智慧能将教师经验、教学证据与现实的教学状况相结合，在遇到具体情况时帮助教师做出决策，即使在缺乏教学证据时，专业智慧也能为教师提供有效的策略。

---

① Davies P. What is evidence-based education? British Journal of Educational Studies，1999（2）：108-121.
② 崔友兴. 循证教学研究的现状、问题与展望. 海南师范大学学报（社会科学版），2018（1）：82-90.
③ 茹秀芳. 教师循证教学能力及培养研究. 教育理论与实践，2016（7）：58-61.
④ 任维平，刘颖. 弘扬循证教学思想完善大学英语教学. 中国电力教育，2011（34）：178-179+188.

教学主体、教学证据与教学情境是基于证据的教学必不可少的三大构成要素。教学主体包括教师与学生，教师的经验与专业智慧是基于证据的教学前提，教师需要根据经验与智慧获取证据、分析证据、评价证据与应用证据；教学证据不仅要有科学性，可以通过随机试验、准实验等方法验证，还需要考虑到学生的身心发展健康、价值观、文化背景等；教学情境主要包含教学活动时的时空要素、场域氛围以及嵌入其中的各种文化和关系。

此外，不同于主观性教学、经验型主导型教学与实证主义教学，基于证据的教学为了增强教学的针对性与有效教学，强调教师经验、智慧和教学证据的最佳组合。主观性教学认为教师是教学的主体，表现为教学主观与客观相分离，教学认识与实践相脱离，过于强调教师的作用，脱离教学实践，忽视学生的实践情况、教学的内容以及课堂的情境。经验主导型教学表现为教师在教学过程中过于依赖自己的学识、经历与经验等，受自己的前见、前设与前有的制约，导致教学策略往往停留在经验层面，教学过程被情境制约。而实证主义教学又过于强调量化、预设和数据，虽然基于科学主义价值理念，却忽视了教学活动中人、事件以及情境的复杂性与动态性。基于证据的教学从证据的角度出发，既不像经验主导型教学那样过于强调经验，不像主观性教学那样过于强调教师的主体作用，也不像实证主义教学那样过于强调科学，而是取其精华去其糟粕，集经验主导型教学、主观性教学和实证主义教学之大成，使教师的个性化经验、学生的客观实际以及课堂的情境等因素有机结合。[1]

二、基于证据的教学设计流程

"基于证据的教学研究"是当前教学设计研究的一个重要取向，这意味着有关有效教学的研究（包括原理、原则、策略及其方式等），都应该建立在可靠、扎实的定量和定性结合的实证研究基础上。下面介绍基于证据的教学的一般过程与基于九项循证策略设计的教学流程。[2]

---

[1] 崔友兴. 论循证教学的内涵、结构与价值. 教师教育学报，2019（2）：53-58.
[2] 崔友兴. 循证教学研究的现状、问题与展望. 海南师范大学学报（社会科学版），2018（1）：82-90.

（一）基于证据的教学的一般过程设计流程

不同于传统教学，基于证据的教学注重证据在教学过程中的应用，做到理论与实践的结合、科学与人文的融合。基于证据的教学过程实际是教师围绕教学证据展开教学活动的过程，教师需要提出问题、获取教学证据、分析辨别教学证据、运用教学证据实施到教学活动中，并评价整个证据及活动，做到教师经验、智慧以及证据的最佳结合。基于证据的教学不仅理论性科学，其操作性也强，有一套相对固定且成熟的步骤，可以梳理出具体的教学流程。循证教学主要包括五个步骤（也称 5A 模式），包括提出问题（ask）、获取证据（access）、分析、辨别和评价证据（appraise）、应用证据（apply）从而形成最佳解决方案、效果评估（assess），具体基于证据的教学设计流程如图 7-1 所示。

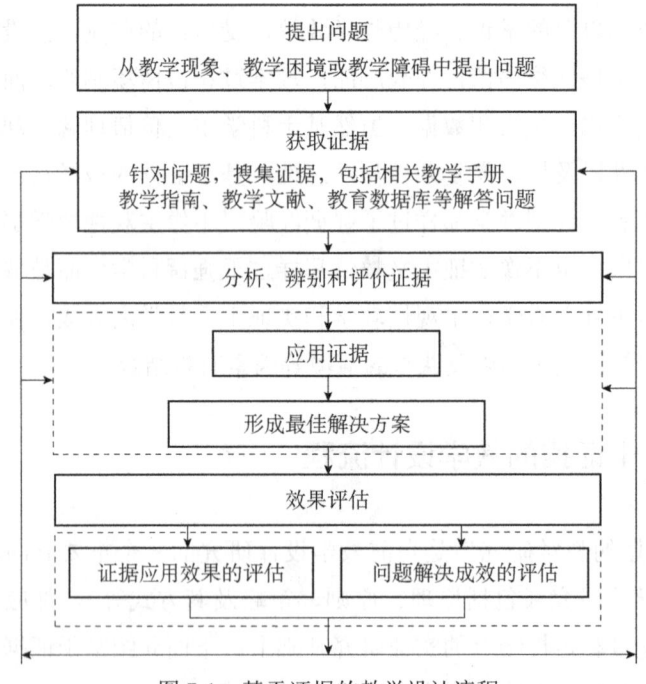

图 7-1 基于证据的教学设计流程

（1）提出问题

从纷繁复杂的教学现象或已有的教学障碍与教学困境中分析并提出需要解决的、可以回答的教学问题，并确定教学主题。教师在平时的教学实践中不仅要注意观察提出问题，还要对事件中的问题进行分析归类。一般教学实践中存在的问题主要包括描述类问题、评估类问题、风险类问题、预防类问题和干预类问题。

（2）获取证据

针对提出的问题，围绕确定的教学主题，搜集能对问题做出解答与回应的相关证据，例如相关的教学手册、教学指南、教学文献、教育数据库等，看能否找到最佳的、与解决所需问题最为契合的、级别最高的研究证据。这些证据往往是基于同类问题大量研究的元分析，遵循严格的科学规范，其目的是尽可能地接近事实的真相，揭示问题的症结，并提出相应的解决方案。

（3）分析、辨别和评价证据

分析、辨别和评价证据即对搜集来的证据进行分析、甄别与判断，一般证据需要满足三个条件，包括相关性、充分性与真实性。证据必须与所要解决的问题和教学主题相关，与其他类型的证据一致，具有互相支撑而非互相排斥的关系，并且其获取过程也要有科学性，经过科学验证。在这一环节需要剔除掉相关性低、证据级别低的证据，找到直接有力的证据解决问题、推动教学活动的进程。

（4）应用证据

在考虑教学环境及学生特点的基础上，将获取的且经过筛选分析的最有力的证据应用到教学实践中，指导教学策略，服务教学；要舍弃掉无效或有害的证据；对于有期望但还未确定的证据，可以进一步研究，从而形成最佳解决方案，用以解决提出的教学问题。

（5）效果评估

效果评估既包括对证据应用效果的评估，也包括对问题解决成效的评估。在应用证据的过程中，肯定有不成功的教训，这些教训可以为进一步调整证据、促进问题解决提供反馈信息，对获取证据、分析辨别和评价证据、应用证据修改与调整这些过程有促进作用。对效果进行评估，有利于其他环节的改进和提高。

整个教学设计的流程并不是一个线性过程，是一个循环往复、螺旋上升，不断推进教学问题解决的动态发展过程。在整个过程中，最关键的要素就是证据，在提出教学问题、确定教学主题后，搜集获取证据、分析评价证据、应用证据是基于证据教学的关键环节。基于证据的教学之所以不同于传统基于个人经验的教学，最关键的原因就是能依据经过验证的最佳证据做出决策与实践，这个过程具有科学性，能尽可能规避个人经验导致的决策与实践的失误。在整个过程中，获取的证据是教育研究者通过科学、真实的研究提供的证据，实施过程是教育实践者结合自己的经验运用教育研究者提供的证据的过程，学习者的情况则是教学证据的组成，所有学习者与过程都是围绕证据展开的。

（二）有效教学九项循证策略教学设计流程

2001年，当代国际课程与教学设计专家马扎诺（R. J. Marzano）利用教学元分析做了大量研究，提出有效课堂的九项循证策略，并对研究成果整合，出版了《有效的课堂教学：提高学业成绩的九项循证策略》一书。2012年，美国视导与课程开发学会（American Society for Visual Guidance and Curriculum Development，ASCD）主任迪安（C. B. Dean）带领团队，对这本书进行了修订，以更容易理解的方式对九项教学策略进行论证，并将其纳入一个统一的教学设计框架中。马扎诺和迪安的有效教学九项循证策略设计教学，为基于证据的教学设计提供了一种新模式。这种新模式不仅综合考虑了教和学两方面因素，而且强调在单元系统设计的视野下综合运用。九项循证策略的组成与课堂要求具体如表7-1所示[①]，将九项循证策略镶嵌在教学设计架构中，具体教学设计流程如图7-2所示。

表7-1 九项循证策略的组成与课堂要求

九项循证策略	课程要求
确立目标并提供反馈	为学生的学习提供方向，告知他们在特定目标方面所掌握的情况，以帮助其改善提高
强调努力并给予认可	通过强调学生的学习态度和自信心来加强学生对努力与成就之间关系的理解，就学生在达成相关目标方面取得的成绩，给予口头或精神上的赞赏
合作学习	为促进学生学习提供同伴之间各种互动交流的机会
线索、问题与先行组织者	提高学生就某个已经了解的内容进行回忆、运用和组织的能力
非语言表征	提高学生运用形象思维表征和精细加工知识的能力
概括与笔记	训练学生通过抓主要观点及支撑性论点来组织信息的能力

① 杭秀，盛群力.循证教学研究的新范例——马扎诺和迪安的有效教学九项循证策略.课程教学研究，2013（2）：22-28.

续表

九项循证策略	课程要求
布置家庭作业与加强练习	扩展学生练习、回顾和应用知识的机会，强化训练，使其达到知识或技能的预期熟练程度
区分异同	注重学生心理过程的发展，提高其区分事物的能力，增强理解和运用知识的水平
形成并验证假设	通过鼓励学生形成假设并积极验证，巩固知识的理解与促进运用

```
           ┌─────────────────────────────────┐
           │         创设学习环境              │
           │ 确立目标并提供反馈、强调努力并给予认可、合作学习 │
           └─────────────────────────────────┘
                ↓                    ↓
     ┌──────────────────┐   ┌──────────────────┐
     │    促进学生理解    │ → │   拓展/运用知识    │
     │ 线索、问题与先行组织者，│   │   区分异同，        │
     │ 非语言表征，       │   │   形成并验证假设    │
     │ 概括与笔记，       │   │                  │
     │ 布置作业与加强练习  │   │                  │
     └──────────────────┘   └──────────────────┘
```

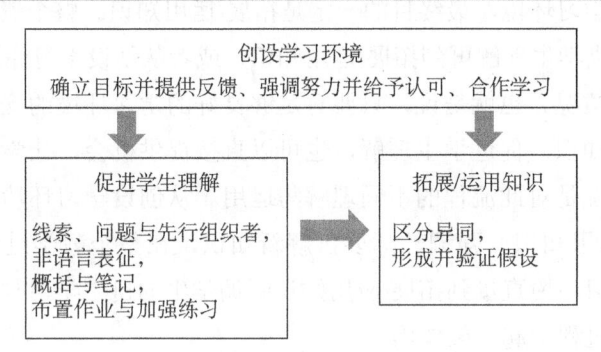

图 7-2　基于九项循证策略的教学设计流程

（1）创设学习环境

创设学习环境包括确立目标并提供反馈、强调努力并给予认可、合作学习三项基本策略。在这一环节，教师需要告知学生学习任务，定期提供学习情况的反馈，如果学生进步了，还要给予学生认可与表扬，以增加学生的自信心。教师还需要鼓励学生自主学习或积极参与学习，创造学生共同分享与探讨的机会，培养学生的合作能力。这一环节是整个教学设计的基础。

（2）促进学生理解

促进学生理解包括线索、问题和先行组织者，非言语表征，概括与笔记，布置作业和提供练习四项基本策略。这一环节强调学生是带着先前的经验和认识进入课堂的，教师需要了解学生学习的起点，了解学生已经掌握哪些内容，将学生所学的新内容与原有知识背景相结合，激活学生原有知识，讲解新知识，帮助学生复习巩固知识。在这一环节中，学生是学习主体，教师起支架的作用，随着教学的展开，教师的作用由扶到放。

（3）拓展/运用知识

拓展/运用知识包括区分异同、形成并验证假设两种基本策略，是整个教学设计流程的最高层次，扩展学生对概念的理解与运用的能力。在这一环节中，学生需要经历从理解到运用的过程，需要对所学知识做到灵活运用与融会贯通。教师需要培养学生区分异同的能力，帮助学生形成假设并对其进行验证。在形成并验证假设的过程中包含大量复杂的推理过程，能锻炼学生灵活运用知识的能力。

整个教学设计的流程并不是一个线性的过程，而是包含两种过程。初始环节一定是创设学习环境，最终目的一定是拓展/运用知识。整个流程包含从创设学习环境到促进学生理解再到拓展/运用知识，或者从创设学习环境直接到拓展/应用知识两种情况。也就是说，只要有足够良好的学习环境的支持，教师既可以选择示范新知识，促进学生理解，也可以直接提供机会，让学生扩展和运用知识。两种情况是对此流程的不同理解与运用。从创设学习环境到促进学生理解再到拓展/运用知识，强调教师要讲解新知识，在整个教学过程中起示范作用；从创设学习环境直接到拓展/应用知识强调学生的自主学习与实践应用，教师在整个教学过程中起支架作用。

基于九项循证策略的教学设计流程与上述流程不同的是，它强调认识与构建学生"学习模式"，帮助学生区分异同，学会概括、记笔记、进行有意识的训练，使用意象建立起深层次的概念理解、进行互惠学习、能够解决问题、提出并验证假设以及进行自评和互评。这个教学设计流程为教师提供了一种新思路——综合利用影响教学的各因素，帮助学生达成学习目标。教师需要理解、掌握这九项循证策略，灵活运用某种或某些策略。

三、典型案例分析

两个教学实践流程不同，下面分别用化学课堂"水解平衡移动"与数学解题课来分析两个教学设计流程，阐明其教学具体措施。

（一）基于证据的教学设计在化学实验课堂的应用[①]

1. 案例概述

化学实验课以实验论证为依托，通过提出问题到解决问题、理解知识，培

---

① 毛东海，李婉. 开展"循证教学"研究 培养"循证思维"能力——以"水解平衡移动"一课的研究和实践为例. 中学化学教学参考，2019（19）：8-12.

养学生探究思维。结合"水解平衡移动"主题的化学课堂,利用基于证据的教学设计构建课堂教学框架。对"水解平衡移动的规律"教学实验探究,将整个流程分为:提出问题讨论最佳方案、实施方案确定最佳证据、演绎推理回归探究目标。其中,提出问题讨论最佳方案可以分为提出问题与获取证据两个步骤,实施方案确定最佳证据可以分为分析、辨别和评价证据与应用证据两个步骤,演绎推理回归探究目标则对应效果评估这一环节。

(1) 步骤一:提出问题

在这节课中,需要探究水解平衡移动的规律,因此提出一个问题"水解平衡移动的规律是怎么样的?"。水解平衡移动的规律受三个条件的影响:温度、盐溶液的浓度、盐溶液的酸碱性。针对这三个要素再提出三个子问题:"温度对水解平衡的影响?""浓度对水解平衡的影响?""溶液的酸碱性对水解平衡的影响?",确定教学的主题是水解平衡移动的规律。

(2) 步骤二:获取证据

三个子问题均依托化学实验的论证来完成,教师在确定教学主题,提出探究问题后,课前让学生充分利用课外时间精心准备,课上组织学生讨论解决问题的方案,并进行实验验证。这个环节教师要积极引导,鼓励学生的发散思维、创新思维,不要轻易否定学生的观点。三个子问题搜集到的相关证据及结论如表 7-2 所示。

表 7-2 获取的证据

问题	搜集的相关证据与结论
温度对水解平衡的影响	① 两支试管中各加 2mL 浓度为 0.5mol/L 的 CH_3COONa 溶液、1 滴酚酞。加热其中一支试管,溶液变为浅红色;另一支试管中溶液为无色。 ② 两支试管中各加 2mL $FeCl_3$ 饱和溶液。加热其中一支试管,溶液颜色变深。 ③ 两支试管中各加 2mL $FeCl_3$ 饱和溶液、1mL 蒸馏水。加热其中一支试管,溶液颜色变深。 结论:升高温度,水解平衡正向移动
浓度对水解平衡的影响	① 课前配制好 CH_3COONa 稀溶液(半药匙固体,4 滴管蒸馏水),然后分装两支试管。课上,展示两支试管,在其中一支试管中加入约 1 药匙的 CH_3COONa 固体;然后,同时加热至沸腾,再各滴加半滴管酚酞溶液。 ② 以上实验步骤,均当堂完成。 结论:增大盐溶液浓度,水解平衡正向移动。 ③ pH 传感器探究稀释 CH_3COONa 溶液的 pH 变化。对照组数据 0.1mol/L NaOH,pH=13.03;0.01mol/L NaOH,pH=12.03(分析 NaOH 是强碱,浓度降低至 1/10,pH 值减小 1 个单位)。实验组数据室温 10℃配制接近饱和的 CH_3COONa 溶液,浓度约 4.02mol/L,pH=9.34;稀释至 1/10 后,浓度约 0.402mol/L,pH=8.53(分析浓度降低至 1/10,pH 值减小 0.86 个单位,即小于 1 个单位。说明溶液稀释后,OH^- 浓度减小的程度相比对照组减弱了,OH^- 的数量肯定增加了。说明水解平衡发生了正向移动。

续表

问题	搜集的相关证据与结论
浓度对水解平衡的影响	④ 在③数据的基础上增补了25℃条件下的理论计算数据4.02mol/L CH₃COONa，pH=9.68；0.402mol/L CH₃COONa，pH=9.18（分析浓度降为1/10，pH值减小0.5个单位。理论证明：溶液稀释，水解平衡正向移动）。 结论：稀释溶液，水解平衡正向移动
溶液的酸碱性对水解平衡的影响	① 两支试管中各加2mL FeCl₃饱和溶液，其中一支试管中滴入5滴1mol/L盐酸，另一支试管中滴入5滴蒸馏水。前者颜色变浅。 ② 两支试管中各加2mL FeCl₃饱和溶液、1mL蒸馏水。然后，其中一支试管中滴入5滴1mol/L盐酸，另一支滴入5滴蒸馏水。前者颜色变浅。 ③ 在①的基础上，增加实验：取1支试管加入2mL FeCl₃饱和溶液，然后加入镁粉。反应约10s之后，直接在试管口爆鸣生成的气体（H₂），约1min后观察到红褐色沉淀。 结论1：盐溶液呈酸性，增加H⁺浓度，水解平衡逆向移动；减小H⁺浓度（或增加OH⁻浓度），水解平衡正向移动。 推论2：盐溶液呈碱性，增加OH⁻浓度，水解平衡逆向移动；减小OH⁻浓度（或增加H⁺浓度），水解平衡正向移动。

（3）步骤三：分析、辨别和评价证据

在这个环节，教师组织实施寻找解决问题的证据，分析证据的相关性，指导学生观察实验现象的角度，抓住主要实验现象，形成问题解决的关键证据，对证据的分析、辨别和评价如表7-3所示。教师需要抓住呈现最佳证据的最佳时机，在学生尝试自己能想出的所有办法后，教师启发学生，逐步呈现最佳证据。对三个问题的证据进行相关程度分析，剔除不明显的证据，确定最佳证据。

表7-3 分析、辨别和评价证据

问题	证据相关性	最佳证据
温度对水解平衡的影响	① 由于CH₃COONa溶液碱性弱，加热后为浅红色，对比实验现象不明显。 ② 饱和FeCl₃溶液颜色已经很深，加热后颜色变得更深，对比实验现象不明显。 ③ 由于对饱和FeCl₃溶液进行了稀释，加热后颜色变得更深，对比实验现象比较明显	③
浓度对水解平衡的影响	① 课前准备的溶液，有作假的嫌疑，因而证据效力受到影响。 ② 在全班学生的注视下完成实验，排除了作假的可能，证据效力明显大于① ③ 从实践层面证明，稀释溶液，水解平衡正向移动。但由于室温较低，CH₃COONa溶液的pH变化不够明显，证据效力显得薄弱。 ④ 从实践、理论两个层面进行论证，稀释溶液，使浓度减小，温度不变，水解平衡正向移动。相比之下，它已形成了证据链，证据效力明显要大于③	② ④
溶液的酸碱性对水解平衡的影响	① 对比实验的溶液颜色变化差异明显。 ② 由于对溶液进行了稀释，对比实验的溶液颜色变化差异不明显。 ③ 从增加H⁺浓度、减少H⁺浓度两个角度进行探究实验，不仅对比实验的溶液颜色变化差异明显，还多了一个从相反角度的论证证据。因此，证据效力最好	③

（4）步骤四：应用证据

教师利用图片、文字、视频或其他形式呈现最佳证据，力求呈现方式清晰、简洁、易懂，让人一目了然，不能用时太长。对于传统的实验，教师可以利用投影设备当堂演示；需要利用传感技术的实验，由于在课上实验操作繁杂可能用时较长，实验稳定性不容易被控制，教师可以利用图片或视频的方式呈现，时间为8—10分钟。

（5）步骤五：效果评估

以实践证据为基础，教师组织学生演绎推理，回归解决的问题。教师需要关注学生的思维是否缜密，表达是否流畅，逻辑是否合理，回归的目标是否准确。在效果评估的过程中，教师既要对传感技术的优点、缺点进行评价，又要评价传感技术是否能证明水解平衡移动的规律，证明效果如何。

2. 案例评析

（1）注重学生能力的培养

这节课注重培养学生的能力，教师不仅教授学生知识，更教会学生主动学习的方法与途径，学生从知识的接受者变为学习的主动者与设计者，不仅能够学到化学知识，还能掌握更新知识的方法与技能，能够独立获取并运用知识。

（2）利用实验支持建构性学习

建构性学习强调学习是学习者自主建构知识的过程，学生在课堂上不再是被动地接受知识，而是主动查找证据，通过做实验验证证据是否最佳。在这个过程中，学生能利用自己的经验与实验得到的知识结论主动建构知识的概念。并且这个过程不是学生独自进行的过程，而是与小组讨论交流、与老师互动协商的协作建构过程。

（3）以问题为开端促进学生高级思维能力发展

这节课以问题为开端，激发学生的好奇心与兴趣，学生能围绕如何解决问题主动、认真地搜索证据，做实验验证猜想并对结果交流讨论，根据问题与教师的一步步引导，由学生自己归纳总结、发现规律，在提高学生积极性的同时，培养学生积极思考、牢固和灵活地掌握知识、自我更新知识的能力，提高学生的学习效率。

（二）基于九项循证策略的教学设计在数学解题课的应用[①]

1. 案例概述

数学解题课是将已有的概念、定理应用到不同环境中，培养学生形成分析问题与解决问题的思维方法。结合利用"求点的轨迹方程"主题的数学解题课，利用基于九项循证策略的教学设计流程实施教学。对人教社 A 版选修 2-1 "求点的轨迹方程"例题进行探究，将整个设计分为告知目标、复习回顾及新知识的学习、变式练习的形式，其中告知目标就是在创设学习环境，复习回顾、新知识的学习与变式练习的形式是促进学生理解与扩展运用知识的结合。

（1）步骤一：创建学习环境

在这个环节里，主要是告知具体的学习目标以及重难点。

其中，学习目标包括：①能用直接法规范求出点的轨迹方程，其中规范体现在能按建系、设点、列关系、代入、化简这几个步骤依序求解；②由"列关系""代入"步骤的不同，形成不同的问题表征，学会求轨迹方程的不同方法包含定义法与相关点法。

重点是强化基本步骤，规范作答求点的轨迹方程。

难点包括设点、列关系与代入，即点的范围如何确定，关系的认识与联系，线段比例如何代。

（2）步骤二：促进学生理解与拓展/运用知识结合

这一环节包括回顾原有知识与学习新知识，教师需要带领学生回顾与知识点相关的学生已有的知识，学习求轨迹方程的三种方法。

第一，利用线索、问题与先行组织者策略，展开将要学习的内容。

教材在推导椭圆方程时，是通过建系、设点、列关系、代入、化简这几个基本步骤推导出来的。通过这一内容，教师向学生展示今天要学的重点。

在 $\triangle ABC$ 中，若 A（-1，0），B（1，0），C（1，2），已知 $AB \perp BC$，则 $K_{AB} \cdot K_{BC} = -1$。对吗？如果不对，请说明理由。这一内容为如何确定点的范围打下基础。

已知 A（-1，0）、B（1，0），平面上一点 P 到 A、B 两点的距离之和为 2，则 P 点的轨迹是以 A、B 为焦点的椭圆。对吗？如果不对，请说明理由。

[①] 李伟. 基于"九项循证策略"的高中数学解题课教学预设. 中小学数学（高中版），2014（4）：31-33.

这一内容为定义法做铺垫。

第二，学习求轨迹方程的三种方法，并突破重难点。

通过三个例子学习求轨迹方程的三种方法，即直接法、定义法、相关点法，且每个例子还有变式，对这一方法进行巩固练习。

1）直接法求轨迹方程。点 A、B 的坐标分别为（-5，0），（5，0），直线 AM、BM 相交于点 M，且它们的斜率之积为 $-\dfrac{4}{9}$，求点 M 的轨迹方程。在完成这个例子的基础上，教师编写两个变式，让学生掌握用直接法求轨迹方程的基本步骤，并能初步识别并转化蕴含其中的"斜率、商"等关键词，突破"设点"步骤难点。教师可运用"笔记""问题"等策略进行难点突破。比如，对于涉及点的范围的关键词进行画线，并联系相应概念及规则转化成点的范围。在此，用画线的方法使学生有意识地把多个相关的概念进行联系，形成有组织的整体性知识或图式结构。

2）定义法求轨迹方程。已知△ABC 的周长为 16，点 B（-3，0）、点 C（3，0），求点 A 的轨迹方程。在完成这个例子的基础上，教师编写两个变式，教会学生定义法求轨迹方程的基本步骤，并能对"列关系"这一步的"关系"，从代数及几何的角度去认识、联系，并熟悉一些基本的变换方法，同时知道"△ABC"中蕴含的点的范围。

3）相关点法求轨迹方程。在圆 $X^2+Y^2=4$ 上任取一点 P，过点 P 作 X 轴的垂线段 PD，D 为垂足。点 M 在 DP 的延长线上，且$|DM|/|DP|=3/2$。当点 P 在圆上运动时，求点 M 的轨迹方程，并说明图像的形状。

在完成这个例子的基础上，教师编写两个变式，教会学生相关点法求轨迹方程的基本步骤，并理解了线段间的比例关系，理解"代入"的方法，知道"过 P 做 PD 垂直 X 轴于 D"中蕴涵的点范围。

2. 案例评析

（1）以学生为中心

这节课以学生为主体，教师起主导作用，教师需要关注学生的原有知识，关注学生在学习过程中可能遇到的问题。在教学过程中，教师注重激发及维持学生的学习动机，教授学生解决问题的方法，关注学生的自我反馈，并认可学生的反馈。

（2）注重学生对知识的灵活运用

这节课注重培养学生对知识灵活运用的能力，学习新知识前先复习原有知识，通过推断性问题提高学生对原有知识的运用；学习新知识时，展示范例，变式1与2，三者的共同点就是能强化解决问题的步骤，通过变式练习促进学生对知识的理解以及灵活运用，使学生对所学知识融会贯通。

（3）最大限度地促进学生学习

这节课最大限度地促进了学生学习，使教学效率大大提升，通过解决数学问题学习知识点，学生聚焦于即将开展的重要内容，激发学生的学习兴趣，增强学习动机，学生更积极地参与学习，通过探究解决问题还能增强学生学习的信心，提高学习的效率。

四、基于证据的教学设计应用前景

"基于证据"这个术语与教育词汇紧密相连，学生的学习评价与教育成果的改善都要依靠课堂实践中广泛使用的可靠的证据，循证教学设计的证据可以帮助确定学生学习的位置、决定采取哪些适当的教学策略与干预措施、监控学生进度、评估教学效果。

（一）循证实践在医学领域的应用

"循证实践"的概念起源于医学，其基本思想是医生做出的决定应基于通过严格研究收集到的最佳可用证据——最好是通过随机对照试验，以精心控制的实验形式进行的研究被视为提供了最有力和最可靠的证据来指导实践。在日常医疗实践中，医疗从业者会使用多种形式的证据，除了来自外部研究的证据之外，他们还收集和使用与患者表现出的状况和症状相关的证据（例如通过获取患者病史和安排诊断测试），在监测病人的进展、评估治疗和干预的影响方面起着至关重要的作用。循证医学的大多数定义承认这些不同形式证据的作用和重要性。最早也是引用最多的定义之一，将循证实践描述为"将个体临床专业知识与来自系统研究的最佳外部证据相结合"[①]。

---

① Hannele S，Lynn G F，Tarja K，et al. Practicing healthcare professionals' evidence-based practice competencies: An overview of systematic reviews. Annals of the American Thoracic Society，2019（3）：176-185.

（二）循证实践在教学领域的应用

基于证据的教学同样不仅仅涉及实践的实施，这些实践在对照研究中已被证明是有效的。与医学一样，循证实践依赖于可靠的、本地的、从业者收集的证据与来自系统的、外部研究的证据的整合。"循证教学"的政策和讨论有时忽略了对证据在教学中的作用的更广泛、更全面的理解的重要性。下面就几种教学证据的形式进行阐明。[①]

1. 确定教学起点的证据

教学证据的第一种基本形式就是学生个体在学习中所达到分数的信息，获取教学证据需要确立学习者的原有知识与能力作为教学的起点，并确保能够为个人提供目标明确的学习机会与有挑战性的学习目标。与循证医学实践相似，医学实践需要诊断病人的健康状况才能为其提供适当的治疗。了解学生在学习中的位置、确定教学起点的证据对循证教学至关重要，正如了解的症状对有效的医疗实践来说是至关重要的一样。确定学生学习进度的过程可能涉及对学生以前学习情况的审查（如来自前任老师的证据或来自过去评估的证据），还可能涉及测试或者其他的评估，从而确定教学的起点。

传统的教学观认为，教学仅仅是为所有学生提供适当的课程，教师的角色是讲授相关的课程，学生的任务是学习教师教授的知识，评估的作用是确定学生对教师所教内容的掌握程度，并据此打分。而循证教学使用学生学习的证据来指导与实施个性化教学，教师对每个学生的学习情况有很好的了解，以便为他们提供有针对性的教学和学习机会。这种基于证据的教学依赖一个可以监控学习的参考框架，即一个描述和说明在学习领域发展的"路线图"。它将学习描述为一个持续的过程，通过这个过程，学生在更长的时间内逐步发展更高水平的知识、理解和技能。在基于证据的教学中，进行评估是为了收集证据，利用对学生表现和工作的观察来推断他们当前的成就水平。要彻底了解学生的学习状况，可能需要对他们正在犯的错误或已经形成的误解进行详细的诊断性调查。这通常是进一步解决学生进步障碍的必要证据，也是实际教学实践的一个关键要素。学生成绩的报告不是用百分比或分数来表示的，而是用个人达到的

---

① Masters G. The Role of Evidence in Teaching and Learning. Sydney: Australian Council for Educational Research, 2018.

分数来表示的，通过参考他们所知道的、理解的和能做的来解释。

2. 为教学策略和干预提供信息的证据

教学证据的第二种形式是对有效教学策略和干预进行研究，以促进学生学习，即为教学策略和干预提供信息的证据。首先，了解学生的学习情况是一个起点，然而，接下来如何促进其进一步学习是关键。哪些干预措施能提高学生的理解与技能水平？什么样的教学策略在实践中被证明有效？这类问题的答案来自严格与系统的研究，来自专业的教学经验。其次，有效的教学需要扩展学习者现有的知识、技能和理解力，教师需要知道如何扩展学生的知识，对学习领域本身，尤其是学生学习的顺序有深刻理解。学习如何建立在先前学习的基础上，并为进一步学习打下基础？学生在进步到更高的成就水平之前，必须具备哪些基础的、必备的技能？对这类问题的回答需要研究学习的本质，其在为教学实践提供研究证据方面有至关重要的作用。最后，研究对于揭示学生通常会产生的误解和另类概念方面也发挥着重要作用，有助于理解学习是如何发生的。除了认识学习的顺序，教师还需要了解一些学生走的"旁支路线"以及这些路线如何阻碍学习进步。以洞察常见的、特定领域或特定学科的错误和误解的形式提供证据的研究，有助于教师诊断和解决学生面临的困难。例如，对阅读教师最有用的证据是关于学生如何学习阅读的证据，包括预读和早期阅读技能在为后续阅读发展奠定基础中的作用。对科学教师最有用的证据可能是关于学生如何逐步学习科学的证据，包括与加深对科学概念和原理的理解有关的证据，以及学生通常会产生的误解。循证教育实践有时采取一般解决方案的形式，如"个性化学习""早期干预""元认知""家庭作业""同伴辅导""反馈"。然而，这些类型的一般解决方案必须在教师所教授的学科背景下进行解释和实施。总的来说，教师需要关于在特定学科背景下实施有效教学策略和干预的最佳方法的证据。

3. 评估学生进步和教学效果的证据

教学证据的第三种形式是一段时间内学生学习进展的有关信息，用来评估学习是否有效，判断教学策略与干预措施是否有效。传统的评估方法是根据学生的年龄或年级水平将他们的表现与期望值进行比较，例如，一个五年级的学生学习成绩通常是根据五年级的成绩预期来评估与评分的。然而，这种方法没有考虑到学生的长期情况，没有反映他们长期学习过程中的进步与成长，例如，两个学生取得相同的成绩，一个可能在一年中取得了显著进步，另一个取得的进步很小。除了传统的方法外，还有一种方法是根据个人取得的进步来判断学习是否有效，这种方法基于学习反映在学生知识、理解与技能水平提高的假设上，根据这些提高进行评估，例如评估一个学年的进步。关于学生进步的证据是教学过程中的重要信息，为确定个人是否在学习以及学习的有效性奠定了基础。低水平的进步可能表明学生缺乏努力和/或教学效率低下，因此需要更深入的调查。关于进步的信息是教学效果最直接的指标，也是评估教育政策、计划和教学方法的关键指标。

（三）几种循证教学工具

基于证据的教学设计有具体的实施步骤，操作性强，且证据能提高教学策略、教学过程与教师行为的科学性，因此被广泛应用于教学实践中。有学者将循证教育应用于大学英语课堂，提出在英语课堂进行基于证据教学的教学模式，清晰阐述了大学英语基于证据教学的产生、发展、基本步骤、原则等；有学者将基于证据的教学应用于教师教学决策，从学校和课堂层面对设计有效策略提出要求。[①]将基于证据的教学策略应用于教学过程中，有助于有效教学。下面介绍几种实际教学中的工具。

1. 量规

量规（rubric）是一种评分指南，包含系列等级标准以及具体说明，阐明作业的具体组成部分和期望，可用于各种作业，包括研究论文、小组项目、文件夹和演示。不同类型的知识在制定量规时做法不同，对于一些具体的内容或过程，教师可以进一步细化量规。量规在等级制定上也可以存在差别，在保证基本掌握的等级上设立层次更高的可到达的等级。

一般对于学生的评估有两种方式：一种是利用在集体中的相对位置与排名评价学生，这种方法不利于学生的良性发展；另一种是利用一个标准，评价学生是否达到这个标准，量规就是其中一种，可以提供标准与反馈。对教师来说，量规能帮助教师对所有学生的作业进行一致的评估，节省短期和长期评分

[①] 崔友兴. 循证教学研究的现状、问题与展望. 海南师范大学学报（社会科学版），2018（2）：82-90.

时间，提供及时、有效的反馈，以可持续的方式促进学生学习，阐明学生和课程助教对作业的期望和组成部分，通过评估成绩来改进教学方法。对学生来说，量规帮助他们理解任务的期望和组成部分，更加了解自己的学习过程和进步，通过及时详细的反馈来改进学习。

2. 学习契约

学习契约（learning contract）是教师与学生之间达成的协议，主要内容包括班级学习目标、个人学习目标以及规定的一系列学习活动。班级学习目标是集体的目标，个人存在差异性，需要在教师的指导下制定个人学习的目标与规划，规定的一系列学习活动则是根据学习目标制定的。

首先，学习契约的制定能为学生的自评与互评提供证据。其次，学生在学习过程中会变得更加自主，当学生成为学习契约的一方时，学生会更加密切地参与学习。契约的本质是责任制，契约的过程实际是赋予学生责任的过程，能激发和增强学生的学习内在动机。通过完成契约，学生能获得满足与自信。最后，学习契约能保证学生对学习时间的管理，使课堂不会被干扰。学习契约包括班级管理、课程安排、小组分工等，规定明确、划分清晰、操作性强、反馈及时。

3. 互惠学习

互惠学习（reciprocal learning）是一种以培养学生的阅读理解能力为目的的教学方法，是一种互动式教学。互动式教学使学生积极参与课堂教学，帮助学生成为从被引导到独立的读者，并加强理解文本含义的策略。互惠学习包含四种策略：总结、提问、预测和解释。在互惠学习中，教师通过组织小组讨论，引导学生总结、提问、预测和解释，一旦学生适应了这个过程和策略，他们就会轮流在小组中进行类似的讨论。

总结要求学生找出文章的主要思想和关键点，把这些信息放在一起，学生用自己的话简明扼要地解释这篇文章的意思和内容；提问有助于学生培养批判性思维能力，通过提问鼓励学生深入挖掘和分析来模拟这种技能，例如，让学生思考作者为什么在文体或叙述上做了某些决定；预测是一种有根据的猜测的技巧，学生可以通过寻找线索预测接下来会发生什么，或故事的主要信息将是什么；解释是使用策略来理解不熟悉的单词或复杂的文本，理解问题可能是由课文中的难词引起的，但也可能是由学生不能识别文章的主要思想或要点引起的，学生通过重读、使用词典查找难词、联系上下文等手段进行理解。通过互惠学习可以培养学生的概括能力。

4. 设计练习

为帮助学生发展认识，教师需要积极提供各种家庭作业和练习。在具体安排各项任务之前，教师应首先向学生表明每项任务的目的和意义，增强学生的学习动机，并及时对学生的完成情况给予反馈。

家庭作业作为教师任务布置的重头戏，应该在时间安排和家长参与方面作出规定。马扎诺等指出，作业时间应该用学生的年级数乘以十。[①]比如，三年级的家庭作业量为30分钟，四年级为40分钟，依次类推。不过，当初中生作业时间超过一个半小时、高中生超过两小时，布置作业的价值不仅得不到实现，甚至还会带来相反的效果。因此，为了确保作业的质量和实现预期的教学目标，教师需充分了解学生的个体特征，并在布置作业时考虑到题量和监控两个方面。做作业的目的不是让学生学习新概念或新知识，而是帮助学生提高所学内容的熟练度和正确性。教师还应主动与家长沟通，告知学生的学习和作业布置情况，为学生在家学习创造条件。家长应确保学生在特定的空间不被打扰，能够安静地学习，或者根据教师指导帮助学生分析问题，掌握所学知识，而不是重新教学生。

在学生学习某个内容的初期阶段，教师安排的练习应该及时且相对集中，即"集中练习"（massed practice），随后慢慢安排"分散练习"（distributed practice）。在学生能够自主学习之前，教师必须提供充分的指导。如果前期工作没有做足，学生在继续学习或完成后续练习的过程中，就会出现困难甚至产生误区。集中练习和分散练习相结合体现了教师对学生支架式指导的过程，作业和练习的最终目的在于实现知识的迁移与运用，教师应对此有正确的认识，不应过分放大。

5. 基于问题的学习

"基于问题的学习"（problem-based learning）并不是教师简单地布置一个任务或问题，任由学生通过阅读或者查资料等方式找出答案。其中的关键是，

---

① 任利娟. 基于"卡罗尔模式"的数学教学质量提高方法. 西部素质教育，2016（7）：123.

学生自己需要对所学习的内容"有想法":自己就相关话题了解多少、课文可能讲述的内容是什么、自己对哪方面比较感兴趣,等等。教师要学会引发学生思考,而且这种思考既要开放,又要有针对性。开放指教师要确保打开学生思路,鼓励学生积极动用各种资源;针对性则要求教师对学生给予足够的引导,使其能够朝着预期的目标发展。思考会产生新的问题,学生需要进一步学习探究,以寻找问题的关键或者证实自己的猜想。这一系列过程都需要在一种有目的、主动的学习环境中展开。模拟课堂是教师鼓励学生积极思考和深入学习的一种途径。教师通过模拟真实的情境和安排学生的角色扮演,让学生完全参与其中。这不仅有利于学生得到"第一手的认识或经验",还对学生加深理解以及知识迁移大有裨益。

本 章 小 结

基于证据的教学起源于循证医学教育,并逐渐扩展到更多领域。本章首先介绍了基于证据的教学是教师经验、专业智慧以及教学证据的最佳组合,并对这一概念进行了解释;其次描述了基于证据的教学设计的两种流程,包括基于证据的教学基本流程、以有效教学九项循证策略为基础的教学设计流程;接着列举了基于证据的一般教学流程在化学实验课上的应用案例、九项循证策略教学设计在数学解题课上的应用案例;最后阐明了证据在教育教学上的几种应用,基于证据的教学策略应用于教学过程中的几种工具。

第八章

基于理解的教学设计

1992年，哈佛大学"零点计划"中"面向理解的学习与教学"（Learning and Teaching for Understanding，LTFU）项目组提出了以促进学生理解的理解性教学与学习的理论。1993年，美国哈佛大学教育学院的帕金斯（D. Pekins）教授明确提出了"理解性教学"（Teaching for Understanding）这一概念，自此，国内外众多学者纷纷加入研究"理解性教学"的行列。理解性教学即基于理解的教学。理解性教学是以各种"知识"为中介，它不仅注重学生对知识的掌握情况，还关注学生的学习过程、理解知识时获取的生活意义和人生价值。

第八章

量子理解度学力試

一、概念界定与内涵解析

（一）概念界定

1. 理解

《辞海》中"理解"是"了解、明白事理。能以自己的口语、文字或其他符号，将已知的事实与原理、原则作成解释"[①]。理解是一种倾向和能力。帕金斯和布莱斯（G. Blythe）认为，理解是能够运用，如解释、发现证据、举例、概括、应用、类推和以新的方式呈现同一话题的思考方式。[②]由此可见，"理解"并不仅仅是"了解、明白"的意思，更是在了解、明白的基础上具备实际应用知识的能力。

行为主义认为学习是刺激和反应的联结，而"理解"就是学习者对知识的记忆、提取并用于解决问题的能力。认知主义认为"理解"就是学习者以知识的传输、编码为基础，根据已有信息建构内部的心理表征，并进而获得心理意义的过程。而建构主义认为"理解"就是知识内化的过程，学习者在原有的认知结构上去认识新事物，将新事物纳入自己已掌握的认知结构中并不断形成新的认知结构。美国哈佛大学"零点计划"中 LTFU 项目组的研究者认为，"理解"是在新的场景中灵活运用理论和概念的能力，是指有能力进行一系列行为或活动来展示对主题的掌握，并进一步加强掌握程度，能够学习知识并以新的方式运用知识。[③]而皮亚杰把学习看作不断接受新事物、认识新事物的过程。新事物的理解过程就是学习者认知结构中已有的图式"同化"新事物的过程，是使原有的图式不断建构的过程。

不同学者对"理解"有不同的看法，但总的来说，"理解"就是一个学习

[①] 辞海之家. http://www.cihai123.com/cidian/1064671.html.（2020-03-23）[2022-07-26].
[②] 转引自姚晓慧. 大卫·珀金斯的理解性教学思想透视. 外国教育研究, 2011（1）: 13-17.
[③] 李克建. 为理解而教学. 上海教育, 2006（9）: 38-39.

的过程，一个不断把新知识吸收、编码，并进行实际应用的过程。

2. 基于理解的教学

1993年，帕金斯明确提出了"理解性教学"这一概念。他认为，理解性教学是指，教学人员在特定的教学条件下，按照自我理解和相互理解的模式使试点得以良好再现的方式。理解性教学以教学为目的，以实现教学人员的知识多样性为应用目标，需要协调主体和主体性的关系，调适感情生活，以生活世界观和理解价值观为基础，由跟踪理解、反思理解、沟通理解、心理准备四个环节构成。其中，理解按层次划分为前理解、深度理解、实践理解和反思理解。[1]

基于理解的教学强调以人为对象，以学生自身精神世界的建构为目标。学生的理解是一个逐渐深入的过程，在学习的不同阶段，学生的理解可以有种种不同的程度，可以有不同的水平，不能说只有对事物的本质规律的认识才算是理解。[2]基于理解的教学不同于传统的"传输式"教学，教学能够真正把握知识的核心，并实现知识的运用和迁移。学生能够在这个过程中获得学习的成就感，增强学习的自信心。

总的来说，基于理解的教学以系统研究为基础，以简单、灵活的特点重新组织学习，使其专注于理解。它强调学科体系的完整性和系统性，注重学生能力的培养和习惯的养成。

（二）内涵解析

1. 理解的内涵

理解是每位教师在教学过程中一致追求的，但是每位教师对理解不尽相同。帕斯莫尔（J. Passmore）认为理解有多种表现方式，这些方式之间相互交融又相互独立，且实现理解的课程教学具有多样性。[3]同时，威金斯（G. Wiggins）和麦克泰（J. McTjghe）根据之前的研究，对"理解"做出详细的阐

---

[1] 曾永俊. 基于理解的高中数学翻转课堂教学模式的实践研究. 四川师范大学，2017.
[2] 潘菽. 教育心理学. 北京：人民教育出版社，1980：100.
[3] 转引自马兰，盛群力. 课堂教学设计——整体化取向. 杭州：浙江教育出版社，2011：25.

释和介绍。①国内学者盛群力和马兰针对理解六个维度存在的问题，提出相应的探讨建议。②因此，国内外关于理解维度的阐释为教学设计做好了理论铺垫，旨在实现学生的深层次理解，提高学生的理解力。

在《追求理解的教学设计》③一书中，威金斯和麦克泰提出了理解的六个维度：解释、释义、应用、洞察、移情、自知。

（1）解释

解释是学习者能够根据遇到的问题，回答是什么、为什么、应如何的问题过程；学习者能够根据相关的问题，给予恰当、合理的解释，呈现相应的理论依据，实现深层次的理解。解释的过程不在于事实性知识的陈述，更多的是自己能够运用知识进行解释为什么、应该怎么样的过程，形成合理的说明和论证。例如，学生学习长方体的表面积公式，可以迅速地运用公式进行相关计算，从而解决出现的问题。但是，部分学生虽然能够运用公式，但是对于公式的推导过程，并没有完全理清其中各部分字母对应的关系，因此需要进一步地理解、运用。

（2）释义

释义指学习者通过运用自己的语言，有意义地阐释相关的事件，更加注重对事件的讲述、翻译，形成自己独特的理解。在释义的过程中，侧重于对事件的理解，不是一味地解释和介绍。通过释义的过程，学习者可以了解：学习内容的意义是什么；学习内容与自己存在的联系。基于人们所处的时代背景、文化程度的不同，每个人对同一事件的理解不尽相同，需要研究者从他人的角度，共同合作交流探索、寻找事物的意义。

（3）应用

应用是指学习者能够根据具体的实际情境，灵活地运用所学知识的实际能力。学习者基于已有的知识和技能，熟练地将知识应用于相关的情境中，解决出现的新问题。处于应用的理解层次，学习者首先要掌握相关的知识、概念、

---

① 格兰特·威金斯，杰伊·麦克泰. 理解力培养与课程设计：一种教学和评价的新实践. 幺加利译. 北京：中国轻工业出版社，2003.
② 盛群力，马兰. 意义学习设计. 杭州：浙江大学出版社，2011.
③ 格兰特·威金斯，杰伊·麦克泰格. 追求理解的教学设计. 闫寒冰，宋雪莲，赖平译. 上海：华东师范大学出版社，2017：36-49.

技能，然后了解知识应用的具体情境和条件。在知识的应用过程中，不仅强调知识与情境的结合，更强调知识的创新。在知识应用于情境中，学习者能够在无任何帮助的情况下，自行选择和运用知识，切实地解决实际问题，提高应用的能力。同时，在知识的创新过程中，只有通过对知识的创造、加工，才能实现知识的内化、理解，实现知识自发性的应用理解。

（4）洞察

学习者能够站在别人的角度看待问题，具有深刻、批判、质疑的精神。处在洞察这一理解水平的学习者，更能批判性地看待问题，通过从不同角度反思、考虑问题，实现对问题的深层次理解。同时，洞察更需要学习者能够恰当地理解别人的观点。基于不同的专家、学者对于知识的理解存在不同的观点，学习者更应该合理地看待观点背后的可取之处和不当之处，学会运用包容的心态去理解这些观点，汲取合理之处。

（5）移情

移情是指学习者能够运用别人的眼光看待问题，从对方的情感出发去感受和思考的能力。通过移情这一理解层次，我们能够体会他人的情感、感悟他人的感受。处于移情的阶段，我们必须了解：当出现自己不了解的问题，别人是如何理解的？如果自己处于理解的情况，需要哪些经验呢？因此，学习者必须拥有站在他人角度考虑问题却又能控制自身情感的能力，当面对与自身的观点、意见相左的情况时，仍然能够运用包容的心态看待问题。这不仅有助于自身认知的转变，也有助于学习者自身心态、情感的转变。

（6）自知

自知是指学习者能够对自己的思维方式、行为方式具有清醒的认识，能够认识到自身存在的问题。理解的最高层次就是学习者能够具有元思维能力，正确地认识自我，正确地看待自我认识的优势和局限性。同时，处于自知阶段的学习者，应该深刻地认识到：自己对于相关事件的观点是怎样形成的；自身的理解存在哪些欠缺，如何更好地改正；自身的理解、认识还存在什么不足之处。因此，为了更加深刻地理解世界，学习者应该及时地认识自己，在认识自我的情况下，逐渐认识世界、理解世界。

我们不难发现，理解的六个维度阐释存在一定的抽象性，在课堂教学中应用实施存在一定的难度。基于存在的问题，国内学者盛群力指出，可以借鉴布卢姆的认知目标分类理论、马扎诺的学习维度理论，对理解的六个维度进行改善，应用于教学设计。①"解释、释义"存在相近的意义：重在说明，具有很强的理论性，缺乏一定的可操作性；可以将"解释、释义"概括为领会意义，强调对知识概念的理解与掌握，构建认知的意义，实现对事物的理解，形成相应的观点。"应用"实际上是一种迁移的能力，将学习的知识应用于不同的情境中的能力，亦强调理论与实际的结合，在实际中的创新应用。由于在应用中重在创新，概括为灵活运用，侧重理论联系实际的灵活性，突出应用过程的创新性，更好地解决问题。"洞察、移情、自知"是理解的三个维度，三个维度之间的内涵存在重叠，关系不明确。基于理解最后三个维度的综合理解，强调理解的自我洞察、反思、质疑，主张将"洞察、移情、自知"概括为"洞察自省"。显然，洞察自省意味着学习者能够多方面地思考问题，进行深刻理解，同时具备理解他人、反思自我的能力。

2. 基于理解的教学

基于理解的教学设计，不仅将理解作为一种教学的方法、手段和环节，还将其作为一种教学的思想、精神与理念。将基于理解的教学作为一种教学精神来追求，是对现实教学中对理解的认识和使用的批判与超越——理解是方法与目的、过程与价值的辩证统一，而且以目的与价值为核心。这样，判断一种教学的性质，不是仅仅看教学中是否有理解，是否强调理解，而是统合地看理解的目的、理解的追求是什么。②

基于理解的教学的内涵包含三个层次的内容：①对知识本身的理解，在理解已有知识的基础之上创造新的知识，这就要求教师在教学过程中营造积极的学习氛围，加强与学生的沟通，激发学生的学习兴趣；②尊重学生对知识和环境的理解，鼓励学生积极思考、独立解决问题；③对教与学主体和过程的生命意义的理解。③培养学生的理解，帮助学生的理解，发展学生的理解，是基于理解的教学的最大特点。

---

① 盛群力, 崔昕. 知识领域分类再探讨及其教学应用价值. 现代远程教育研究, 2022（5）: 10-19.
② 陈明选, 刘径言. 教育信息化进程中教学设计的转型——基于理解的视角. 电化教育研究, 2012（8）: 10-16.
③ 李克建. 为理解而教学. 上海教育, 2006（9）: 38-39.

二、基于理解的教学设计流程

威斯金（M. S. Wiske）等提出了理解性教学的四个基本要素：设置衍生性主题、定义理解目标、明确理解的表现、持续的评估。[①]陈明选和徐旸在此基础上将理解性教学设计的基本步骤设定为以下六个步骤：设置衍生性主题、创设理解性教学环境、确定理解的目标、组织理解性活动、呈现理解的表现、持续的评估。[②]

本小节以陈明选和徐旸提出的理解性教学设计的六个步骤为基础，结合传统的教学设计模式，构建基于理解的教学设计流程，具体框架如图 8-1 所示。

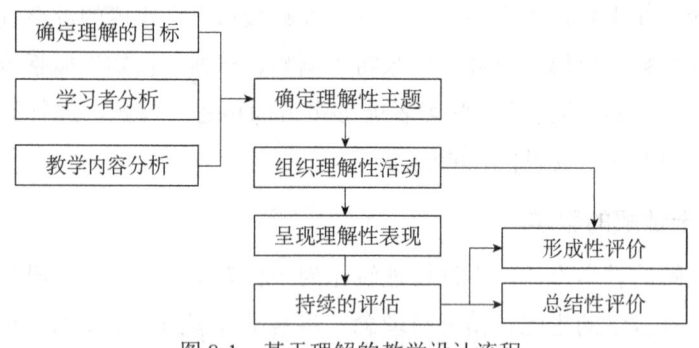

图 8-1 基于理解的教学设计流程

（一）确定理解的目标

教师在制定教学目标时，要明确、清楚地表达学生需要理解的目标。并且各个目标之间要有相关性，课堂目标、单元目标、课程总目标之间要层层递进、紧密联系，学生可以通过一个个小目标迈向对课程中心目标的理解。

（二）学习者分析

学习者是学习活动的主体，学习者所具有的认知的、情感的、社会的特征都将对学习的信息加工过程产生影响。设计的教学方案是否与学习者的特点相适应，是衡量一个教学设计是否成功的重要指标。学习者分析为教学内容的选择和组织、学习目标的确定、教学策略及教学媒体的选择与运用等提供依据。

[①] Wiske M S，Breit L. Teaching for Understanding with Technology. New York：John Wiley & Sons，2013.
[②] 陈明选，徐旸. 论理解取向的信息技术课程教学设计. 现代教育技术，2014（3）：25-32.

学习者分析通常包括以下五个方面：学习者起点能力分析、学习者认知结构分析、学习态度分析、学习动机分析、学习风格分析。

（三）教学内容分析

广义的教学内容是影响人身心发展的一切资源；狭义的教学内容是指教师的教与学生的学互动发展的媒介。教学内容分析的起点和终点与学生学习的起点和终点正好相反。学生学习的起点是学生个人的起点能力，学习的终点是达到教学目标；教学内容的分析一般从学习的终点（即教学目标）开始，采用逆向设计的方法，反复提出并回答问题，也就是说，学生原有的起点正是教学内容要分析的终点。

（四）确定理解性主题

教师如何选择教学内容，如何确定哪些内容是值得学生着重理解的，哪些内容只需要一般性的理解，哪些内容是需要花大力气去深入理解的。确定理解性主题也就是确定具有启发性、衍生性的论题。帕金斯认为，一门学科的核心内容比较容易成为衍生性主题。衍生性主题的特征包括：①与学科内容相关的多种重要观点相联系；②对学生来说，是真实的、容易获得的、有趣的；③对教师来说，是有吸引力并引起兴趣的；④能够产生持续的探索。[1]例如，语文课中的拼音、文言文、古诗词，数学课中的等式、算法、运算规则，英语课中的句式、时态、词性等都可以作为衍生性主题。衍生性主题的设计主要是以小组为单位共同探索确定的主题。

（五）组织理解性活动

教师要把对教学的理解转化为教学表现。教师只有将自己已经理解的观念转化成教学形式才能教给学生，这个转化包括以下过程：①教材准备。教师对教材做出详细的研究审阅，并根据自己的理解做出批判性的诠释，找出遗漏或错误，批判性地将教材加以组织和划分，使教材变得更能配合学生的理解。

---

[1] Perkins D. What is understanding. In M. S. Wiske（ed），Teaching for Understanding：Linking Research with Practice. San Francisco：Jossey-Bass Publishers，1998：39-57.

②选择教学方法。教师根据学生理解的目标选择多样化的表达方式，如讲授（比喻、例子、示范等）讨论、小组学习、发现学习等，以便把自己的理解与对学生期望达到的理解衔接起来。③教师根据学生情况调整、修订教材，了解学生有哪些概念、学习动机、学习困难、学习策略会影响他们对教材的理解，进而根据特定学生的需要调整、修订教材。理解需要注重联系，知道新的观点是如何与那些已学的观点联系在一起的——它们存在哪些相同点和不同点。教师需要思考的是做什么可以使学生所理解的知识与将要学习的知识之间建立联系，以及对知识是如何组织和探究的理解，比如通过类比、案例比较、精心挑选的问题在观点之间找到联系。

（六）呈现理解性表现

理解性表现主要是针对学生的学习而言，而不是教师的讲授。要学习某种事物，并要显示自己有所理解，就要把自己的理解表现出来，如学习乐器、运动、工艺等各种艺术技能活动。其他学习也不例外，教师要设计不同类型的表现活动，以增进学生对重要目标的理解。这些活动包括解说、诠释、分析、建立关系、比较和展示作品等。理解性表现强调学科中的知识、方法、目的和形式的动态关系。加深学生对学科的理解，需要仔细思考它所包括的内容和应用到哪种方法。

（七）持续的评估

所谓持续的评估，就是要在评价与改进之间建立循环联系，就是为学生的理解表现做出清晰回应的过程，目的是改进他们的理解表现。评估涉及学生正确理解了什么以及怎样进行后面的教学和学习。为了使学生的理解性表现达到更理想的效果，学生从一开始就需要各种标准、反馈意见及自我审视的机会来指导。这意味着评价应该从始至终贯穿于整个学习过程中，它可以是教师的反馈意见，也可以是同伴评价，还可以是自我评价。在这个过程中，教师可以制定标准，学生也可以制定标准。尽管有多种合宜的持续评估方法，但唯一的准则就是把标准、反馈意见及自我审查贯穿到整个学习过程中。建立标准、提供反馈是持续评估的两个关键特征。标准的建立需要清晰、相关、面向全体，标准应具体、具有可评价性。提供反馈应涉及四个方面：①阐明。问一些关于不清楚的或者错过的细节问题。②价值。强调任务的强度，告诉学生做得好的地方。③提供关心。表明教师不同意的地方或者确认潜在的问题或挑战。④建议。就上面提到的问题，给出教师的建议。

（八）形成性评价

形成性评价是指在教学过程中为了解学生的学习情况、及时发现教学中的问题而进行的评价。形成性评价常采用非正式考试或单元测验的形式进行。测验的编制必须考虑单元教学中所有重要目标。通过形成性评价，教师可以随时了解学生在学习上的进展情况，获得教学过程中的连续反馈，为随时调整教学计划、改进教学方法提供参考。

（九）总结性评价

总结性评价又称终结性评价、事后评价，一般是在教学活动告一段落后为了解教学活动的最终效果而进行的评价。学期末或学年末进行的各科考试、考核都属于这种评价，其目的是检验学生的学业是否最终达到各科教学目标的要求。

三、典型案例分析

本案例为扬州大学嵇丹丹设计的苏教版小学六年级数学课中的"长方体和正方体表面积"教学设计研究[①]，在此基础上做了一定的修改。

（一）典型案例

1. 确定理解的目标

基于促进理解模式以及数学课程标准的要求，对"长方体和正方体表面积"教学内容进行单元目标和课时目标的具体设计。单元教学目标是指整个单元教学内容的预期达成目标；课时目标通常以单元目标为基础，进行一节课教学内容目标达成情况的预设。因此，综合来看，"长方体和正方体表面积"单

---

① 嵇丹丹. 基于促进理解模式的"长方体和正方体表面积"教学设计研究. 扬州大学，2017.

元分为 2 个课时，具体目标如下。

（1）"长方体和正方体表面积"单元教学目标

知识与技能：学生能够经历具体的生活情境，在探索、发现中理解长方体、正方体的表面积的含义及其计算方法，并且能够运用字母来表达长方体、正方体的表面积计算公式；同时，能够运用表面积的计算方法解决一些实际问题。

过程与方法：通过经历探索长方体、正方体表面积计算方法的过程，积累数学活动的经验，培养学生的比较、归纳、概括的能力，进一步发展学生的符号意识和空间观念。

情感态度与价值观：使学生进一步体会数学与生活的密切联系，感受数学的应用价值，树立学好数学的信心。

教学重点：理解表面积的含义，掌握长方体、正方体表面积的计算方法。

教学难点：运用表面积计算方法，灵活解决实际问题。

（2）"长方体和正方体表面积"课时教学目标

第一，"长方体和正方体表面积"第一课时教学目标。

1）知识与技能。经历探索操作的过程，理解长方体、正方体表面积的含义，知道长方体和正方体六个面面积之和叫表面积，同时，能够运用文字和字母表示长方体和正方体的表面积计算公式，并进行简单的计算。

2）过程与方法。通过小组合作、观察思考、动手操作等解决问题的方法，引导学生探索、发现、归纳长方体与正方体表面积的意义及其计算方法，培养学生的比较归纳、抽象概括、合作探究的能力，进一步发展学生的符合意识和空间观念。

3）情感态度与价值观。通过参与数学探究的活动，感受数学与生活的密切联系，增强数学的应用意识，树立学好数学的信心，获得积极的情感体验。

4）教学重点。理解长方体、正方体表面积的意义，掌握长方体、正方体表面积计算方法与公式。

5）教学难点。确立长方体的长、宽、高；确定长方体表面每一个面的长和宽。

6）教学准备。教学 PPT、长方体盒子、尺、剪刀、硬纸板、牙膏盒。

第二,"长方体和正方体表面积"第二课时教学目标。

1）知识与技能。理解长方体和正方体表面积的含义、计算方法,能运用长方体和正方体表面积计算方法解决一些实际问题。

2）过程与方法。在解决实际问题的过程中,提高学生的应用意识和知识迁移的能力,进一步发展学生的空间观念、符号意识和数学思维。

3）情感态度与价值观。在问题解决中,进一步感受数学与生活的密切联系,体会数学学习的意义与价值。

4）教学重点。运用长方体、正方体表面积计算公式解决现实生活中遇到的有关实际问题。

5）教学难点。根据具体的实际情况,分析、判断、解决实际问题。

6）教学准备。教学PPT、长方体、正方体纸盒。

2. 学习者分析

相较于低年级的学生,六年级学生的身心特征发生了巨大的变化。六年级的学生处于十一二岁,其大脑逐渐发育,趋向成熟。基于皮亚杰的认知发展理论,学生通过同化、顺应、平衡逐渐实现心理的低级到高级的发展过程;同时,六年级学生处于"形式运算阶段",学生的思维逐渐从形象思维转变为抽象思维,能够对学习内容作简单的概括、抽象、类比的处理过程,但是,由于处于转变期,学生仍然需要依赖直观、具体的形象事物,形成对数学内容的抽象理解。

学生的自我意识不断提升、独立性不断增强:一方面,学生能够对一些事物有自己的态度,评价教师、同伴的行为方式;另一方面,能够独立地探索、思考一些数学内容。同时,学生能够不断地寻求自身的内在学习动力,满足自身的学习要求;但仍需家长以及教师的鼓励和支持。此外,学生的自我监控能力不断地发展,逐渐渗透到数学学习的过程中,增强学习过程中补救、准备意识,提高学生的学习成绩。

3. 教学内容分析

（1）课标中内容标准的分析

《义务教育数学课程标准（2011年版）》（简称《标准》）分别从知识技能、数学思考、问题解决、情感态度四个维度对课程目标进行了总的阐述,其中关于"图形与几何"总目标指出：经历图形的抽象、分类、性质探讨、运动、位置确定等过程，掌握图形与几何的基础知识和基本技能；建立数感、符号意识和空间观念，初步形成几何直观和运算能力，发展形象思维与抽象思维；综合运用数学知识解决简单的实际问题，增强应用意识，提高实践能力；体验获得成功的乐趣，锻炼克服困难的意志，建立自信心。

"长方体和正方体表面积"是属于第二学段"图形与几何"的教学内容，第二学段的具体课程目标：探索一些图形的形状、大小和位置关系，了解一些几何体和平面图形的基本特征；初步形成数感和空间观念，感受符号和几何直观的作用；经历与他人合作交流问题的过程，尝试解释自己的思考过程。

同时，在第三部分的课程内容中，对"长方体和正方体的表面积"的学习提出明确的要求：认识长方体、正方体的展开图；结合具体情境，探索并掌握长方体、正方体的表面积计算方法，并能解决简单的实际问题。相较于2001年的实验稿，《标准》增加了"并能解决简单的实际问题"，可以看出《标准》更加注重学生解决问题的能力、应用意识的培养。

通过对《标准》的分析可以发现，在教学设计时，应该注重以下几点：首先，注重"图形与几何"领域内容的基础知识、基本技能的理解与掌握；其次，强调引导学生在经历、探索、发现的过程中形成体验，在解决问题的过程中，提高解决问题的能力，增强学生的运用意识；最后，关注"图形与几何"领域相关的数学基本思想方法的渗透。

（2）教材内容的分析

"长方体和正方体表面积"属于苏教版六年级上册"长方体和正方体"单元教学内容，包括三个小单元：长方体和正方体的认识、长方体和正方体的表面积、长方体和正方体的体积。在学习"长方体和正方体表面积"单元内容之前，学生已经理解并掌握相关的知识，分为两个方面：一方面，学生已经初步认识了长方体、正方体、圆柱、球等立体图形；另一方面，学生已经了解长方形、正方形、三角形、平行四边形、梯形的基本特征，掌握相应的面积计算方式；可以看出，学生已经具备进一步学习立体图形的知识基础和技能。同时，通过"长方体和正方体表面积"的学习，进一步拓展学生认识立体图形，沟通平面图形与立体图形的联系与区别，发展学生的空间观念。

通过对教材的梳理，"长方体和正方体表面积"单元具体内容如表 8-1 所示。

表 8-1 "长方体和正方体表面积"单元内容

具体内容	知识点
例 1	理解并掌握长方体表面积的含义及其计算方法
试一试	理解并掌握正方体表面积的含义及其计算方法
练一练（1）	初步运用长方体、正方体表面积计算方法
例 2	运用表面积计算方法，解决生活中实际问题（无盖长方体）
练一练（2）	初步运用长方体计算方法，计算无盖长方体、正方体的表面积
练习二（10题）	进一步巩固长方体和正方体的表面积的含义、计算方法；并运用公式解决简单的实际问题

通过表 8-1 我们可以发现，"长方体和正方体表面积"单元主要安排了"试一试""练一练""单元练习"等内容，旨在引导学生运用表面积的具体计算方法，解决生活中的实际问题；"试一试""练一练""单元练习"等内容主要引导学生进一步巩固长方体和正方体的表面积含义、公式的实际应用，提高学生解决实际问题的能力，促进学生的理解，增强学生的应用意识。可以发现，在教材的编排中，注重学生的探索发现、合作交流；发展学生的抽象、概括、类比、符号的数学思想意识。通过教材的分析可以发现，在进行教学设计时，应该注意以下几点。

1）在内容呈现上，注重"顺序性"。教材的编排是按照一定的逻辑顺序进行的，内容的呈现具有显著的层次性。之前的学习能够为后续的学习作好相应的基础和铺垫，使学习内容环环相扣，紧密相连。那么在教学"长方体和正方体表面积"内容，教师也能够注重教学内容的内在逻辑顺序，课程内容的呈现应该遵循生活问题—数学问题—生活问题的思路，用数学的眼光发现生活问题中存在的数学思维，归纳解决问题的方法，最终回归到生活问题，将数学知识、思维方法应用于生活问题的解决中。

2）在教学过程中，注重"操作性"。数学学习一方面是学生主动接受知识的过程，更应该是学生自己动手实践、自主探索、合作交流获得知识的学习过程。杜威曾经指出，以学生为中心，强调"做中学"的学习过程，形成直观的学习体验，深刻地理解学习内容。在表面积的教学中，放手让学生观察、探索、发现、交流，理解表面积的含义、概括表面积的计算方法，形成直观的认识，促进学生的理解。

3）倡导教学资源的"开放性"信息技术的快速发展，为课堂教学资源的选择、利用增加了活力。教师不仅可以运用学生日常积累的经验、教科书等资源；还可以运用丰富的网络资源。在"长方体和正方体表面积"教学内容时，教师可以多角度地运用上述课程资源，帮助学生多方面地了解长方体的展开图、表面积的含义、表面积的计算方法；形象、直观地了解教学内容，实现预期的教学目标。

4. 确定理解性主题

"长方体和正方体表面积"是一个注重"表面积"概念、"表面积"计算方法、实际应用、数学思想方法深入理解的教学单元。单元内容旨在通过对概念、方法的深入了解和认识，解决实际问题，形成知识迁移、应用、创新的能力。"长方体和正方体表面积"单元教学内容分为2个课时：第一课时，了解长方体、正方体的表面积含义，理解并掌握表面积的计算公式；第二课时，运用表面积的计算方法解决一些实际问题，进一步理解、巩固表面积的知识内容。因此，结合理解的6个维度及其两个课时的教学内容，设计两个课时的理解性主题，具体内容如表8-2和表8-3所示。

表8-2 第一课时理解性主题

理解的维度		理解性主题
领会意义	解释	1. 什么是长方体的表面积？表面积的计算方法你知道吗？ 2. 长方体的展开图有几个面？各个面分别有什么特点？ 3. 长方体表面有几个长方形？前后、左右、上下面各有什么？ 4. 你能用自己的话概括什么是表面积吗？ 5. 你知道长方形的面积计算公式吗？正方形的面积计算公式呢？除了运用文字表达式，你会运用字母表达正方形的面积吗？
	释义	6. 接下来，你会概括长方体表面积的计算方法吗？还有别的方法吗？能用字母表示吗？ 7. 能否运用类似的方法，小组合作，思考正方体的表面积计算方法怎么表述呢？除了文字表述，试着运用字母表示。 8. 你们发现了什么？长方体和正方体表面积计算方法有什么区别和联系呢？试着用自己的话说一说
灵活运用	应用	1. 如何运用长方体（正方体）表面积的计算方法计算"练一练"长方体的表面积？ 2. 练习二的第1题，试着写一写。 3. 练习二的第3题，试着计算一下。 4. 练习二的第5题，试着写一写

续表

理解的维度		理解性主题
洞察自省	洞察	1. 通过探究长方体和正方体表面积计算方法，我们运用了哪些数学方法？ 2. 你在探究的过程中，有哪些疑惑呢？现在知道错在哪里了吗？ 3. 你对于长方体（正方体）表面积的概念、计算方法还有哪些不理解的？
	移情	4. 他（她）刚刚说的解题方法、步骤有哪些是值得大家借鉴的，有哪里需要改进呢？ 5. 如果表面积的计算方法理解得不透彻，会影响我们的生活吗？
	自知	6. 你对于长方体的表面积计算还有哪一点不清楚的？ 7. 你觉得运用表面积计算公式解决问题，最关键的是什么？ 8. 你们能总结一下今天的学习内容吗？有哪些收获？

表 8-3　第二课时理解性主题

理解的维度		理解性主题
领会意义	解释	1. 回忆一下，什么是长方体的表面积？长方体和正方体的计算方法、计算公式是什么？ 2. 这道例题，要我们解答什么问题，试着说一说
	释义	3. 你们是怎么想的，说给大家听一听。 4. 你选择哪一种计算方法，说一说
灵活运用	应用	1. 你能试着计算练习二的第6—9题吗？思考一下后面的思考题？ 2. 应该如何结合具体情况运用表面积的计算公式解决问题呢？ 3. 设计一个运用表面积公式解决的实际生活问题，说说你们的小组分工？ 4. 你能具体说一说你们在整个过程中的角色安排，以及最后的实际计算结果吗？
洞察自省	洞察	1. 在运用长方体表面积计算方法解决实际问题时，需要注意哪几点呢？试着说一说。 2. 在解决实际问题时，计算方法和之前的计算方法有什么区别呢？有什么联系呢？ 3. 你在思考的过程中，有哪些疑惑？现在知道错哪里了吗？
	移情	4. 与别的计算方法相比较，你的计算方法有哪些优点和不足之处呢？ 5. 通过练习二的实际问题的解答，你觉得运用长方体表面积计算公式还有哪些注意点？
	自知	6. 在计算的过程中，了解自己做错的原因吗？理解了吗？ 7. 你觉得在应用表面积计算公式解决实际问题，最关键的是什么？

5. 组织理解性活动、呈现理解性表现

"长方体和正方体表面积"教学内容单元中，学生通过对长方体、正方体表面积的含义、计算方法内容的深入理解；同时，结合简单的实际问题，运用表面积的计算方法灵活地解决问题，促进学生在解决问题的过程中提高知识迁移、应用的能力，形成学生深入持久的理解。此外，在探究、发现、合作、交流中发现长方体表面积含义、计算公式，进一步发展学生比较、归纳、抽象、概括、类比的数学思维能力。所以，基于促进理解模式的第三阶段，安排相关的教学活动，结合"WHERE"课堂教学结构，通过对"长方体和正方体表面积"教学过程的设计，实现预期的教学目标，帮助学生掌握相关的概念、知识

技能、思想方法等内容，促进学生对内容的深入理解。

"长方体和正方体表面积"教学内容分为两个课时，并结合"WHERE"课堂教学结构，具体的教学过程设计如下。

（1）基于"WHERE"课堂教学结构的"长方体和正方体表面积"第一课时教学过程设计

板块一、激发学习意愿

教学环节一：唤醒旧知，激发兴趣

【设计意图】

通过回忆平面图形的面积含义、计算公式，重新激发学生的内在认知结构；经历复习立体图形的基本特征，使学生认识平面图形与立体图形的区别和联系，建立学生的空间观念；一系列唤醒旧知的过程，一方面使学生迅速进入数学学习的精神状态；另一方面，为下面进一步探索发现立体图形的表面积作好铺垫。

【教师活动】

1）回忆"面积"的概念。

2）出示长方形、正方形面积计算的练习题，让学生试着计算。

3）引导学生归纳总结：长方形面积＝长×宽（$S=a×b$），正方形面积＝边长×边长（$S=a×a$ 或者 a^2）。

4）PPT 出示长方体、正方体，追问：关于长方体和正方体，你们还了解什么？

5）小结：长方体、正方体的具体特征。

6）表扬学生课前良好的知识掌握情况，激发学生的学习兴趣和动力。

【学生活动】

1）回答"面积"的含义。

2）独立完成练习题目。

3）讨论交流长方形和正方形的面积公式。

4）说一说长方体的具体特征：对面相等、棱和顶点的个数、长宽高；正方体的具体特征：顶点、棱、面的个数。

5）积极准备参与新的学习内容。

板块二、明确教学目标

教学环节二：谈话引入，学习新知

【设计意图】

明确教学的目标是促进理解模式的教学设计的第一步骤。通过明确教学的目标，一方面，为教师开展教学活动指明了方向；另一方面，为学生明确了学习的内容。同时，平面图形的面积与立体图形面积的对比，不仅发展了学生由"平面"到"立体"的空间观念的转变和发展；而且激发了学生探究学习的兴趣，增加了学习的动力。

【教师活动】

1) 提问：平面图形有面积，那么立体图形有没有面积？
2) 小结：几何体也有面积，板书写"长方体和正方体表面积"。
3) 谈话引入，明确学习：长方体的表面积。

【学生活动】

1) 举手回答：有的说"有"，有的说"没有"，有的不确定。
2) 学生齐读：长方体和正方体表面积。

板块三、逐步探究主题

教学环节三：初步感知，合作探究

教学过程（一）：初步感知长方体和正方体的表面积

【设计意图】

基于理解的6个维度中的"解释、释义"，设置了一系列提问，引导学生"摸一摸""看一看"中充分感知"表面"的定义，在探究中形成认知冲突，旨在促进学生对物体表面的深入理解；同时，循序渐进地引导学生从一般物体的表面到立体图形表面的认知，丰富了学生对表面的理解，从而揭示长方体、正方体的表面。

【教师活动】

1) 了解学生看到"长方体和正方体表面积"题目想知道什么呢？
2) 谈话进入课题，一起研究学生提出的问题：表面积的含义、表面积计算方法及其区别和联系。

3）指导学生理解"物体的表面"举例说明。

4）举例：有的学生列举了教室门的表面，指名同学上前指一指哪些是门的表面。

5）总结归纳：物体的一圈的面，即物体的表面。

6）出示长方体、正方体的盒子，要求讨论；学生独立思考长方体、正方体的表面是什么。

7）交流归纳：长方体的表面是长方体表面的6个面；正方体的表面是正方体的6个面。

【学生活动】

1）分别说一说想要了解长方体和正方体表面积哪些内容，譬如表面积的含义、计算方法、二者之间的联系。

2）动手找一找、摸一摸并且举例说明物体的表面，例如桌面、文具盒表面、水杯的表面。

3）学生观察思考：门的表面有哪些面，举手回答。

4）学生举手回答，并互相交流。

5）独立思考，举手回答：长方体的表面积等于6个面面积之和，正方体的表面积是其单个表面积的6倍。

教学过程（二）：认识长方体和正方体表面积的含义

【设计意图】

促进理解模式最核心的观点：形成对基本概念的深入、持久的理解。那么，通过理解的6个维度"解释、释义"提出相关的引导性问题，指导学生在形象地、具体地操作、探究中，认识、理解长方体的表面积含义；并鼓励学生运用类推、迁移的数学方法进行正方体表面积含义的认识、理解；同时，在比较、归纳、概括中形成对长方体、正方体表面积含义的理解，促进学生概念的认知和理解，为探究表面积的计算方式作好铺垫。

【教师活动】

1）提问：什么是长方体的表面积？

2）追问：能否将长方体6个面分别标注上下、前后、左右？剪一剪，看看有什么新的发现。

3）点名举手学生回答：什么是长方体的表面积？

4）追问：长方体的表面积实质上是什么？小组讨论交流并派代表回答。

5）交流得出：长方体的表面积是指长方体的6个面的总面积，即6个面之和。

6）提问：既然你们已经了解长方体表面积的含义，那么正方体的表面积是什么？

7）提示：想一想，如何运用类似的方法去探究？

8）指名说一说：交流指出正方体的表面积是表面的6个正方形面积之和。

9）比较二者的区别与联系。

10）小结：正方体是特殊的长方体。含义具有相似性。一句话概括：长方体（或正方体）6个面的总面积，叫作它的表面积。

【学生活动】

1）互相交流。

2）小组合作、动手操作、"剪一剪"纸盒长方体，发现6个面的特征。

3）分别回答长方体的表面积含义：6个面面积之和，即前面+后面+上面+下面+左面+右面。

4）小组代表说一说：什么是长方体的表面积？

5）学生动手操作、独立思考"正方体的表面积"。

6）说一说：正方体表面积是指其表面6个正方形面积之和。

7）讨论交流，说一说。

教学过程（三）：探索长方体和正方体表面积计算

【设计意图】

促进理解模式第三阶段是学生学习的主体部分；逐步引导学生在小组合作、动手操作、自主探究中深化对重要的知识、技能的理解。学生经历"测一测""算一算""比一比""推一推"等数学活动中，逐步直观地了解长方体的表面积与长、宽、高有密切的联系；同时，运用类比的方式独立计算正方体的表面积，一方面初步掌握了知识技能，另一方面实现了数学思想方法的有效渗透。通过直观地感受长方体的表面积含义、表面积计算，为进一步概括归纳表面积的计算方法打下了基础。

【教师活动】

1）比较：有甲、乙两个长方体，同学们能看出哪一个长方体的表面积大吗？猜一猜。

2）交流：如何判定甲、乙两个长方体的表面积大小？要求小组合作、动手操作、探究发现。

3）小组汇报：测量的长、宽、高的数据，单位：厘米（cm）。

长方体	长	宽	高
甲	6	5	4
乙	7	4	3

4）追问：如何具体地计算甲、乙的表面积？小组汇报交流算法（板书计算竖式）。

5）比较交流：甲的表面积为148cm^2，乙的表面积为122cm^2，甲的表面积>乙的表面积。

6）思考：能不能运用刚才计算长方体表面积的方法计算正方体的表面积呢？已知正方体的一条棱长为3cm，试着算一算它的表面积。

7）交流指出：正方体的表面积为54cm^2。

【学生活动】

1）猜想：甲大，乙大，不确定。

2）思考：采取什么方式能够比较甲、乙长方体的表面积大小。

3）合作、探究：测量每个面的长、宽、高，计算6个面的面积之和。

4）小组分别汇报计算方法。

甲：①6×5+5×4+6×4+6×5+5×4+6×4；②6×5+6×5+5×4+5×4+6×4+6×4；③（6×5+5×4+6×4）×2。

乙：①7×4+7×4+3×4+3×4+7×3+7×3；②7×4+7×3+3×4+7×4+7×3+4×3；③（7×4+7×3+3×4）×2。

5）思考并计算：a.3×3+3×3+3×3+3×3+3×3+3×3；b.3×3×6。

教学过程（四）：概括、总结长方体、正方体表面积计算方法

【设计意图】

促进理解模式指出：为了促进学生的深入、持久的理解，学生必须掌握必备的重要的知识、技能；同时，关注学生对重要的过程、方法、规则、公式的理解和掌握。基于"解释、释义、洞察"等维度的引导性问题的设置，逐渐深入引导学生掌握长方体的运算方法，在具体的操作、实践中，经历从具体数字的直观计算，到文字的形象概括，再到符号的深度抽象概括，实现了直观形象思维到抽象概括思维的转变过程。此外，根据《标准》，注重计算方法的多样性与优化的统一，给予每位学生体会、感悟、发表观点的机会，在相互交流、补充中，使观点得到相对的统一，促使每个人在数学上都有所发展。通过运用比较、分类、概括等数学思想方法进行迁移知识，探究、理解正方体的表面积计算方法；在比较、反思、归纳中，实现长方体表面积和正方体表面积计算方法、计算思路的有效沟通，形成了完整的认知结构；不仅促进学生知识、技能的理解、掌握；同时，渗透了数学的思想、方法；发展了学生的运算技能、空间意识、符号意识。

【教师活动】

1）谈话：同学们已经能够计算出长方体、正方体的表面积了，那能说一说列的算式分别代表什么吗？PPT 出示：以长 6、宽 5、高 4 的长方体为例。

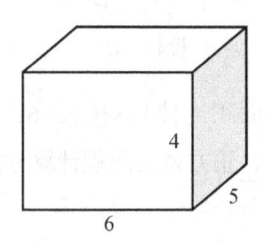

2）小组回答：6×4、6×5、5×4 代表的意义，即 6×4 表示前面的面积、6×5 表示底面的面积、5×4 表示右面的面积。

追问：6×5+5×4+6×4+6×5+5×4+6×4 和 6×5+6×5+5×4+5×4+6×4+6×4，以及（6×5+5×4+6×4）×2 分别代表什么含义？着重强调 2 代表什么。

3）全班总结：计算长方体表面积有两种方法。

a. 将长方体的 6 个面面积全部相加（上面+下面+左面+右面+前面+后面；上面+左面+前面+下面+右面+后面）。

b. 将长方体的其中 3 个不相对的面的面积相加，由于两两相等，所以直接乘以 2；（上面+左面+前面）×2。

4）提问：如果没有给出具体的数字，你能运用长、宽、高文字表述出表面积的计算方法吗？试着说一说。

5）总结归纳：

<u>长×宽</u>+<u>长×高</u>+<u>宽×高</u>+<u>长×宽</u>+<u>长×高</u>+<u>宽×高</u>。
　下面　　前面　　左面　　上面　　后面　　右面

（<u>长×宽</u>+<u>长×高</u>+<u>宽×高</u>）×2
　　底面　　前面　　左面

6）追问：运用符号 a、b、c，你能表示出来吗？

7）总结归纳：$S=ab+ac+bc+ab+ac+bc$

$S=(ab+ac+bc)×2$

8）启发提问：你们能运用类似的方法，归纳正方体表面积的计算方法吗？用字母如何表示？

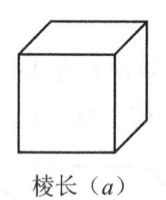

棱长（a）

9）概括总结：正方体表面积=棱长×棱长×6；$S=6×a×a$ 或者 $S=6a^2$。

10）比较、归纳：长方体、正方体表面积计算方法有什么相同点和不同点？

小结板书：相同点与不同点。

【学生活动】

1）独立思考：6×5、5×4、6×4 分别代表什么？

2）思考：下列每个算式代表的意义是什么？

6×5+5×4+6×4+6×5+5×4+6×4

6×5+6×5+5×4+5×4+6×4+6×4

（6×5+5×4+6×4）×2

3）思考：2 代表什么？

4）小组讨论：表面积的计算方法。

5）小组讨论交流：长×宽+长×高+宽×高+长×宽+长×高+宽×高=（长×宽+长×高+宽×高）×2。

6）独立思考，尝试回答：如何运用字母进行表示呢？

7）同桌互相交流：正方体的表面积公式。

8）比较归纳。

相同点：都是 6 个面的面积之和；本质上都属于长方体。

不同点：长方体相对面的面积相等；正方体 6 个面的面积都相等。

板块四、反思学习过程

教学环节四：反思评价，畅所欲言

【设计意图】

通过基于"洞察、移情、自知"等维度的引导性问题的设置，逐步深入引导学生对概念、计算方法、计算思路进行深入的理解和掌握；通过反思，沟通学习过程中前后知识的盲点，了解学生的原有认知错误的原因；进一步加深学生的理解与认识。同时，在思考、探索、发现中逐步理解概念、规则，适时的反思学习的过程，了解认知过程的不足之处；实现对基本概念深入持久的理解，实现预期的学习目标。

【教师活动】

1）谈话：长方体、正方体表面积的含义还有什么地方不理解？表面积计算方法还有什么地方不理解？

2）追问：在探索过程中，计算、概括错误的地方，现在知道原因吗？点名学生回答之前错误的原因，让学生进行自我分析。

3）提问：长方体的两种计算方法，有什么联系？

4）交流得出：乘法分配率或者长方体对面相等。

5）思考交流：现实生活中，在什么时候或做什么工作会接触到长方体形状的物品并需计算其表面积？

6）追问：你认为正确计算长方体的表面积，最关键的是什么？

7）进一步追问：你认为哪种算法比较简便？

【学生活动】

1）说一说：自己感到不解的地方。

2）结合自身情况，理解错误的原因以及改正后的结果。

3）猜测、思考：长方体表面积计算方法的特点和联系。

4）举例说明：学习长方体表面积的具体作用，譬如包装盒、粉刷、壁纸。

5）思考交流：掌握计算的方法，明确长方体的长、宽、高。

6）举手回答：第二种运用了长方体的对面相等的规律。

板块五、展评学习所得

教学环节五：巧设练习，灵活运用

【设计意图】

"展评学习所得"是"WHERE"课堂教学结构的最后一个环节，旨在通过多层次的练习，了解学生对知识、概念的具体掌握理解情况。通过对"真实情境任务"了解学生的知识迁移、灵活解决问题的实际情况；引导学生了解自己的优势和不足之处。同时，促进学生明确是什么，为什么这么做，能够在具体的情境中实现对知识、技能的迁移和应用；发展学生的知识迁移的能力，实现深入的理解。设置的一系列引导性问题，帮助学生从多角度理解知识、技能；实现深入的理解和认识。此外，多层次的联系不仅照顾到了不同学生的理解情况，而且使每名学生在数学上都有所发展和进步。

层次一：填一填

【教师活动】

1）出示：P8 的练习二的第一题填空题，独立完成。

2）指名说一说：正确答案。

3）要求：写错的同学订正错题，重新理清思路。

4）点名回答：回顾长方体表面积计算的方法。

【学生活动】

1）独立完成第一题。

2）判断对错情况，了解自己的计算正确情况。

3）及时订正错题，明确思路。

层次二：解决简单实际问题

【教师活动】

1）出示 P8 的练习二第三题、第四题，独立完成。

2）指名说一说：解题思路、解题方法、解题具体过程、解题注意点（板书：具体解题步骤）。

3）追问：在解决类似的题目中，应该注意什么？

【学生活动】

1）独立完成题目。

2）说一说解题的具体步骤及其注意点。

3）讨论交流：解题步骤。数据准确，单位一致。

层次三：真实情境任务练习

【教师活动】

1）PPT出示：在"迎中秋、庆国庆"的活动中，各大厂家要对生产的各式月饼进行包装，某厂家共生产了60 000块月饼，每6块月饼需要一个包装礼盒，已知一个包装礼盒长2cm，宽15cm，高8cm。请问，需要多少平方分米的包装纸？

2）要求：小组讨论交流。

3）追问：对于今天的学习，你有哪些收获呢？

4）交流得出：长方体和正方体表面积的含义、计算方法 动手操作、探究发现的方法；比较、类比、分类的数学思想方法等。

【学生活动】

1）讨论交流试着算一算。

2）汇报结果。

3）思考并交流自己掌握的具体情况，有哪些已经理解，哪些不理解的？

（2）基于"WHERE"课堂教学结构的"长方体和正方体表面积"第二课时教学过程设计

板块一、激发学习意愿

教学环节一：回顾旧知，巧设伏笔

【设计意图】

通过对长方体和正方体特征、表面积、计算方式的回忆和梳理，深化学生对之前知识、技能的理解和掌握，发展学生的空间观念和数学思维。同时，经过列举生活中应用表面积计算的实际问题的活动，一方面，激发学生学习数学的兴趣；另一方面，为学生提供将知识应用于实践的机会，激发学生的学习动力。

【教师活动】

1）提问：计算长方体表面积计算时的注意点是什么？

2）进一步追问：长方体表面积计算在生活中有哪些应用？举例说明。

3）小结归纳：生活应用实例很多，激发学生进一步地学习应用。

【学生活动】

1）回顾：长方体和正方体表面积的特征、表面积的含义、计算方法及其公式。

2）说一说：明确长方体的长、宽、高；计算时，分清每个面对应的长度；单位名称。

3）讨论交流：列举生活的实例，如零食铁盒的包装纸、壁纸、墙壁粉刷、贴瓷砖等。

板块二、明确教学目标

教学环节二：谈话引入，学习新知

【设计意图】

通过设计促进理解的核心：首先确定教学的目标，进行安排教学活动。环节明确进一步学习长方体和正方体表面积的计算公式应用；一方面，指明了本节课的学习内容基于前面知识的基础；另一方面，明确教学的目标是知识应用于实践，原有内容的拓展应用，吸引学生的学习兴趣。同时，在应用的过程中，不仅增强学生知识迁移、应用的能力，而且提高学生的解题能力，发展学生的数学思维，增强对知识和内容的深入、持续的理解。

【教师活动】

1）提问：能否针对提出的实际问题，运用长方体表面积计算公式解决呢？

2）小结归纳：不同的情况，需要运用不同的计算方法。

3）明确：进一步学习长方体和正方体的表面积，即长方体和正方体表面积公式的实际应用。

【学生活动】

1）举手回答：有的会，有的不会。

2）齐读课题。

板块三、逐步探究主题

教学环节三：小组合作，探究新知

教学过程（一）：小组分享有关"长方体表面积"生活实际问题，并分类认识

【设计意图】

探究、合作、交流是新课程倡导的学习方式，通过放手在生活中寻找资源，体会数学与生活的密切联系；同时，在寻找学习资源、共享学习资源、分类学习资源的过程中，发挥学生在学习过程的主体性作用，将探究、合作、发现的机会还给学生，让学生在主动参与的过程中，积累数学学习的活动经验，进一步培养数学学习的应用意识。此外，基于"解释、释义"引导性问题的设置，帮助学生从数学问题的角度将生活问题进行分类，实现从"现实问题-数学问题"的转化过程，应用数学知识解决问题，实现知识的迁移，增强解决实际问题的能力，实现深层次的理解，激发创造性能力的发展。

【教师活动】

1）谈话：课前，同学们已经收集大量的关于表面积计算方法应用的实际例子，小组轮流汇报收集的信息。

2）板书（小组分享）：

小组一：长方体茶叶桶（外围包装）、鱼缸（无盖）

小组二：火柴盒（内外）、饼干盒（外侧包装）

小组三：灯箱（四周贴着海报）、长方体柱子（四周壁纸）

小组四：长方体鱼缸（制作鱼缸）

小组五：长方体烟囱（制作铁皮）

小组六：长方体立柜、长方体抽屉（木板用料）

3）提问：将找到的各类实例分别归类：启发性归类，如可以以求的表面积个数为标准归类。

【学生活动】

1）以小组为单位，轮流汇报。

2）小组讨论交流：将实例按照标准进行分类。

教学过程（二）：小组汇报交流，探究表面个数是 5 的解题方法

【设计意图】

促进理解模式的核心要旨是促进学生对学习的知识、内容有深入的、直观的理解。学生经历"分类资源—寻求解题方法"的直观、主动的探究过程，理解在具体的实际问题的解题过程、解题思路、解题方法；在直观操作、小组合作、讨论交流中用数学的思维去发现、思考生活问题，从数学的角度，迁移学习的知识、技能，发展学生数学思维能力，提高学生解决实际生活问题的能力。在课堂组织中，一方面，通过理解的"解释、释义、洞察、自知"等维度的引导性问题的设置，帮助学生在数学活动中分析问题、解决问题，促进学生深入地思考、理解；另一方面，在课堂教学中，尊重学生的主体地位，放手学生去探究、发现，激发学生创新的意识和能力，在讨论交流中挖掘学生的深入理解，提高解决问题的实际能力。

【教师活动】

1）提问：明确分类标准，小组汇报交流。

2）板书（分类情况）。

3）交流分类得出。

4）明确提出：研究长方体表面个数是 5 的类型，研究长方体表面个数是 4 的类型。

5）出示题目：长方体鱼缸（无盖），已知长为 5 分米，宽为 3 分米，高为 3.5 分米。求制作一个无盖鱼缸至少需要多少平方分米？

6）指名回答解题思路：

长方体表面积=下面+左面+右面+前面+后面。

长方体表面积=（上面+左面+前面）×2－上面。

7）全班交流归纳：说出两者的区别与联系。

8）请学生独立选择自己喜欢的方法，进行计算。（巡视）

9）分别选择两种解法，投影演示。

10）追问：解答错误的原因是什么？学生经过订正是否完全理解？

【学生活动】

1）说一说：小组汇报具体的分类标准。

2）小组讨论：求 5 个面的表面积的计算方法。

3）独立思考并回答：说出两者的联系与区别，选择哪一种计算方法更为简便。

4）独立计算：选择自己喜爱的一种解题思路。

5）自行判定解答是否正确，理解订正。

6）说一说：解答错误的原因，了解自己是否完全理解错误的具体原因。

教学过程（三）：迁移类推，自主探索表面积个数是 4——解题方法

【设计意图】

"深入、持久"的理解是通过设计促进理解的永恒的目标追求。学生只有深入理解基本概念、重要的知识、技能、过程、思想方法，才能够实现对知识、技能的迁移，灵活地解决数学问题，形成深入、持续的理解力。学生经历长方体表面个数是 5 的教学内容的自主探索过程，理解并掌握了类似的知识、技能、数学思想方法，能够进行自主迁移类推和运用数学知识，独立探究长方体表面个数是 4 的表面积计算方法，提高了独立解题的思维能力。在独立探究的过程中，教师合理地运用基于"解释、释义、洞察、自知"维度引导性问题，逐步帮助学生消除探究过程中遇到的疑难问题，形象、直观地形成对解决问题的思路、方法、关键点的认识和理解，在归纳、概括中形成对 4 个面表面积计算方法的理解，并在进一步的反思活动中，及时发现自己认知中存在的不足之处。

【教师活动】

1）反问：根据之前分类的具体情况，你们能运用类似的方法自主探索表面积个数是 4 的计算方法吗？

2）PPT 出示：长方体饼干盒，长为 17 厘米，宽为 11 厘米，高为 22 厘米；如果在侧面贴满一层包装纸，至少需要多少平方厘米？

3）点名回答（板书）：

长方体表面积=左面+右面+前面+后面；长方体表面积=（前面＋左面）×2。

4）追问：概括得对吗？全班进行交流。

5）选择合适的方法，自行解答；选择样本进行投影展示。

6）追问：知道错在哪里了吗？

7）进一步追问：现在理解了吗？

【学生活动】

1）独立探索：猜一猜，算一算。

2）读题，自主探索：解题思路，解题方法。

3）举手回答：解答的过程、结果。

4）判断解答过程是否正确，对错误理解进行纠正。

5）反思解题思路以及错误的原因。

6）自我反思、总结、归纳解答的具体方法以及需要注意什么。

教学过程（四）：概括、总结归纳两类表面积的计算方法

【设计意图】

基于"洞察、移情、自知"等维度的引导性问题的设置，引导学生在比较、发现、反思的活动中，形成对不同类型长方体表面积解题方法的认识和理解；对不同类型解题方法之间的联系和区别进行沟通，进一步发展学生对"长方体和正方体表面积"的认知，形成整体、完善的认知结构。在比较归纳的过程中，让学生经历"生活问题—数学问题"的认识过程，从数学的角度看待生活问题，提高解决问题的过程与能力，发展数学思维。同时，在讨论交流中，一方面，让学生进一步体会、感悟、补充对长方体表面积的认识，形成全面、深刻的理解，促进每个学生在数学思维上有所发展；另一方面，在比较、概括、归纳中，教师渗透数学学习的思维方法，让学生掌握必备的知识、技能，提高学生的数学语言表达能力。

【教师活动】

1）提问：你能用一句话概括求长方体表面个数是4或者5的表面积的计算方法吗？

2）比较与归纳：长方体表面个数是6、5、4的长方体表面积有什么相同点与不同点，归纳表面积计算的方法与思路。

3）追问：在解决此类问题时，解答过程中要注意什么？

4）全班交流归纳：理清题意，明确长方体的长、宽、高；具体求哪几个面；运算准确；注意单位名称。

【学生活动】

1）概括：用自己的话说一说。

2）小组讨论、交流。

3）独立思考，回答问题。

4）理清解答过程中的注意点与关键点。

板块四、反思学习过程

教学环节四：反思评价，畅所欲言

【设计意图】

"反思学习所得"是 WHERE 课程教学结构的第四部分，旨在通过对学习过程的知识技能、过程、思想方法进行回顾和总结，实现具体情境的迁移与运用；在反思、比较、归纳的过程中，形成对基本概念的深入理解。同时，基于"洞察、移情、自知"等维度的问题设置，一方面，进一步引导学生评价他人及自己理解的具体情况，了解自身的不足之处以及错误的缘由；另一方面，帮助学生纠正错误的概念、知识认知，建立完整、正确的认知结构，形成对概念的深入理解，实现学习的预期目标，实现最优化的课堂教学效果。

【教师活动】

1）谈话追问：对长方体表面积的几类求解方法还有不理解的吗？

2）提问：在解决具体的生活实际问题时，最关键的是什么？

3）追问：在探索的过程中，解题思路、解题方法不清楚，现在知道自己错误的原因了吗？（点名回答归类）

4）思考：学习各种长方体表面积计算方法，对生活有什么意义？

5）进一步追问：在整个解题的过程中，应该关注哪几点？

6）小结归纳。

【学生活动】

1）思考回答。

2）说一说：实际运算中的关键点。

3）反思：说一说自己的理解的不足之处以及错误的原因。

4）讨论交流：完整解题过程的注意点。

板块五、展评学习所得

【设计意图】

通过"展评学习所得"环节，了解学生对学习内容的具体理解、掌握的基本情况；一方面能够帮助学生自知知识、技能的理解程度；另一方面，锻炼了学生在具体生活情境问题中的数学思维、数学解题的能力。同时，在"真实情境任务"中的真实表现，不仅考查了学生学习"长方体和正方体表面积"的具体理解、应用的层次，而且指明接下来如何改变学习计划，更好地深层次理解。此外，基于"洞察、移情、自知"维度的问题设计，引导学生逐步对学习的知识、技能、过程方法等进行回顾与总结，在反思中了解自己的优势与不足之处；多层次的练习设计满足了不同学生的发展需求，以实现人人都能在数学获得发展与进步的目标。

教学环节五：多层练习，灵活迁移

层次一：基础练习

【教师活动】

1）出示：P8 的练习二的第二题。

2）点名说一说：正确答案。

3）追问：重新订正，错误的原因了解了吗？

4）小结归纳：长方体表面积计算的方法、公式及其注意点。

【学生活动】

1）独立完成。

2）判断对错，及时订正错误。

3）小组讨论，回答。

层次二：提高练习

【教师活动】

1）出示：P9 的练习二的第八题、第九题。

2）指名回答：解题的思路、方法、步骤（板书）。

3）小结归纳。启发性提问：在解决生活实际问题时应该注意什么呢？

【学生活动】

1）学生独立完成。

2）说一说：解题的具体思路、步骤。

3）独立思考，说一说。

层次三：真实情境任务练习

【教师活动】

1）PPT 出示：小明家准备装修房屋，准备将小明的房间进行重新装饰。将房间的四周贴上壁纸，已知条件房间长 5 米，宽 7 米，高 3.5 米，其中门和窗户总共 4.5 平方米，壁纸每平方米 250 元。请问：壁纸至少需要多少平方米？需要多少元？

2）要求：独立思考、写一写。

3）点名回答；全班交流。

4）追问：还有什么地方不理解的？

5）启发性追问：有什么收获？

6）交流得出：实际问题需要理清解题思路、理解解题的方法、明确解题过程。

【学生活动】

1）独立思考，试着写一写。

2）全班交流答案。

3）思考：获得的具体数学知识、技能、解题方法。

4）回顾自知。

6. 持续的评估

通过对"促进理解模式"教学评价理论的叙述，在"长方体和正方体表面积"两课时教学时，主要教学评价方式如下。

（1）非正式提问、讨论、交流

基于理解"解释、释义、应用、洞察、移情、自知"6 个维度引导性问题的设置，帮助学生进一步分解探究活动中的问题，把握探究过程中的重点，突破教学内容的难点，实现教学目标的达成。在"提问、讨论、交流"等方式中，了解学生在表面积的含义、表面积计算方法的认识与理解的具体情况；同时，了解学生在具体的问题解决过程的灵活使用情况，是否实现了深层次的理解；是否能够根据实际情况，灵活迁移运用知识，解决实际问题。该环节的评价方式主要为形成性评价，教师通过提问、讨论等形式了解学生的学习情况，从而根据反馈随时调整教学计划。

（2）书面检测评价

书面检测评价主要出示客观题、主观题等内容，了解学生对知识、内容的具体掌握情况。小学阶段，教材通常配备了"补充习题""同步练习与测试"课程练习内容。在教学过程中，对课堂习题、补充习题与同步练习与测试进行练习，了解学生对"长方体和正方体表面积"的基础知识的理解与掌握情况；此外，及时进行反馈，更正学生的错误认知，深化学生的理解与认识，实现重要知识、技能的深层理解与掌握。该环节的评价方式包括形成性评价和总结性评价，课堂习题、同步测试等为形成性评价，为教师提供学习反馈；单元测试为总结性评价，主要检测学生的学习成果是否达到学习目标。

（3）真实情境任务的表现评价

通过复杂情境的设置，了解学生能否灵活迁移、运用知识，解决现实情境中的问题。根据"长方体和正方体表面积"教学内容两个课时，分别设计真实情境任务，了解学生的具体理解情况。该环节的评价方式包括形成性评价和总结性评价。

（二）案例评析

1. 巧妙设置基于理解6个维度的引导性问题

一个好的提问应以学生为本，体现教师对教材的深入研究，应与学生的知识基础、情感基础相适应，能激发学生探究解决问题的欲望，有助于实现教学过程中的各项具体目标，并富有启发性，使学生内省。因此，在设计课堂提问时，应该更多地关注学生，进行设计引导性问题。在应用促进理解模式时，基于理解的6个维度进行设置相关的引导性问题，更应该帮助学生能够在具体的课堂情境中，探究、发现、归纳、概括数学的知识内容，促进学生进一步认识与理解。但是，在实际的课堂情境中，学生的回答可能超出教师的预设情况，那么，教师就应该抓住机会，发挥机智，巧妙地设计问题，进一步引导学生探究与发现。因此，在实际的课堂教学设计时，一方面，教师应该注重对前设的引导性问题的关注；另一方面，注重课堂上的"生成性"内容，巧妙设置，因势利导，及时设计相应的引导性问题，进一步引导学生的认识与理解，使教师能够在"预设"与"生成"之间灵活切换，实现教师在课堂教学过程中的组织者、领导者、帮助者的角色，体现教师的主导性作用。

2. 扎实巩固重要的基础知识、基本技能

基础性是基础教育的本质属性，世界各国基础教育课程改革都表现出对"基础"的重视，基础知识与基本技能在知识的学习过程中扮演着关键性的角色，影响着学生能否灵活实现知识的迁移与运用，决定着学生能否对基本概念、基本知识有着完全的理解与掌握。因此，基于促进理解模式的教学设计中，一方面，教师能够细化教学设计的过程，尽可能多地组织学生进行直观操作、感受、体验，逐步引导学生对基本概念、规则的认识与理解，积累活动的操作经验，感悟数学的思想方法；另一方面，教师设置多层次的练习，引导学生在多种多样有趣的练习中巩固和运用基础知识、基本技能，并在实际应用过程中，灵活迁移、运用基础知识与基本技能，切实地提高学生对基础知识、技能的理解，提高学生的理解力。

3. 灵活运用"WHERE"课堂教学结构

在设计基于理解的教学过程中，提出了"WHERE"课堂教学结构。在实际的教学设计过程中，帮助教师明确了课堂教学的具体结构，提高了课堂教学的效果；在运用该种教学方式时，更应该根据课程内容的性质是否重在突出理解性的单元教学内容；同时，也可以根据课程内容的教学步骤，灵活改变"WHERE"课堂教学结构，使其更好地应用于教学内容，提高教学效果，为学生的理解与应用做准备。

四、基于理解的教学设计应用前景

不同于传统的"灌输式"教学，基于理解的教学主张以学生为中心，以促进学生对知识的理解为目标，受到很多教师和学者的欢迎。

（一）基础教育

近年来，我国基础教育取得了一定的成果，受到各界的广泛关注。但透过

成绩，我们也能看出目前我国基础教育改革存在的一些问题。例如，我国学生学习成绩较好，但科学素养不佳，总体发展不均衡；我国学生的内在知识结构不合理，阻碍了学生的理解力；应用意识的薄弱不利于学生将所学的知识灵活地运用到具体的情境中，从而解决实际问题等。因此，我国的基础教育不仅应该注重学生的基础知识和基本技能，而且应该强调促进学生的理解，增强学生的应用意识。总的来说，促进学生的理解成为教学的重要目标。

因此，教师在进行教学设计的过程中，要以促进学生对知识的理解为目标来安排相关的教学活动。第一，对教学内容进行分类，了解哪些内容需要深入理解，哪些内容只需简单了解。促进理解模式的课程优先选择图，将课程内容分为三个层次：应该熟悉的课程内容、应该了解并应用的内容、深入持久理解的内容。对单元数学知识进行排序，了解哪些知识需要应用、理解，把握教学的重难点，实现预期教学目标。第二，要注重关键问题的引导作用。在教学设计时，要注重关键问题的设置和运用。通过关键问题的设定，吸引学生参与课堂的讨论交流，深层次地理解知识、应用知识。同时，在教学设计中合理地运用关键问题，提高课堂教学的有效性。第三，为学生提供探究发现的机会。需要深入理解的观点大多数是抽象的、非直观性的。考虑到儿童的身心发展特点与思维特点，教师有必要给予学生在真实情境中探究知识、理解知识的机会，真正提高学生抽象观点的理解能力。同时，新课标倡导动手操作、探究发现的学习方式，改变了传统的教学方式，提高了学生的实践探究的能力，培养了学生的创新精神。因此，在教学过程中，教师应尽可能地给予学生探究的机会，以促进学生对知识的深入理解。

（二）高等教育

高等教育是培养高级专门人才的教育，旨在为我国经济复苏和发展培养专业性精英型人才。除此之外，高等教育还具有科研和直接服务社会的职能。不同于基础教育，高等学校教学方法具有特殊性，高等教育更注重学生的自主探究、自主创新，教学中学的比重逐渐增大，由传授法向指导法转化，教学内容上由传授基础知识为主转向传授专业知识为主，校内教学和社会实践相结合，教学与科学研究相互渗透。在这种情况下，基于理解的教学更加适合高等教育，从而培养学生的探究能力和创新精神。

高等教育要坚持"为理解而教"的理念，实现教学手段和目的的统一、教学方法和精神的统一，特别是要追求以理解为精神的教学，追求人的生命意义的实现与超越。第一，教师应把生产实践和科研中所涉及的真实问题编入教学大纲的要求之中。根据实际生活和专业发展的需要，调整学习的难点、重点，使学生所学的知识能学以致用，以有利于培养学生发现问题、分析问题、解决问题的能力。第二，在学生的培养计划和方式上要体现"以生为本"，要充分尊重学生的个性发展，课程和专业的选择要体现一定的自由度。

（三）职前教育

目前高职培养学生倡导的行动导向教学倾向的是一种教学方法或模式，强调学生中心，教师引导，在"做"的实践过程中达到认知和技能学习目的培养。在能力为本位的高职教育中，虽然职业能力被作为教学目标，但目标对能力的诠释却很薄弱，或是笼统地对"掌握……技能"的行为进行阐释；或是将目标划分为几种类型，如有的高职使用的知识、技能、素养的三维教学目标。这样的目标设计不仅难以将行动导向教学的"行动"目标展现出来，也阻碍了学生对职业技能理解的生成，使学生无法在活动中建构知识。例如，目标表述不清，容易侧重行为本身而忽略行动内含的理解的达成，学生无法真正理解技术知识和行动的原因。又如，三维目标体系无法体现知识、技能、素养三者的联系，不利于学生职业能力的整合和学习力的提高。

因此，在此背景下，面对经济全球化，高等职业教育担负着培养适应现代创新人才的历史重任，必须把培养学生实践能力和创新能力作为目标，为社会输送高素质的技术应用型创新人才。实践能力和创新能力是理解性教学的两个制高点，加强理解性教学是培养应用型创新人才的基础，因此可以在当前学院企业行政管理课程教学中实践理解性教学模式。教学的基本指导思想是，以围绕制作和提取证据为中心，坚持理论标准与实际应用相结合、考评记录和培训教材相结合、不同的考评内容与相同的考评背景相结合、专业教学目标与职业资格考评目标相结合的原则，将团队建设和信息沟通贯穿教学和考评的始终，从建立模拟团队入手，挖掘和利用现有资源，设计贴近实际的场景，使学生得到犹如在企业工作一样的体验，从而提高他们的实际动手能力。

本 章 小 结

基于理解的教学设计是一个新兴的研究主题，其核心思想在于倡导学习者根据自身已有的知识基础对新信息意义本质的内化、联系与建构。接下来，以威斯金和弗朗茨以及陈明选的教学设计为基础，构建一套基于理解的教学设计流程，并以扬州大学嵇丹丹所设计的苏教版小学六年级数学课中的"长方体和正方体表面积"为案例，对该流程及应用前景进行具体的解释和说明。

第九章

教学设计研究前沿的总结及展望

在不断更新迭代的人类社会里,基础学科的不断发展、社会与人文环境的不断变迁,都促进了教育设计的变革。1990年以来,研究者更加注重教学环境的创设以满足学习者兴趣和需求,强调以学习者为中心,如基于问题的学习、交互式教学、基于学科的教学、合作与协作学习等。教学设计者着眼于网络课堂的设计、学习环境的策略设计和设计效能的优化设计等。纵观教学设计的发展历程,在学科交叉、领域融合和多元哲学倾向并存的当下,提出如下展望:一是为教学设计环节提供理论指导,促进学习效果的提高;二是全面深入研究挖掘对教学设计有用的理论,使理论基础真正起指导作用;三是保持严谨、务实和科学的研究态度;四是教育者应根据实际情况,灵活运用教学设计理论,寻求适合自己的教学风格和教学模式。

第九章 教学设计研究前沿的总结及展望

教学设计是教育实践领域中最直接得益于系统科学"老三论"（即系统论、信息论、控制论）的理论研究成果。但从系统科学的历史发展进程来看，当时的系统科学尚处于第一发展阶段——一般系统论。它的主要贡献在于指出了还原、拆解式思维方式的弊端，认为这种只见树木不见森林的研究视角将直接导致研究对象整体性的破坏。因此，一般系统论强调系统、整体以及整体的性质，认为宇宙中的客观事物都是以系统的形式存在、发展的，系统内部的诸要素不可割裂，而应被视为相互联系的若干部分，任何系统（包括系统内的子系统）都必须通过内部要素间的相互联系形成整体才能发挥整体必要的功能。

系统科学在20世纪70—80年代也取得突破性的发展，进入第二阶段——自组织理论。而且作为一种具有普遍指导意义的科学研究方法论，它在各个领域的研究成果早已遍地开花，甚至20世纪末以来，系统科学研究已大有向第三阶段——复杂性理论进展的趋势。纵观20世纪90年代以来的教学设计研究，可深切感受到教学设计处在各种变革力量的激荡中。种种变革力量交融激荡的态势昭示着教学设计研究与实践发展的流变。综合国外教学设计发展现状，教学设计的发展走势表现出如下特点：处在变革力量的激荡中；基本假设倾向于建构主义；重心转向学习环境设计；重视以学习者为焦点的研究范型；吸纳多学科研究领域养分；关注信息技术的教学应用；多元哲学倾向的模式构建；与变革的社会协同演进。

当前，人类社会跨入前所未有的信息时代，各学科都在飞速发展，有关学术交流日益频繁，学科间的交叉更加密集。在此背景下，教学设计研究与实践发展所表现出来的各种倾向构成了影响未来教学设计发展综合力量。这些力量相互交织、相互影响，汇成了当代教学设计研究变革的洪流，正在创造教学设计发展的崭新图景。当前，在教育理论研究领域流派纷呈，理论的多元性势必影响到教学设计实践的多元性。

一、促进教学设计变革的因素

(一) 直接因素：基础学科的进展

当前，学习理论、系统科学、信息技术迅速发展使学习方式发生巨大变革，也为教学设计研究提供了更深入的理论指引、更核心的手段支持与更彻底的方法变革。

第一，学习理论将研究方法与不同学科的理论体系进行沟通与深度整合，这些学科包括脑科学、计算神经科学、认知科学、医学和教育学等学科，形成了具有一套独特话语体系的新兴研究领域，其理论的发展和独特的方法给教学设计研究带来了巨大的变革。其中，脑科学从分子水平、细胞水平、行为水平研究自然智能机理，建立脑模型，揭示人脑的本质，使人们进一步了解人类如何学习。计算神经科学使用数学分析和计算机模拟的方法对神经系统进行模拟和研究。脑科学和计算神经科学都从生物学方面为如何进行有效的教学设计提供了重要启示。认知科学研究发展了不同的学习观，形成了对学习本质、知识属性的不同看法。近年来，其研究成果如情境认知理论、认知弹性理论、认知负荷理论等，对教学设计产生了积极指导意义，为教学模式的发展提供了心理学依据。此外，建构主义认知观在过去二十年成为教学设计研究的主导范式，但在建构主义对教学设计产生巨大影响的同时，批评的声音也从未停止，其中不乏有价值的观点和引人深思之处。

第二，在教学设计研究中引入系统论，旨在探明教学活动基本要素是如何借助彼此间非线性的复杂关联，通过相对运动产生复杂的输入输出行为，进而表现为整个教学系统及各个子系统的运行过程的。现在回头来审视系统科学与教育研究的这一次结合，还是比较成功的。教育研究首次告别纯粹思辨的模糊研究方法，转而采用科学的、相对精确的自然科学研究方法，因此，对于教育研究的方法论层面具有里程碑意义。把教育作为一个既一般又特殊的系统加以考察和分析，在很长的一段历史时间内，大大促进了人们对教育的认识与理解。直至今日，一般系统论仍然在教学设计四大支撑理论中居于首位，长期为其提供方法论指导。

20世纪70年代以来，系统科学的基本内容由"老三论"发展成为以耗散结构理论、协同学和超循环理论为代表的"新三论"。"新三论"以系统为对象，主要研究其有序与无序、平衡与非平衡等状态的内在机制及转化条件。由于这种内在机制及转化条件取决于系统内部各组成要素之间的相互联系、相互作用，即涉及系统的"自组织"问题，因此，"新三论"在整体性、动态性、层次性和最优化的基础上，表现出与系统"自组织"相关的开放性、非线性、协同性、涨落性等新特征。新的系统科学理论所引入的理念与方法对教学设计研究产生了重要的指导意义，如关注教学系统的开放性，关注系统要素之间的非线性关系，充分运用系统中的协同现象，促进形成有效涨落从而激发学习动机，等等。此外，系统科学的其他理论，如整体系统理论、复杂系统理论等，也对教学设计产生了很大的影响。

第三，新技术的发展与应用不断改变着我们的学习，利用技术促进学习的创新设计不管是现在还是未来都将是教学设计研究所面临的主要课题。云计算技术的发展改变了我们过去对于设备与资源的依赖；移动技术的发展将互联网的资源装入了我们的口袋；可视化工具的出现使信息的呈现更有利于深入事物的本质；虚拟现实技术所创造的虚拟世界为我们提供了积极的、沉浸式的游戏式学习环境、学习资源和学习工具；Web2.0以及社会网络等技术的进步，为学习者提供大量的社会性交互和个体参与的机会，使虚拟世界的协作成为潮流。新兴技术的应用让终身学习迅速步入"泛在学习"（ubiquitous learning）时代。在泛在学习环境中，学习无处不在，学习需求无所不在，学习资源无所不在；学习是一种自然或自发的行为，学习者积极主动地投入学习，他们所关注的是学习任务和目标本身，而不是外围的学习工具或环境因素。泛在学习的提出也给教学设计带来巨大的挑战：应如何实现新型学习秩序的重构，实现师生角色的重新定位，实现学习环境、资源、交互策略的全新开发，等等，都是需要深入研究的问题。

（二）间接因素：社会与人文环境的变迁

学习理论、系统科学等多学科的新发展为教学设计提供了重要的养分，新兴技术的应用与学习方式的变革为教学设计提供了更广阔的空间。随着时代的发展，教学设计研究领域凸显其深度广度的同时，也更为激荡、变革和创新。

当前，教学设计研究呈现多样化的认识论倾向，客观主义、建构主义以及新的具身与生成论、耗散结构理论、协同学、超循环理论和复杂系统理论，等等，各种力量纷繁激荡，指导着多元哲学倾向的各种模式模型的构建，共同影响着教学设计研究的走向。而这些理论给教学设计带来了困惑和挑战的同时，更带来了变革性的发展机遇。一方面，社会文化的广阔视域把教学设计研究带入文化领域的兴趣点和核心议题，如权力、政治、性别、种族等。这些新的视角为教学设计研究提供了新的分析模式，它将研究重点从学习者的认知过程或绩效表现转移到学习者的价值观、意愿和感知上，将研究对象从抽象的、客观化的目标受众转到真实情境中的现实人身上。社会化媒介与移动技术使学习发生的环境不断地扩大，以至无所不在，而学习资源的设计也指向了巨大的社会网络。与此同时，也正因为信息获取的便捷和学习的无所不在，人们更加关注新技术支持下的微观学习过程，关注学习者本身以及他们的爱好、动机和意愿。另一方面，在宏观教育系统中（特别是企业实践领域），教学设计研究的广度和深度正不断扩展和延伸。面对复杂的外部环境，项目需求、质量、人员、成本、资源等因素被视为直接影响理论向实践转化的关键，而这些关键备受人们的关注。设计效能的问题促进了管理学领域的理论和观点与教学设计相结合，从而形成新的研究成果，为进一步指导社会实践奠定基础。

二、近年来教学设计理论研究的回顾

1990 年以来，研究者更加注重教学环境的创设以满足学习者兴趣和需求，强调以学习者为中心，例如基于问题的学习、境脉（context）学习、交互式教学、基于学科的教学、合作与协作学习、基于项目的学习以及开放性学习环境等。互联网等媒体的快速发展也为教学设计提供了强大的技术支持。以下从两个方面对几种典型的教学设计理论进行简要阐述。

（一）促进认知发展的教学设计理论

1. 建构主义教学设计理论产生的影响

建构主义理论认为，传统的机械式的教学模式已经无法继续适应时代的发展要求。在建构主义学习理论的指导下，学习者开始占据主体地位，教师的角色有了较大的转变，从一开始的领导者变成现在的辅助者。学生学习的方式也发生了翻天覆地的变化。各种学习过程中的交互已成为主要的学习模式，尤其是在当前信息媒体与科学技术高速发展的 21 世纪，学习工具的多样性为学习者的学习提供了有力的支持。此外，基于问题的学习、基于情境的学习以及协作学习等多种学习模式也建立在建构主义的基础上，并逐步完善成型。

美国密苏里大学哥伦比亚分校杰出教授乔纳森（D. Jonathan）认为，"问题"是建构主义学习环境的核心，很多种解释性和智能性的支持系统环绕在它的周围，包括信息资源、认知工具、对话与协作工具、社会背景支持系统等。[1] 在大多数建构主义学习环境中，学习者需要探究并清晰地表达或反思自己的学习行为。学习者要表述他们正在环境中做什么以及他们这样做的原因，并且应该给出提供教学支撑的教学策略。为此，乔纳森进行了如下描述：①示范，其中包括操作示范、表述推理；②指导，其中包括动机驱动、监控和调节学习者、出发反思，以及扰乱学习者的模型；③搭建脚手架，其中包括调整任务难度、重构任务以替代知识和提供新评价。

2. 精制理论指导下的教学设计产生的影响

根据前人的研究，赖格卢斯（C. Reigeluth）提出了精制理论，这是一种新的教学设计模式，也被称为"精细加工理论"。精制加工理论认为，教师需对教学内容进行了两方面的设计：①组序。教学内容应该设计得有阶梯有层次，要注意从共性到个性，从一般到特殊循序渐进地进行；教学过程也是如此，在教学时要先教授一般性的知识，待学生掌握并有一定的基础之后再给学生教授特殊性的知识。②综合。教师在设计教学内容时，要把握整体和部分的关系，没有孤立零散的知识，每一部分的教学内容都与其他内容有很强的相关性。

在教学的顺序和范围方面，精制加工理论可以对学习的内容和方法做出指导。精制加工理论认为不同的学习情境需要特定的指导方式，为如何建构整体知识框架提供了一个新的思路，教师在教学时可按照自身专业特长和教学内容的不同，对教学内容的先后顺序、范围及策略等进行选择。

在精制加工理论的指导下，一个新的框架出现，该框架展现出一种全新的

---

[1] 乔纳森. 学习环境的理论基础. 郑太年，任有群译. 上海：华东师范出版社，2002.

范例和思路，在教学内容的排列顺序和选择范围方面做出改变，进行整合重组。这个框架包括三种策略：精制顺序、概念精制顺序和简化条件法。精制顺序比较看中知识的相互关联性，重视观察数据是这种排序方式的特点，该理论运用螺旋式或者论题式的方法，从一个广泛的、大的原理过渡到具体的、小的原理。概念精制顺序是指教师从易到难来教授概念知识，先从范围较广的、简单的一般概念开始，然后教授范围较窄的、具体的概念，直到学习者完全掌握该概念。这个方法主要是在学习者学习多个概念或者学习一个较复杂概念前先学习一个简单的概念时使用。简化条件法和学习任务的难度有关，难度在中等或中等以上时使用简化条件法。该方法对教师教学时的安排做了规定，要求教师按照学生的学习接受度和学习的规律，将教学内容进行分层，从简单到困难的顺序进行教学。对程序性任务，更注重步骤教学；对启发性任务，更加注重原理传授；对混合性任务，更注重步骤与原理教学。简化条件法适用于目标要求为中级或以上复杂程度的学习任务。

3. 适应性教学理论对教学设计的影响

适应性教学理论能够根据学习者的不同情况来安排不同的教学方式，主要强调教师要在充分了解学习认知程度、心理特点、行为模式和生理发育等基础上调节教学过程，如教学内容的排序、媒体方式的选择以及教学活动的安排等，尊重学生的个体差异，使不同的学生都能获得成功的心理体验，从而适应学生的个性发展需求。该理论的代表人物主要有坦尼森、丹尼尔等。

适应性教学理论要想获得较好的教学效果，应该使学生的学习气氛和学习环境最大可能地与学习者原本的认知结构和知识体系相协调，同时，也与学习者生活发展的地区中包含的学习资源、风俗特征和人文特征等相互作用。这一理论在某种程度上促进了处于不同实践环境之中的学习共同体的不断发展和进步。有了适应性教学理论作为奠基石，坦尼森提出了"明尼苏达适应性教学系统"。该教学系统侧重于关注学习者的自我评价与反馈，这一系统由学生作为评价主体，包含三个不同类别的模型，分别为学习者、认知和情感这三类，这三种模型彼此影响，使得学习个体的整体模型得以形成。明尼苏达适应性教学系统利用专业性强的设计与开发，对学习者进行相关研究，依照学习者具有的认知、心理和智力等方面的相关特征，提供建设性的教学。这在一定程度上促进了微观层面的教学。相对知识库而言，教学策略的多样化是存在的，教学策略的适应性变量也是如此。教师在教学过程中能与学习者一同进步和提升，实现教学相长。

4. 认知表征理论在教学设计中的作用

信息在人的大脑中保存和呈现的形式以及在大脑中的布局构造形式被称为认知表征，不同的知识会在人的大脑中有不一样的呈现方式，并且学习者也按照自己对知识的不同的呈现方式来选择不一样的学习方法和内容。这对于学习者的学习至关重要。另外，认知表征通常有三种方式，一是陈述性知识表征，二是程序知识表征，三是大知识单元表征。

随着社会科学理论的不断创新和进步，课程设计和教学出现了新的理念。与新技术合作的愿望将对教育实践产生深远影响。认知表征为教学设计理论提供了理论基础。也就是说，教学信息必须与内部组织环境和外部组织结构相适应和相联系。此外，除了分析和解决难题外，对问题情况的探索也应该慢慢进行。随着组织速度的减慢，心理学家的研究表明，只有当学习者清楚地了解其学习领域的背景知识，如有关知识来源的时间、地点和原因，他们才可能更有效地解决复杂的问题。

5. 境脉模块分析理论对教学设计的影响

1992年，坦尼森、埃尔莫尔（L. F. Elmore）和斯奈德（C. R. Snyder）等提出了信息的境脉模块分析理论，旨在解决引述性分析中的薄弱之处，这一分析从学习者知识所在的境脉出发，它强调学习者在上下文中面临的复杂问题。境脉模块分析理论的主要理论思想是整合不同教学模式之间的关系，将量表的信息分多个部分进行汇总和整理，使其系统化、程序化，形成一个完整的教学模式。

境脉模块分析理论有三个要点：第一，详细解释陈述的背景。讨论相关学习知识的语境环境，并描述应用于语境的知识表征，包括语境标准，如个人或组织的价值观。第二，对复杂问题进行分析。首先在上下文中识别复杂主题，标记出复杂主题的含义、标准和原因；其次重新排列主题；最后标记相关主题，将具有相同含义的主题分类。第三，对模块进行整理。将上下文中标记的复杂主题的含义进行分类，形成教学模块，并根据其复杂性进行排列。境脉模块分析理论为培养学习者解决复杂问题的技能方面提供了更高效的教学思路。[1]

（二）面向情感与道德学习的教学设计

在时代发展的大背景下情感教育显然有很强的影响力，它与认知领域的教学设计存在差异，主要以情感为切入点，随着人们对教学设计的不同看法，人们觉得这个领域很有研究价值，对这个研究领域的关注度越来越高，认知也越来越深刻，由此引起教育界的重视，引发新的研究热潮，最终这个领域被教育界确定为理论与实践的研究课题。情感教育或隐性或显性贯穿于学校的各种课程，因而在教育中起巨大的相互调节作用，有利于学生的成长和各方面的发展，良好心态的调节，促进其身心全面健康发展，促使其在学习方面取得较好的学习效果。这表明情感发展在所有类型的学习环境中都能发挥一定的作用，支持保障学生的学习。

1. 儿童的情绪智力教育

心理学家戈尔曼（D. Goleman）在《情绪智力》[2]一书中提到过一项调查，研究者通过有目的、有计划地对儿童的父母进行调查，发现了一个世界儿童普遍存在的发展趋势，这个趋势不容乐观。通过当代儿童与以前的儿童情绪方面的对比，发现当代儿童显得更加不稳定，一方面，他们更加易怒易暴、易紧张焦虑、易冲动任性以及更加容易感到孤独抑郁；另一方面，他们的烦恼也比以前的儿童多得多。因此，戈尔曼认为家庭和学校以及整个社会都应重视这一现象的出现，并及时采取相应的补救措施改善这种现象。比如在学校，课堂教学设计可以将学生的智慧与心灵相结合。作为家长，在面对自己孩子时不要过于急躁，应再多一点耐心，再多给予他们一些关心和帮助，让孩子能够感受到家人所带来的温馨与安全感，这样有利于学生稳定情绪的发展。

近年来，这一糟糕的现象受到越来越多的关注，世界范围内有关情绪科学的研究热情一直持续高涨，对此，我们可以笃定如果对儿童的情绪智力管理得当，就有利于其思维的发展和智力的开发，这对他们适应社会，对他们未来的生存发展会更好。

---

[1] 张煜锟，陈晓慧，魏淼. 近20年来教学设计国际观评述. 现代远距离教育，2014（4）：44-53.
[2] Goleman D. Emotional Intellegence. New York：Bantam Books，1995：1-20.

2. 面向社会的情感发展

加州奥克兰发展研究中心的刘易斯（K. Lewis）等在《回归教育的完整使命：面向社会性、伦理性和智力性的全面发展的教育》中提到学校的教育目标和学校教育的本质，前者是社会、伦理和智力的全面发展，后者是培养情感、道德和人文等方面全面发展的社会型人才。他们构建了以三种不同的理论和研究为基础的"关爱学习者共同体"。一是内在动力。这个"共同体"强调的是内在动力对学习的激励，不是为了得到奖励、避免惩罚或摆脱其他外在的控制，而是学习者自愿去做。这也说明这个"共同体"更注重让学生通过帮助别人获得满足感、培养学生学习乐趣和勇于面对自我人格的挑战等这些内在动力去激发学习者的学习。二是依附和内化。学校能够满足学生基本的人性需求，如获得归属感、自主权和胜任力等，这样他们就会对学校有依赖性，同时更加关注学校的价值观，并将学校的价值观内化于心、外化于行。三是学习理论。学习者自觉或无意识地进行学习，比如练习、展示和讲授，这些都对促进学习者的学习有一定程度的帮助。假如每个学生都有机会去践行善良、正义和责任并从中体会到这些优秀品质的价值，积极地思考并探讨其重要性，这样，学生就会慢慢地变得正义和善良。[①]

3. 品德的培养

人们的生活是否安稳往往由其道德品质决定。人们能在这个不完美的社会中生存、忍耐和超越自己的苦难是由于品德的存在。不论是以前还是现在，人们大多喜欢品德高尚的人，不喜欢品德低劣的人，这体现了品德是衡量一个人在社会上的基本准则。在职场上，领导者也更青睐有品德、有才能的人。从孔孟思想、西方的柏拉图和亚里士多德这些人类早期教育文明的精华中，可以得知为人的道德修养而进行的教育是源远流长的。现在，道德修养依然是学校最重要的课程之一。纽约大学的里克纳（T. Lickona）教授在其文章《品德教育：美德的培养》中指出，培养好人、好学校和好社会是品德教育学说的主要目的。在此，"好"被认为是诚信、公平、关怀、坚忍不拔、克己复礼和谦逊等良好的品质。印第安大学的托马斯（F. K. Thomas）教授就如何对学生进行品德教育，提出了一种综合性的教学方式，包括 12 个相互支援的教学策略，

---

① 张煜锟，陈晓慧，魏淼.近 20 年来教学设计国际观评述. 现代远距离教育，2014（4）：44-53.

这12个中有9个以班级为单位，3个以学校为单位。其中有一些是直接的方法，如树立榜样，认识美德，引导学生对美德的研究，鼓励学生去实施美德。还有为更好地了解和践行审美而开展的，如相互学习、矛盾处理和服务学习，以帮助学生理解与实践美德等间接的方法。该方法将成人的道德权利和领导权作为道德教育的基础，同时该方法重视学生的积极参与，重视学生培养自身的品德责任。[1]

三、当前理论研究的新观点

不管是早期客观主义理论还是近期主导范式——建构主义理论，都为教学设计的理论与实践打上了深深的烙印，然而，人们探寻认知研究新范式的步伐一直没有停止。具身理论（生成论、具身认知理论）便是近年逐渐兴起的、区别于客观主义和建构主义的另一种范式，它表达了对认知的另一种理解。具身理论认为身体的物理过程（身体状态、知觉、运动系统、神经活动）、身体与外部环境的互动都是构成认知系统的有机组成部分。因此，认知是具身的、生成的、情境的；身体的知觉是行为产生的基础，认知是具体的个体在实时的环境中产生的，心理和身体是分不开的。最初，具身理论仅仅是有关身心关系问题的哲学思考，近几十年来，这种哲学思考已开始走向实证领域，并成为教学设计理论研究的全新视角，特别是在数学教育中备受关注。在基于具身理论的教学设计中，学习者被视为一个复杂群体，学习和行为一般无法预先确定，学习目标是在教学中与学习者一起建构并修改的；提供具有不同刺激的丰富的学习环境，虽会导致"困惑"和"混乱"，但这种状态却是促进学习的最佳时机；教师角色从说教转向聆听；技术塑造的环境本身被视为认知系统的一部分，技术研究从"可见"走到"隐形"。具身理论对教学设计的影响，绝非简单的修补和取舍，而是"哲学范式上的革命性的转向"。

不同的描述性理论和规范性理论为教学设计提供了具体的设计原则和操作程序，但这些设计原则和操作程序加上 ADDIE 工作流程还不足以确保设计质量。内容领域、内容类型是选择教学方法和媒体工具的前提。布鲁姆的三类学习领域、认知领域学习目标六个层次，加涅的五类学习结果，梅瑞尔的成分显

---

[1] 张煜锟，陈晓慧，魏淼. 近20年来教学设计国际观评述. 现代远距离教育，2014（2）：44-53.

示理论两个维度的矩阵图，不仅明确了内容类型，也告知了相应的学习条件，使得设计者可以根据不同学习内容和认知水平选择适当的操作方法。九段教学法、动作技能学习、基于问题的学习、首要教学原理等则深入分析教学过程，为不同内容类型提供教学模式。内容类型、教学模式的匹配保证了单一内容类型教学目标的达成，却割裂了知识和能力的整体性。四要素教学设计模型是整合性设计模型，基于复杂认知技能的任务分析和知识分析，融合知识、技能和态度多个内容领域，包括概念、事实、规则、原理、认知策略等多种内容类型，以保证复杂认知技能的学习。

然而，在没有技术原理的条件下，仅凭经验完成设计，知识的完备性、学习任务的质量、任务序列的设置等都存在很大风险。学者杨开城和杜立梅提出以学习活动为中心的教学设计理论，通过知识建模技术和任务设计等方法技术，在任务设计和知识分析之间建立了操作性逻辑关系。[1]这一技术原理是教学设计理论向纵深发展的重要突破。知识建模技术将各类内容分析技术整合，将知识点及其关系图示化，形成知识网络图，确保了知识的完备性。学习任务设计则根据知识组块划分的规则，参考任务类型设计的具体任务的意义建构任务。这些任务包括鉴别知识点的特征或构成要素、知识点与其特征要素之间的横向纵向联系、寻找知识点与其他知识点之间的异同点，以及观察知识点运用示范等。能力生成任务包括创建实例、疑难问题解决等。学习活动则包括学习目标、任务序列、交往规则、评价规则等。在初步设计的基础上依据学习动机理论和学习风格等对学习活动进行优化。这一设计过程的特点包括：①通过具体的、可视化的操作方法保证目标—活动—评价的一致性；②以知识网络图为基础，以活动任务为核心，保证学习者的认知参与；③知识建模技术、活动任务设计方法构成的技术原理是学习活动不断改进的前提。教学设计技术应用于e-Learning领域时如何与媒体开发相结合、任务序列与资源工具和传递方式的关系是需要特别讨论的问题。不同媒体形式的教学产品或e-Learning平台约束了学习活动的设计，如电视录像视频限制了交互方式，以资源整合为主的学习管理平台规定了讨论、作业等有限的活动形式，这些限制是学习活动设计的前提，总的来说可以归纳为对内容呈现方式、交互方式、学习方式和活动规则的

---

[1] 杨开城，杜立梅. 基于活动的教学设计理论中学习内容分析和活动设计方法的探究. 中国电化教育，2003（8）：20-24.

约束。由于任务序列的设计与资源条件是松耦合的，教学方法如示范、角色扮演、测试等与资源条件也没有多大关联，所以相对独立。分析课程概念的关键特征、比较网络课程定义的异同等任务是由内容类型和学习目标决定的，活动实施则受限于环境条件。

教学设计实践和所有的教育活动一样，都发生于特定的文化空间之中。近年来，社会文化研究中的后现代主义、女性主义、后殖民主义等论题陆续进入教学设计学者们的研究视域，挑战教学设计的传统价值取向，为教学设计研究提供另一个思考的维度和研究视角。文化研究一进入教学设计研究领域便充分利用各种批判观点，开始挑战教学设计的一些基本假定，如世界观、价值中立性、教学设计者的客观性（受阶级、性别、文化、价值、意识形态和特定的教学设计范式等多因素影响）等。美国学者对为非裔美籍人所设计的教学产品进行文化分析，证明了教育技术的发展忽略了非裔美籍人或其他少数群体，这类研究进一步揭示了教学设计对于文化的特定需求。这些研究试图回答：技术是如何影响教学设计的？这些教学产品是如何揭示自身性质的？这些性质代表怎样的文化？宏观或微观的社会、政治、文化、经济问题如何在产品中得以调解？哪些要素或方法对于当代教学产品的设计具有借鉴意义……帕特里夏（A. Y. Patricia）及其团队采用历史分析和批判话语分析等质性研究方法，选择三例具有代表性的非洲裔美国教学产品作为样本，对其教学对象、设计者、教学目标以及所采用的技术的历史内涵与文化认同进行分析，并提出了基于教学设计框架的文化分析操作模型（culture based model，CBM）。[①]这类研究展示了一种新的思维方式，突破了教学设计的传统价值取向，在一定程度上引发设计者与研究者对教学产品的关注，以及与教学产品相关的社会因素、文化因素、教学对象的复杂关系。

四、教学设计应用研究的热点

（一）网络课程的教学设计

不难看到，网络教学对信息时代的教育具有巨大的推动作用，它在未来的

[①] Patricia A Y. The culture based model: Constructing a model of culture. Educational Technology & Society, 2008（2）: 107-118.

教育中将扮演举足轻重的角色。科学、有效的网络课程将对网络教学的发展和推广起到积极的作用。今天，在以非正式学习、微型学习为主要方式的泛在学习环境中，社会化媒介和移动学习工具的应用成为主流，学习资源的设计指向巨大的社会网络。其中，大规模在线开放课程（massive open online course, MOOC）便是近年来兴起的研究热点之一，并逐渐成为整合泛在学习、移动学习、社会性交互等论题的重要研究主题。MOOC 是由很多愿意分享和协作以便增强知识的学习者，利用各种 Web 2.0 社交网络（如维基、讨论组、微博、社会化书签、虚拟教室等）与移动学习工具，围绕某一特定主题进行学习的在线课程。它是一种资源类型，更是一种以学习者、社交网站和移动学习为核心的主题学习方式。MOOC 的建设理念来自联通主义学习理论。联通主义认为，当知识通过学习者之间的联结和信息反馈形成一个学习型社区的时候，学习便开始产生了。网络教学顺应了教学改革的时代要求，以其自身的特点和优势，体现出强大的生命活力，网络教学的独特优势，也预示了网络教学远大的发展前景。网络课程教学具有网络学习的所有优势，如具备强大的交互功能、优势资源共享性、信息的时效性、内容和过程的开放性、自主学习性和协作学习性等优势，这些优势使得它在继续教育和职业教育以及全民教育和终身教育方面具有不可取代的强大优势。在 MOOC 中，教师提供的资源仅仅作为知识探究的出发点，学习者在学习过程中产生的信息和内容（再生资源）成为学习和互动的中心，这些再生资源扩展和放大了知识的界限。因此，学习成为对网络信息的遍历和建构，成为社区内不同认知通过交互而形成新知识的过程。目前主要的 MOOC 应用实践项目有 Coursera、Udacity 和 edX 等，与此同时，关于 MOOC 的设计研究也如雨后春笋，已囊括 MOOC 的平台设计、资源设计、活动设计、评价设计等各个方面。

随着信息社会的不断发展和学生对信息需求的不断增加，网络课程的优势将越来越突出，其发展也会越来越有前景。总的来说，网络课程的教学设计具有多视角整合的特点。主要表现在：①教学设计主体的整合，由以前主体单一性向主体群体性转化；②教学设计理论的整合，借鉴使用教育学、心理学、人类功效学、人因学、信息技术等学科的相关理论和方法作为网络教学设计与开发的丰富养料、思维框架和研究方向；③教学设计内容与网络技术的整合等。

（二）学习环境的策略设计

新兴技术所包含的无缝式接轨、可获取性、个性化、适应性、社群化等特性，更好地支持了泛在学习活动，由虚拟现实技术所创造的虚拟世界提供了积极的、沉浸式的数字化游戏式学习环境、学习资源和学习工具。基于这些技术特性，情境式、融入式、自主导向式的教学策略顺理成章地成为当前策略设计研究的重点。"好奇心"（curiosity）、"兴趣"（interest）、"参与"（engagement）等与个体动机和意愿相关的主题频现于当前研究之中。在泛在学习环境中，信息唾手可得，好奇心的产生是学习得以发生的关键。在当前的教学设计研究中，如何激发学习者的好奇心（特别是作为"数字化原住民"的新生代关注什么），哪些因素和条件推进或抑制兴趣的产生与持续的参与，如何设计情境使正式学习更多地发生，在与兴趣点相关的海量信息面前，如何使学习者更快地鉴别信息并保持参与，等等，都是当前学者们关注的问题。此外，在复杂的学习环境面前，高级别的参与（如沉浸、交流）更加受到重视：如何精心设计环境和活动以促使沉浸体验的发生，如何通过平衡目标的挑战性与学习者的自我效能感，使学习者进入一种精神高度投入的体验模式，等等，都为进行高效的教学策略设计带来了重要的启示。有学者提出了泛在学习环境中基于个体动机和意愿分析的学习过程模型。他们认为，好奇心是学习的起点，一旦好奇心被触发并得到满足，便能启动新的学习。它更重要的作用在于发展和加深兴趣，好奇心与兴趣的相互作用带来了各种形式的参与，从而促进更深层次的学习和有效的协作。在这一过程中，个体特征、情境设计、环境条件是影响"个体动机和意愿"的主要因素，社会化媒介和新技术所提供的情境（如游戏、聊天室、即时信息、社会网络、虚拟空间）对好奇心的产生、兴趣激发、持续参与的出现具有重要的作用。他们指出，随着技术的革新及泛在学习的发展，关于该类的研究将进一步被提上日程，并向脑科学、认知科学、技术应用和社会文化等方面不断深化。[①]

（三）设计效能的优化设计

进入 20 世纪 90 年代，一些现实问题不得不迫使人们开始寻求教学设计的

---

① Small R，Arnone M，Stripling B K，et al. Teaching for Inquiry: Engaging the Learner Within. New York：Neal-Schuman Publishers，2012.

新出路：一是教育领域的教学设计发展现状低迷，人们在反思传统教学设计局限的同时，谋求新的发展路径；二是计算机的产生，特别是 20 世纪 90 年代以来网络通信技术的发展为教学设计的发展带来了崭新的前景；三是传统教学设计的基本假设受到建构主义的挑战，建构主义学习理论、教学理念和教学模式逐渐兴起。尽管 20 世纪 80 年代，学者对如何在教学设计过程中运用认知心理原则的兴趣日益增长，大量相关的著述相继问世，但在这段时期，认知心理学对教学设计的实际影响非常有限。20 世纪 90 年代后，学者开始研究如何提高教学设计的有效性，使教学有效、学习有效，让学习在学生身上真正发生。

这一时期百花齐放，各种学习理论、新的教学模式开始引入教学设计中，尤其是建构主义学习理论、后现代主义、绩效技术、知识管理、混沌理论、模糊逻辑、非线性教学设计、情景学习理论、认知学徒、抛锚式教学、学习环境设计等都拿到教学设计中来做研究，同时开发了一些较有效的教学模式，如 WebQuest 模式、基于问题解决的模式等。从这些新开发的模式来看，它们注重对教学效果的研究，解决实际问题，使教学真正有效，让学生真正投入学习，深入体验。乔纳森作为建构主义学习理论的提出者对这一时期教学设计的发展具有重大的影响，使教学设计研究的目光转到了学习环境的设计、学生的学习上。

一直以来，教学设计研究的主要关注点是如何有效解决教学问题、如何提高学习效能，但往往会忽略教学设计本身的效能问题（如团队协作等）。然而，在竞争激烈、绩效导向的市场环境中，这一问题可能决定着设计工作的成败。随着教学设计在宏观教育系统和社会实践领域迅速发展，教学设计自身的效能问题逐渐受到研究者的重视。在当前的研究中，教学设计模型的可操作性开始受到质疑（如呼吁简化过程、减少一个设计循环所耗费的大量时间等）。怎样才能提高教学设计师的工作效能？洛特克（M. A. Roytek）通过质性研究（对 11 位资深教学设计师进行咨询），提出了提高教学设计效能的基本框架，该框架包括设计模型、设计团队、设计过程、设计工具等 4 个维度、47 条基本原则的基本框架以及划分为知识、技能和态度的 14 项基本能力。[①]这些研究成

---

① Roytek M A. Enhancing instructional design efficiency: Methodologies employed by instructional designers. British Journal of Educational Technology, 2010, 41（2）: 170-180.

果，为填补教学设计相关理论方法（更多来自学校教育领域）与社会实践之间的鸿沟提供了重要的参考与建议。

五、我国教学设计研究的展望

综上所述，跨学科、跨领域的理论融合和多元哲学倾向并存，给教学设计发展带来了挑战和机遇；社会文化的视角，使教学设计研究从抽象的、客观化的目标和过程转移到真实、具体的人和境脉；无限宽广的泛在学习环境和社会交互网络、更加微观和深入的个体动机和意愿，成为技术支持下教学设计研究的新焦点；对操作性和设计效能的关注，使教学设计研究成果进一步走向社会和市场。当前教学设计研究的发展现状，为我们更好地把握该领域的未来趋势、推进与优化我国教学设计理论与实践的蓬勃发展提供了重要启示。

欧美的前沿研究、心理学和认知科学的新理论、系统理论的新方法被迅速引进，新的名词术语在国内教学设计相关学术刊物中不断涌现，让我们看到了我国教学设计研究者对前沿的敏锐感知。我国教学设计领域一直自觉吸纳多学科、多领域的研究成果，并以宽大的胸怀包容不同的价值观与认识论，为教学设计研究提供了多样化的视角和广阔的空间。然而，批评性研究却为数不多。新的范式探讨和文化视角的研究启示我们反思似乎不可颠覆的基本理论，更客观地去看待新的研究成果。在以宽广的胸怀吸纳包容的同时，更关注概念、理论、模型形成的历史背景与实践领域，用开放、历史、发展的态度看待与应用相关理论，而非简单地固守或折中。

新兴技术的应用引领教学方法与模式的变革，基于新兴技术的教学设计是该领域永恒的论题。然而，在技术推陈出新让人眼花缭乱时，技术应用的内在需求却往往被忽视。Web2.0和社会化媒介的应用催生了MOOC。但正如上文所述，它不仅仅是一种资源，而更是一种主题学习方式。这种学习方式的流行与普及，反过来为那些原本静谧的、散落的或被遗忘的互联网资源注入了活力，因为它联通的不只是资源与学习者，更联通了"应用"与"需求"。这种联通，一方面为我国促进已建各种网络教学资源（如网络课程、精品课程、精品开放课程等）的深度应用与共享提供了新的思路；另一方面，也给我们以启示，即关注技术时，不应只停留于利用新技术来优化教学过程和提高学习效率，更要从整体上关注技术给学习带来的全新景象，创新学习方式与方法，进而让设计理念走在技术的前面，为新技术开发与应用提供内在需求。

数字时代给教学带来了极大便利的同时，也带来了不少的负面影响，纵观整个发展历程，做出以下几点期望：一是学习科学与技术的兴起，与在教育技术领域中的应用，推动对"学习"更好理解，为教学设计的一些环节提供理论指导，促进学习效果的提高；二是教学理论、学习理论、传播理论、系统理论作为教学设计的理论基础，应全面深入研究，挖掘对教学设计有用的理论，使理论基础真正起到指导的作用；三是要保持严谨、务实、科学的研究态度，认真对待教学过程中遇到的问题，做出合适的研究计划，采用合适的研究方法，最大限度地解决遇到的问题；四是教学设计模式不是万能的，在信息时代更是如此，环境复杂多变，教育者应根据实际情况，灵活运用教学设计理论，寻求适合自己的教学风格和教学模式。

教学设计研究的发展受诸多因素影响，主要集中在学习理论、系统理论，而传播学的研究新进展似乎在教学设计研究中的地位和作用被遗忘了。数字化时代，传播学研究也有许多新的理论和成果，而教育技术领域中还未真正地对其进行领悟或研究。在以后的研究发展中，要对传播学做进一步研究，使其在信息技术环境下，更好地指导教学设计。

教学设计研究的发展趋势为我们呈现了以人为本的价值导向。关注学习者在其中的举手投足和切身感受，让我们的目标从物化的受众与过程回归到真实情境中人以及人与人之间的关系。

教育所面临的生存环境与生存方式正在迅速变化，作为教育技术学最重要的构成部分，教学设计研究领域也更显变革和创新。教学设计者要关注新思想、新理念、新方法对教学设计的影响，在教学设计的理论与实践研究中，坚持借鉴与创新、继承与发展相结合的原则，把我国的教学设计研究与应用工作推向一个新的高度。相比于欧美国家，我国教学设计的系统性研究虽然起步较晚，但这一年轻的研究领域所呈现的广博视野、开放胸怀与蓬勃活力，以及教学设计研究者的谦逊、努力、协作和创新必然使其走向成熟与完善，并成为有中国特色而具世界影响力的研究领域。